글로벌 민주주의와 인간안보

* 본 도서는 교육부 및 한국연구재단의 4단계 두뇌한국21 사업(4단계 BK21 사업)으로 지원된 연구입니다.

글로벌 민주주의와 인간안보

GLOBAL DEMOCRACY and HUMAN SECURITY

한국외대 글로벌 민주주의와 인간안보 연구팀 지음

HUINE

서문

민주주의와 인간안보는 최근 정치학 분야에서 큰 학문적 관심을 받고 있는 주요한 연구 주제라 할 수 있다. 사실 학문적 관점에서 인간안보라는 개념이 본격적으로 등장한 지는 그리 오래되지 않는다고 볼 수도 있지만, "인간의 안전과 존엄, 생명, 권리를 위협할 수 있는 모든 위협 요소로부터 자유로운 상태(윤지원 · 배일수 2021)"로 정의될 수 있는 인간안보의 본질적 의미를 되새겨 본다면, 해당 개념의 역사는 더 오래전으로 거슬러 올라갈 것이며, 궁극적으로는 개인의 자유, 인권, 평등의 가치를 중히 여기는 민주주의의 개념과도 맞닿아 있다. 실제로 민주주의는 인류가 지금까지 고안해 낸 다른 정치체제와 비교해 볼 때 인권으로 대표되는 인간안보의 정립과 확보라는 목표 달성을 위해 가장 경쟁력 있는 체제로 인식되어 왔다. 인민주권(popular sovereignty), 법치주의(rule of law), 그리고 시민 자유의 원칙 등에 기반한 민주주의는 인간안보가 추구하는 가치와 밀접한 연관성을 갖기 때문이다.

그런데 최근 여러 민주주의 국가에서는 정보화와 세계화 등 급격한 사회 변동의 물결들이 초래하고 있는 다양한 변화의 징후들이 불평등, 불공정, 그리고 탈진실(post-truth)과 포퓰리즘(populism) 등의 문제들과 결합하여 민주주의의 위기 또는 퇴행(backsliding)에 대한 심각한 우려를 낳고 있다(Haggard and Kaufman 2021). 세계화의 진전으로 국가 간 정치경제적 교류가 증가하면서 여러 민주주의 국가에서는 불평등과 양극화 문제 등으로 사회 내적 긴장이 고조되고 있으며, 국경을 넘어선 인구 이동에 대한 일종의 반작용으로 난민과 다문화주의에 대한 기존 내국인의 불만과 분노에 기댄 선동적 포퓰리즘의 징후들이 곳곳에서 등장하기도 하였다. 또한 인터넷 기술과 소셜미디어의 확산과 함께 온라인 공론장의 활성화라는 장밋빛 전망과 달리 가짜뉴스(fake news)나 허위정보(disinformation) 등의 유포 및 전파 문제가 정보화 시대 민주주의를 위협하는 새로운 위기 요인으로 부상하고 있다. 최근 세계 도처의 민주주의 국가들에서 발견되는 이러한 위기의 징후들은 민주주의 제도의 점진적 침식과 민주적 규범의 약화로 이어질 수 있다는 우려를 자아내고 있으며, 이는 향후 한국을 포함한 다수의 민주주의 국가들이 풀어나가야 할 정치적 과제로 부상하고 있다.

특히 코로나 팬데믹이 장기간 지속되면서 보건 및 방역 강화라는 정책적 목표가 불가피하게 국가 권력의 확대를 사회적으로 용인하게 하면서 보건 위기관리와 인권 및 시민 자유 간 긴장의 고조가 많은 민주주의 국가들에서 목도되기도 하였다. 또한, 코로나19로 상징되는 신종 전염병의 발생과 보건 안보에 대한 새로운 위협의 부상은 국경 통제와 봉쇄, 시민 이동권 제약 그리고 인종주의와 민족주의의 부작용 문제 등으로 이어져 장기적으로 자유 민주주의에 대한 중대한 위협 요인으로 작용할 가능성이 있다. 즉, 질병의 초국경적 현상은 이를 국내 정치적으로 이용하려는 정치 행위자들에 의해 국경과 이민 통제를 주장하는 근거로 활용될 수 있으며, 이는 개방성과 자유의 가치, 그리고 글로벌 경제적 상호주의를 중시하는 자유민주주의 세계 질서에 반하는 양상으로 이어질 수도 있다.

사실 인간안보에 대한 위협 요인의 증가와 민주주의의 위기 현상은 하나의 국가, 하나의 지역에 국한되는 것이 아니며 전 지구적 차원에서 살펴볼 필요가 있는 거시적 차원의 연구 어젠다라 할 수 있다. 우리는 실제로 코로나 팬데믹을 거치면서 전 세계가 얼마나 밀접하게 연결되어 있는지 체험할 수 있었으며, 비단 전염병과 보건 문제뿐만 아니라, 난민과 인권, 그리고 환경 오염과 에너지 고갈 문제 또한 국경을 준수하지 않고 전지구적으로 작용하는 초국가적 문제라는 사실을 이미 인지하고 있다. 또한 최근 민주주의의 위기는 민주주의 경험이 짧고 경제 수준이 낮은 특정 지역에 국한된 문제가 아니며, 트럼프 행정부와 포퓰리즘의 문제를 경험한 미국, 곳곳에서 우파 민족주의 정치 세력의 영향력 확대가 관찰되는 서유럽 등 민주주의 체제가 발달한 지역 등에서도 감지되고 있다. 이러한 인식은 우리에게 민주주의와 인간안보라는 어젠다가 보다 전지구적 차원에서 연구되어야 한다는 당위성을 제공해주기도 한다.

인간안보와 글로벌 민주주의 문제는 학문적으로뿐만 아니라 현실 정책적으로도 상호 긴밀한 연관성을 갖는다. 인권과 난민, 질병과 빈곤, 그리고 테러와 내전 등의 문제는 인간안보가 중요하게 다루는 의제이면서 동시에 민주주의의 건전한 작용을 위협하는 심대한 위기 요인이기도 하기 때문이다. 즉, 인간안보에 대한 위협 요인의 증가는 민주주의의 위기를 불러올 수 있으며, 역으로 민주주의의 위기는 인간안보에 대한 위협 요인의 증가로 이어질 수 있다. 따라서 민주주의의 건전한 작용과 인간안보의 보장을 위해서는 두 기제 간의 선순환(virtuous circle) 구조가 안정되게 정립될 필요가 있다.

이 책은 이러한 문제 인식하에서 최근의 글로벌 민주주의와 인간안보 현황을 다각도에서 조망해 볼 수 있는 9편의 연구를 담고 있다. 우선 지역적으로는 한국, 북한 등 한반도 문제부터 러시아, 시리아, 인도, 중국, 터키 등 다양한 나라의 최근 경험들을 살펴보고 있으며, 각 챕터들이 다루는 이슈 측면에서도 환경, 전염병, 장애인 및 여성 인권, 난민과 종교 자유 등 다양한 주제들을 망라하고 있다.

먼저 이 책의 서론 격인 1장에서는 한국외대 이상환 교수님과 전북대 권재범 교수님께서 인간안보라는 개념의 등장 배경을 시작으로 현재 국제사회와 학계에서 통용되고 있는 인간안보의 개념 및 정의를 소개하고 국가안보로 대표되는 전통안보와의 차이점을 다각도에서 살펴보았다. 특히 저자들은 인간안보 개념을 정립하는데 있어 체계적 노력이 본격적으로 시도된 것으로 평가받는 '유엔개발계획'의 '인간발전보고서(Human Development Report)'에 대한 분석을 통해 인간안보의 개념적 특징, 구성요소, 다양한 종류들을 정리하였다. 또한 서론에는 인간안보 분야의 7가지 주요 범주들 – 경제 안보, 식량 안보, 보건 안보, 환경 안보, 개인 안보, 공동체 안보, 정치적 안보 – 에 대한 심도 있는 분석을 통해 각각의 범주들이 가지는 특징과 위협요인들을 제시하고 있다. 이를 바탕으로 서론에서는 인간안보가 국가안보 및 국제정치에 미치는 다양한 영향을 살펴보았으며, 인간안보가 가지는 정책적, 학문적 중요성에도 불구하고 현재 인간안보 분야에 대해 제기되고 있는 다양한 관점의 비판들을 소개하고 있다.

2장에서는 이준용 한국외대 석사수료생과 문준호 석사수료생이 각각 환경안보와 전염병 위기를 다루고 있는데, 먼저 이준용은 러시아의 사례에 주목하여 기후변화가 안보 논의에 포함된 맥락과 그러한 위협이 나타나는 양상을 정리한 뒤, 기후변화협약(UNFCCC)을 중심으로 발전하고 있는 기후 레짐(climate regime)의 성과와 당면 과제들을 조망하고 있다. 이와 함께 저자는 러시아 사례 분석을 통해 기후변화에 대한 직 · 간접적인 책임을 지고 공동의 행보에 참여하면서도 개별적인 이해를 중시하는 당사국의 태도와 인식이 어떻게 드러나고 있는지를 분석해 주고 있다. 저자는 결론적으로 기후 안보의 달성을 위한 성과들에도 불구하고 여전히 많은 쟁점이 남아 있음을 지적하고 더 늦기 전에 적극적인 협력과 기여에 대한 인식이 확산해야 함을 강조한다.

이어서 문준호는 오늘날 팬데믹 상황에서 자국 중심주의와 국가 이기주의로 인해 미국을 중심으로 한 글로벌 보건 거버넌스가 붕괴하고, 마땅히 공공재로서 기능해야 하는 백신이 국제 관계에서 사적 상품으로 전락한 상황을 학문적으로 조망하고 있다. 특히 저자는 중국과 러시아가 미국과 유럽 중심의 패권에 대응하기 위해 빠른 속도로 백신을 개발하여 백신확보 경쟁에서 소외된 약소국에 상당량의 백신공급 계약을 맺으면서 자국의 이미지 쇄신을 시도하였던 상황에 주목하고 있다. 저자의 분석에 따르면, 이러한 중국과 러시아의 행보는 백신 불평등으로 인해 접종률을 높이지 못하고 있던 아태, 중남미, 아프리카 등지의 지역에서의 소프트파워를 상승시킬 유인이 있어 보였지만 결국 이들 역시도 백신을 공공재로서 제공하는 데에 실패하였는데, 본 장은 그러한 실패 이유가 무엇인지에 대한 해답을 구한다.

3장의 개인안보 파트는 잠시 시선을 국내로 돌려 한국외대 박사과정생 박정희와 박사수료생 정다빈이 각각 한국에서의 장애인 인권 문제와 여성 평등 문제를 다루고 있다. 먼저 박정희는 "사회민주주의 기본가치와 우리나라 장애인 정책"에서 다양한 위협으로부터 인간다운 삶을 영위하는 것에 중점을 둔 "인간안보"의 가치가 오늘날 대한민국에서 제대로 적용되고 있는가를 탐구하기 위해 장애인과 같은 사회적 취약 계층이 국가에 의해 보호되어야 한다는 "헌법 제34조"가 제대로 준용되고 있는가를 살펴보기 위해 사회민주주의 기본가치에 주목하여 분석하고 있다.

이어서 정다빈은 여성 안보를 젠더 평등성, 젠더 주류화, 여성세력화로 개념화하여, 이를 바탕으로 한국의 여성 안보 현황을 살펴보았다. 그 결과 한국은 보건, 교육 분야는 월등한 평등 수준에 있음이 명백하였으나 정치, 경제 분야는 하위 수준으로 확인되었다. 특히 주요 권력 기관인 입법부와 행정부, 공공기업 및 민간기업에서의 등에 여성의 비율이 현저하게 낮아 정책이나 제도 구축 또는 의사결정과정에서 여성의 소외 및 배제가 발생할 가능성이 발견되기도 하였다. 또한 경제활동 및 고용, 그리고 임금과 같은 경제 분야에서 여성과 남성 간 불평등성의 정도가 심각한 것으로 나타났다. 결국 정다빈은 연구를 통해 한국의 여성안보는 부분적인 젠더 평등성은 확인되지만 젠더 주류화 및 여성 세력화가 미흡한 수준인 것으로 결론내리고 있다.

4장은 터키와 북한 사례를 통해 한국외대 석사수료생 조영준과 박사수료생 송샘이 각각 터키 내 시리아 난민 문제와 북한이탈주민 문제를 난민과 인간안보란 틀에서 살펴보았다. 먼저 조영준은 시리아 난민을 가장 많이 수용하고 있는 5개국(터키, 레바논, 요르단, 이라크, 이집트)과 국제사회가 시리아 난민 위기에 대응하기 위해 도입한 "지역 난민·복원력 계획(3RP, Regional Refugee and Resilience Plan)"을 살펴본다. 3RP에 따르면 현재 국제사회는 시리아 난민을 대상으로 인간안보의 다양한 측면에서 문제를 개선하고자 노력하고 있으나 3RP 계획 이행을 위한 자금 조달 비율은 지속해서 줄어드는 등 여러 난관에 봉착해 있다. 조영준은 분석을 통해 이러한 시리안 난민 문제 해결을 위해서는 현 사안에 대한 국제사회의 보다 많은 관심과 장기적인 관점에서 난민들을 정착 및 재정착 시킬 수 있는 체계적인 방안이 필요하다는 사실을 각인시켜 주고 있다.

이어지는 난민의 인간 안보 섹션에서 송샘은 북한이탈주민이 겪은 인간 안보 위협과 이를 통해 형성된 인간안보 인식을 다루었다. 이 연구는 난민으로서의 북한이탈주민의 문제를 인식하는 과정이 필요하다는 문제의식에서 출발한다. 북한 주민이 겪는 인간안보 위협은 UN과 미 국무부, 통일연구원의 보고서, 북한 정권의 인권범죄를 추적한 시민단체의 보고서를 통해 분석하였다. 탈북 과정과 제3국에서 경험한 인신매매와 강제결혼 등 각종 위협에 대해서는 심층면접을 진행해 조사하였다. 청년단체를 운영하며 북한이탈주민 관련 프로젝트를 진행해온 저자는 북한 거주 당시부터 탈북 과정, 제3국 거주, 한국에서의 정착 과정까지 인간안보 위협 상황과 이를 바탕으로 형성된 인간안보 인식에 대해 질문을 던진다. 그리고 북한이탈주민의 목소리가 담긴 심층면접 내용을 바탕으로 대응 정책을 모색하였다.

이 책의 마지막 장인 5장에서는 인도와 중국에서의 종교 및 인종 차별 및 탄압 문제에 주목하여 한국외대 석사과정생 오하석과 박성윤이 각각 인도 내 무슬림에 대한 종교 및 인종 탄압 문제를, 그리고 박성윤이 중국에서의 인권 탄압 문제를 살펴보고 있다. 먼저, 오하석은 2014년 모디의 인도인민당이 집권한 이후 악화되고 있는 힌두민족에 의한 무슬림 탄압과 차별이 왜 발생하고 있는지 들여다보고, 어떻게 모디 정권이 힌두 민족 전반의 지지를 얻게 되었는지 살펴본다. 오하석의 분석에 따르면, 인도의 힌두 민족을 중심으로 무슬림에 대한 차별감정이 심화된 이유로는 인도-파키스탄 갈등과 인도인민당이 풀뿌리에서부터 힌두 민족들의 민족주의적 감정을 자극한 사건 등을 들 수 있는데, 이를 바탕으로 2014년 총선에서 인도인민당의 승리를 이끈 모디는 무슬림들을 인도 내의 이등 시민으로 만들어 무슬림에 대한 차별을 공고화하고 있다. 인도인민당이 인도 내의 갈등을 카스트에서 힌두 대 무슬림의 구조로 전환시키면서 모디 총리 체제에 대한 한두 민족을 중심으로 한 정치적 지지는 상당히 공고화되는 추세이지만, 이는 향후 인도의 민족적 감정을 자극하여 무슬림들의 인간안보를 위협할 수 있을 것이다.

끝으로 박성윤은 2010년 대 이후 중국의 부상과 그에 따라 중국이 역내외에서 공세적이고 현상타파 행위들을 지속해가고 또한 그런 가운데 중국에 의한 인권침해적 행위들이 지속됨에 따라 영국의 대중 위협 인식이 증가하게 되었는지에 대해 면밀히 살펴보고, 나아가 영국이 인도 태평양 지역에서 추진 중인 대중국 견제전략이 어떻게 변화해오고 있는지를 인간안보의 틀 속에서 분석하고 있다.

위에서 설명한 것처럼, 이 책은 한국외국어대학교 정치외교학과 BK21 연구팀인 『글로벌 민주주의와 인간안보』 팀이 지난 2년여간의 시간 동안 지속해 온 연구 결과들을 집대성한 첫 연구 결과물을 책으로 담아내고 있다. 다소 부족한 부분들도 있지만 학문 후속 세대 양성이라는 BK21의 본연의 목적을 되새겨 본다면 지난 2년여간의 교육과 연구의 결과물들을 하나의 중요한 기록으로 남긴다는 의미도 결코 작다고는 할 수 없을 것이다. 제한된 자원과 인력의 한계 속에서도 이 책의 출간이 가능하게 된 데에는 많은 이들의 땀과 노력이 필수적이었다. 물론, 책의 저자로 참여해 준 10명의 저자 분들(이상환, 권재범, 이준용, 문준호, 박정희, 정다빈, 조영준, 송샘, 오하석, 박성윤)의 학문적 기여가 이 책의 출간을 가능하게 한 일차적 밑거름이 될 것이다. 또한 이 책의 기획, 전반적 구성, 원고 작업, 편집 및 출판사 섭외 등 출간 과정의 A에서 Z까지에는 박사 수료생 송샘 양의 노고가 함께했다. 송샘의 노력과 자기 희생이 없었다면 결코 이 책의 출간은 불가능했을 것이다. 이 지면을 빌어 다시금 송샘의 노력과 수고에 깊은 사의를 표하고 싶다. 그리고 지난 2년간 여러모로 부족한 연구팀장과 함께 한국외대 정치외교학과 BK21 팀을 함께 꾸려나가고 있는 서경교, 이상환, 김면회, 유현주, 제성훈, 이기현, 한성민 교수님의 든든한 지원이 없었다면 이 책 작업뿐만 아니라 BK21의 운영이 불가능했을 것이기에 참여 교수님들의 노고에 다시금 감사를 올리고 싶다. 또한 함께 한국외대 BK21 팀을 시작하고 기획하였지만, 지금은 서강대학교로 자리를 옮긴 김영완 교수께도 심심한 감사를 표하고 싶다. 그리고 한국외대 BK21 교육팀의 살림과 운영을 함께 해주고 있는 권재범 교수(현재 전북대 정외과 교수), 최정화 박사님, 박사수료생 정다빈에게도 이 자리를 빌려 다시금 감사의 마음을 표하고 싶다. 끝으로 이 책이 출간되는 과정에서 함께 해주고 큰 도움을 주신 한국외대 지식출판콘텐츠원장 고윤성 원장님과 신선호 팀장님께도 감사 말씀을 드리고 싶다. 이 책의 향후 한국 민주주의와 인간안보 발전에 작은 밀알이 되길 기원하며 두서 없는 서문을 마친다.

2022년 5월

한국외국어대학교 사회과학관 110호

글로벌 민주주의와 인간안보 연구팀 공간에서

이재묵

차례

4. 난민의 민간안보

5. 인종과 종교 차별

1
새로운 안보 개념의 부상

제1장

인간안보의 등장

이상환 · 권재범

제1장

인간안보의 등장

이상환 (한국외국어대학교) · 권재범 (전북대학교)

인간안보 개념의 등장과 의미의 확장

크고 작은 수많은 전쟁을 경험하면서 국제사회의 수많은 지도자와 정책 결정자들, 그리고 국제정치학이라는 학문 분과의 학자들은 전쟁을 막고 국제평화를 어떻게 달성할 것인지에 대한 끊임없는 질문과 문제 제기를 통해 나름대로 해답을 얻기 위한 노력을 진행해왔다. 무엇보다 20세기 초반 두 차례의 세계대전을 중심으로 크고 작은 국가 간 전쟁의 비극을 목도한 정치인들과 학자들은 국제질서는 물론이고 개별 국가에 대한 전쟁의 파괴적인 영향력을 깨달았고, 더 이상의 비극을 막아야 한다는 인식을 공유하게 되었다. 또한 제2차 세계대전이 끝난 후 샌프란시스코회의(United Nations Conference of International Organization, San Francisco Conference)를 포함한 일련의 평화조약들이 체결되었음에도 국제무대는 다시 한번 미국과 소련이라는 두 강대국을 중심으로 한 냉전 체제를 경험하게 되었다. 이러한 상황 속에서 정치인들과 국제정치학자들은 국제무대에서의 전쟁의 발발이나 재발을 방지하는 방안, 국가 간의 협력을 증진하는 방안, 국제질서를 안정시키고 평화로운 환경을 조성하는 방안 등에 대한 중요한 연구를 진행하며 국제평화를 위한 정책적, 학문적인 노력을 기울여왔다.

다만, 80년대 말까지 국가의 대외정책을 담당한 지도자들이나 국가 간의 전쟁과 평화에 대한 연구를 수행해왔던 수많은 국제정치학자에게 있어 주된 관심은 대부분 국가의 안위, 즉 전통적인 국가 안보에 초점이 맞춰져 있었다. 여기서 전통적인 관점에서의 국가 안보란 일반적으로 국가를 구성하는 3대 요소, 즉 국민(citizen), 영토(territory), 그리고 주권(sovereignty)을 외부의 위협으로부터 보호하는 것으로 정의될 수 있는데, 보다 구체적으로는 어떠한 대내외적 위협 요소들을 제거함으로써 3대 요소의 안전 확보를 통해 국가의 정치 · 경제 · 사회 · 문화적 권리에 대한 보장 및 보호를 뜻한다고 볼 수 있다(김우상 · 조성권 2005, 79; 이상환 2008, 230). 따라서 이들 정치인과 학자들이 주로 관심을 두었던 안보의 주체는 바로 국가였다. 국가 간의 전쟁이나 군사력을 중심으로 한 '하드파워(hard power)'와 큰 관련이 없는 문제들, 이를테면 전염병/바이러스, 환경오염 문제, 수자원 문제, 초국경적 범죄 문제, 식량 문제 등은 이 당시 대부분 국가의 정치인들이나 주류 국제정치학자들의 관심을 받지 못했을 뿐만 아니라 안보 연구의 범위에서도 벗어나 있었다.

하지만 1980년대 후반 냉전의 한 축을 차지하고 있었던 소련이 붕괴하고 동구권 국가들의 민주화가 진행되면서 냉전이 붕괴하였고, 국제사회는 탈냉전의 시대를 맞이하게 되었다. 탈냉전은 국가 간의 관계나 각 지역 질서에도 상당한 영향을 끼치며 국제사회에 거대한 변화를 일으켰다. 하지만 냉전의 붕괴는 국제정치학 분야에도 의미 있는 변화를 주었는데, 탈냉전과 함께 정치인들과 학자들의 관심이 전통적인 국가 안보를 넘어 인간 개개인의 존엄과 생명과 관련된 문제로 이어지게 된 것이다(김우상 · 조성권 2005). 특히 탈냉전기 들어 국가 간의 경제적 상호의존도가 높아지는 한편 교통 및 통신 수단의 발달로 인해 사람 및 국가 간 교류가 증가했고 국경이 지니고 있던 개념에도 변화가 나타나게 되었다(김우상 · 조성권 2005). 이러한 상황 속에서 인간 개개인의 존엄과 생명을 위협하는 다양한 요소들이 수면 위로 떠 오르게 되면서 안보에 대한 관심의 대상이 더는 국가에 머무르지 않고 인간 개개인으로까지 확대된 것이다. 미세먼지로 인한 대기오염이나 수질오염, 산성비 등으로 대표되는 초국경적 환경오염 문제가 대두되기 시작했고, 이전보다 더 강력한 전염성을 가지고 있을 뿐만 아니라 지금까지의 치료 방법이 적용되지 않는 새로운 종류의 바이러스와 전염병이 등장하며 막대한 인명피해를 일으키는 상황이 나타나게 되었다. 이와 동시에 국가 간의 전쟁(inter-state war) 대신 국가 내 전쟁(intra-state war)의 파괴력과 인간 생명에 대한 부정적 영향 역시 탈냉전과 함께 국제사회의 시선을 끌기 시작했다. 냉전기 동안에는 강대국 간의 이데올로기적 체제 경쟁 등으로 인해 크게 주목받지 않았으나, 탈냉전 이후 내전의 비극적인 결과, 인간 생명에 대한 위협적 영향력이 재조명되면서 국제사회의 관심이 높아지게 되었다. 또한 국제 테러리즘이나 다양한 종류의 초국가적 범죄의 위험성 역시 국제사회의 이목을 끌기 시작했다. 이렇듯 냉전 동안 이데올로기 경쟁 때문에 크게 주목받지 못했던 다양한 문제들이 탈냉전과 함께 수면 위로 떠 오르게 되고, 이러한 다양한 문제들이 국가 안보뿐만 아니라 인간 개개인의 안전과 생명을 심각히 위협하는 상황으로 이어지게 되면서 안보의 대상과 범위를 확대해야 한다는 필요성이 대두되었다. 이와 동시에 안보 분야 연구에서도 연구의 초점을 전통적 국가 안보에만 국한하지 않고, 더욱 광범위하고 포괄적인 접근방법이 요구되기 시작했다. 과거 군사력이나 국가 주권 방위 등으로 대표되는 전통적 국가 안보 중심에서 벗어나 인간의 삶에 영향을 미칠 수 있는 보다 포괄적인 문제 역시 국제정치학의 안보 연구 영역에서 중요시되어야 한다는 주장이 나타나기 시작한 것이다(Buzan 1998).

이러한 상황 속에서 인간안보(human security)를 개념화하기 위한 학술적 · 정책적 시도가 90년대 들어 본격적으로 나타나게 되었다(이상환 2008). 냉전 시기가 한창 진행되던 80년대에도 이미 환경오염 문제나 바이러스와 같은 '비군사적 현상(non-military phenomenon)'이 인간 개개인의 존엄을 해치고 생명을 위협할 수 있다는 경고가 나왔었는데(Buzan 1983), 탈냉전기에 접어들며 이러한 경고가 현실화되면서 국제사회에서는 인간의 안보에 대한 보다 진지한 논의와 함께 인간안보 개념 정립을 위한 시도를 하게 된 것이다. 그리고 지속적인 논의 끝에 일반적으로 인간안보는 오늘날 인간의 안전과 존엄, 생명, 권리를 위협할 수 있는 모든 위협 요소로부터 자유로운 상태로 규정되고 있다(윤지원 · 배일수 2021). 즉, 인간안보란 홍수, 가뭄, 화산폭발, 지진 등과 같은 자연재해나 전쟁, 내전, 학살 등과 같은 인위적인 폭력행위 등으로 야기된 인도주의적 차원의 위기 상황으로부터의 자유로움으로 정의내릴 수 있다(Kim and Hyunn 2000).

인간안보 개념 정립을 위한 국제사회의 노력은 1994년 '유엔개발계획(UNDP, United Nations Development Programme)'에서 발간한 '인간발전보고서(Human Development Report)'를 통해 체계적으로 본격화된 것으로 평가받고 있다. 무엇보다도 이 보고서를 통해 UNDP에서는 안보의 대상으로 인간 개개인을 포함했을 뿐만 아니라 인간안보의 특징들, 인간안보를 구성하는 7가지 요소 등을 포괄적으로 제시하고 있으므로 인간안보와 관련한 논의에 있어 중요한 초석을 다졌다고 볼 수 있다.

보다 구체적으로, 해당 보고서에서 UNDP는 체계적인 인간안보 개념 정립의 필요성과 함께 인간안보의 핵심적 특징, 인간안보의 구성 요소, 7가지 주요 범주들을 제시하고 있다.[1]

보고서에서는 1945년 두 발의 원자폭탄이 히로시마와 나가사키에 투하된 후 수십 년이 지난 탈냉전기에 이르러 안보와 관련된 심도 있는 생각의 전환이 필요함을 제기한바, 핵 안보로 대표되는 전통적 군사 안보에서 인간안보로의 생각의 전환이 필요함을 강조했다. 냉전 시기까지 안보란 외부의 공격으로부터의 영토적 보호, 대외정책에 있어 국가 이익의 보호, 핵전쟁의 위협으로부터의 전 지구적 안전 확보를 의미했는데, 이러한 안보의 개념이 너무 좁게 해석되었음을 보고서는 지적하고 있다. 동시에 냉전기가 이어지면서 강대국 간의 이데올로기 경쟁이 치열해지고, 신생 독립국들은 산적한 내부 문제 해결에 몰두하는 동안 매일 매일을 살아가며 안전을 걱정했던 인간 개개인들에 대한 걱정은 뒷전에 밀려 있었음을 주장하고, 특히 인간 개개인에게 있어 안보란 질병, 굶주림, 정치적 압제, 환경파괴 등의 위협으로부터의 보호를 의미하는 것이었으나 국가 안보의 그늘 속에서 제대로 주목받지 못했다고 인정했다(UNDP 1994, 22). 인간안보는 군사 무기와 관련된 우려가 아니라, 인간의 일상

1 이 부분은 UNDP의 '인간발전보고서' Chapter 2 에서 제시한 인간안보 개념 및 특징, 주요 요소에 대한 내용(pp. 22-33)을 요약, 정리한 것임을 밝힌다.

과 존엄과 밀접히 연관된 우려이며, 따라서 인간안보는 어린 생명이 지구상에서 사라지지 않는 것, 질병이 확산하지 않는 것, 민족 갈등이 폭력으로 번지지 않는 것, 그리고 반체제 인사가 침묵을 강요받지 않는 것 등으로 대변될 수 있다. 즉, 국가의 안위가 강조되는 전통적 안보와 달리 오늘날 인간안보란 인간 개개인을 안보의 대상으로 중시하고 있으며, 보다 인권을 강조하는 한편 개인 수준에서의 정의와 해방에 치중되어 있는데(이상환 2008), UNDP의 보고서 역시 이러한 점들을 지적하고 있다고 볼 수 있다.

이러한 맥락에서 보았을 때 인간안보가 가지는 핵심적 특징들은 크게 네 가지로 제시될 수 있다(UNDP 1994, 22-23). 첫째, 인간안보는 보편적인 우려 사항이다. 특정 개인, 특정 국가, 특정 지역에 국한된 문제가 아니라 지구상 누구에게나 위협이 되는 공통된 요소들에 대한 우려이다. 둘째, 인간안보를 구성하는 요소들은 상호의존적이다. 인간을 위협하는 요소들은 한 국가의 국경 내에서만 영향을 끼치는 것이 아니라 초국경적 영향력을 지니며, 하나의 고립된 사건으로 발생하지 않는다는 성격을 띠고 있다. 셋째, 인간안보는 사후적 개입보다는 사전적 방지를 통해 더 쉽게 확보될 수 있다. 수많은 인명을 보호하기 위해서는 사건이 발생하고 수많은 사람의 생명을 앗아간 후에 개입하기보다는 미리 선제 개입이 있어야만 인간안보가 확보된다. 넷째, 인간안보는 인간 중심적(people-centered)인 성격을 지닌다. 인간안보란 사람들이 사회 속에서 어떻게 살고 숨 쉬는지, 수많은 선택지 중에서 어떻게 자유롭게 그들의 선택을 할 수 있는지, 그들이 어느 정도 수준으로 시장이나 사회적 기회에 접근할 수 있는지, 그리고 그들이 분쟁 속에서 살아가는지 혹은 평화 속에서 살아가는지 등에 대한 걱정과 관련이 있다. 즉, 인간안보의 중요한 특징으로 안보 논의 및 대상의 중심이 인간 개개인이라는 점이다.

인간안보는 무엇보다도 두 가지 요소들로 구성되어 있다(UNDP 1994, 24). 그중 한 가지는 '공포로부터의 자유(freedom from fear)'이고, 다른 한 가지는 '가난으로부터의 자유(freedom from want)'이다. 1945년 유엔설립을 논의한 샌프란시스코회의 후 당시 미국 국무장관 에드워드 스테티니어스(Edward Stettinius Jr.)는 정부 보고를 통해 인간안보에 대한 이 두 가지 요소들을 언급한 바 있다: "평화를 위한 노력은 두 전선에서 진행되어야 하는바, 하나는 공포로부터의 자유를 가져올 수 있는 승리가 확보되는 안보 전선이고, 또 다른 하나는 빈곤과 궁핍으로부터의 자유가 승리를 의미하는 사회 · 경제적 전선이다. <…> 두 전선에서 모두 승리를 거둘 때만이 세계는 지속적인 평화를 맞이할 수 있을 것이다"(UNDP 1994, 24).

이러한 두 가지 요소를 바탕으로 인간안보는 크게 7가지 범주로 대별된다. 첫 번째는 경제안보(economic security), 즉 가난으로부터의 자유이다(UNDP 1994, 25-26). 여기서 '가난으로부터의 자유'는 단순히 궁핍에서 벗어나는 것을 넘어 각 개인의 삶을 영위하기 위한 기본적인 소득이 보장되고 필요한 생필품과 음식이 보장되는 것을 의미한다. 현대사회에서는 선진국 국민이라 하더라도 직업을 갖지 못한 채 실업자로 지내는 경우가 존재하고, 언제나 실직에 대한 우려가 존재한다. 그리고 개발도상국이나 저개발 국가에서는 직업 자체를 가지기가 쉽지 않은 경우도 발생한다. 사람들은 언제나 삶을 위한 충분한 음식과 생필품 구매를 위한 안정적인 수입원을 가져야 하는데, 그러한 수입원을 확보하지 못한 경우 경제안보가 확보되지 않은 것이라고 평가할 수 있다. 또한 많은 국가에서 장애가 있는 사람들 역시 대부분 불안정한 경제안보 상황에 부닥

쳐 있다고 볼 수 있다. 이들은 기본적인 생필품과 음식을 구입할 수 있는 비용 이외에도 의료비용이나 돌봄 비용을 지불해야 하는데, 정작 장애가 있는 사람들은 안정적인 직업을 갖는 것도 힘들 뿐만 아니라 직업훈련의 기회 자체도 많지 않은 편이기 때문이다. 따라서 인간 개개인이 자신이 처한 환경 속에서 삶을 영위할 수 있을 정도의 충분한 생필품과 음식, 그 이외의 기타 자원과 서비스를 충분히 획득할 수 있는 경제적 상황이 갖추어지는 것이 경제안보 확립이라고 볼 수 있다.

<그림 1> 인간안보의 범주

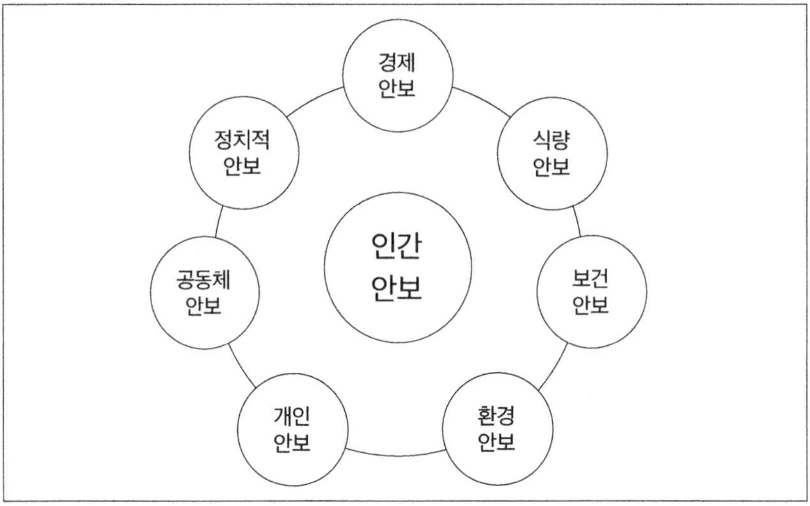

둘째, 식량안보(food security)다(UNDP 1994, 27). 식량안보는 모든 사람이 삶을 위해 필요한 기본적 식량에 대해 물질적으로도 경제적으로도 접근할 수 있을 때 확보된다. 즉, 단순히 사람들 주변에 충분한 식량이 존재하는 것만을 의미

하지 않으며, 필요시 사람들 스스로 식량 생산, 식량 구입, 혹은 식량 배분 제도(시스템)를 통한 식량 획득이 보장되는 것이 식량안보라 할 수 있다. 오늘날 많은 국가에서 식량이 충분히 갖춰진 상황 속에서도 식량을 구입할 돈이 없거나 복지제도가 제대로 작동하지 않아 굶주림으로 고통받는 사람들이 존재하는데, 이럴 때 식량안보가 확립되었다고 볼 수 없다. 즉, 충분한 식량의 존재 여부는 식량안보에서 필요조건일 뿐 충분조건은 아니라고 할 수 있다. 따라서 식량안보에서 중요한 것은 충분한 식량의 유무 자체가 아닌, 개인마다 식량을 구입할 수 있는 경제적 여력이 갖춰져 있는지, 그리고 제대로 된 식량 분배 체제 및 제도가 갖춰져 있는지에 대한 여부라고 할 수 있다.

세 번째로 보건 안보(health security)를 들 수 있다(UNDP 1994, 27-28). 보건 안보는 특히 질병으로부터의 자유를 의미하며, 식량 문제, 물 부족 문제와 함께 '바이오 안보(bio-security)'로써 강조되고 있다(박광기 · 이상환 2017). 인간안보의 다른 종류들도 마찬가지지만 보건 안보 문제 역시 선진국과 개발도상국, 저개발 국가를 막론하고 많은 사람의 생명과 안전을 위협해오고 있다. 전염성이 강한 질병이나 기생충에 의한 질병, 그리고 각종 바이러스는 특히 저개발 국가나 개발도상국 국민의 건강과 생명에 치명적인 요인이 되어 왔다. 무엇보다도 저개발 국가 국민은 충분한 영향을 공급받지 못할 뿐만 아니라 질병, 바이러스 치료를 위한 제대로 된 환경을 기대하기 힘들다. 이들은 수인성(水因性) 감염병, 후천성면역결핍증(AIDS), 결핵 등 다양한 질병으로 고통받고 있다. 한편, 산업화한 국가에서는 고혈압, 고지혈증, 당료 등과 같은 순환계(circulatory system) 계통의 질병 등이 국민의 생명을 위협하고 있다. 그리고 선진국이든 후진국이든 일반적으로 소득 수준이 낮거나 시골 지역에 사는 사람들, 그리고 어린이들이 더 큰 보건 안보에 대한 위험에 노출된 것으로 알려져 있다.

넷째, 환경안보(environmental security)는 인간이 인간다움 삶, 즉 건강한 삶을 위해 요구되는 건강한 물리적 환경이 갖춰지는 것을 의미한다(UNDP 1994, 28-29). 급속도의 경제발전과 산업화, 인구의 급속한 증가 등으로 야기된 환경파괴 현상은 오늘날 지구의 자정 능력을 넘어선 것으로 평가받고 있으며, 이러한 상황은 환경안보를 심각하게 위협하고 있다. 미세먼지와 같은 초국경적 환경 문제들이 수면 위로 떠 오르고 있으며, 전 세계 곳곳에서 수질오염과 물 부족 현상이 심화하고 있다. 염류 축적 등으로 인한 경작지의 생산능력이 약화하는 한편 사막화와 기후상승 역시 중요한 이슈로 부상했다. 더욱이 이러한 환경오염 문제들은 비단 그 자체만으로도 인간의 건강과 생명에 치명적인 위협 요인으로 작용할 뿐만 아니라 이차적으로도 예측하기 힘든 자연재해를 일으킬 수 있으므로 인간안보의 다른 범주들과 함께 인류가 심각히 고민해야 하는 문제라고 할 수 있다.

인간안보의 다섯 번째 범주는 개인안보(personal security)다. 현대사회에서는 개인의 안전과 생명을 위협하는 다양한 종류의 폭력들이 점증하고 있다. 개인안보는 이렇게 모든 종류의 물리적 폭력으로부터의 자유 확립을 의미한다. 여기서 물리적 폭력은 국가로부터의 폭력(고문 등), 다른 국가로부터의 폭력(전쟁), 다른 정치·사회적 집단으로부터의 폭력(민족/인종 갈등으로 야기된 학살 등), 타인 혹은 폭력조직 등으로부터의 폭력(각종 범죄), 여성에 대한 직접적인 폭력(성적 폭력, 가정폭력), 어린이들에 대한 폭력(아동학대), 스스로에 대한 폭력(자살, 마약 복용 등)을 포함한다. 이와 함께 산업화 과정에서 나타나는 사고들, 즉 산업재해나 교통사고 역시 개인안보를 위협하는 요인들로 자리 잡고 있다. 개인안보란 인간 개개인에게 부과될 수 있는 모든 종류의 폭력과 위협 요인으로부터 개인의 안전과 생명이 담보되는 것을 의미한다고 할 수 있다.

여섯 번째 범주로 공동체안보(community security)를 들 수 있다(UNDP 1994, 31). 많은 사람은 가족이나 공동체, 기관, 인종·민족적 집단 등과 같이 자신이 속해 있는 집단에 소속됨으로써 안전을 확보하기도 한다. 가족은 어린아이를 보호하고, 특정 집단은 그 집단에 속한 구성원에게 각종 지원을 제공하기 때문이다. 그런데 근대화 과정을 거치며 가족이라든지 여러 공동체가 분해되고 와해하는 현상이 나타나고 있는데, 구성원들 역시 과거만큼 소속 집단의 보호와 지원을 기대하기 힘든 상황이 발생하고 있다. 또한 일부 지역에서는 민족 간의 분규가 발생하며 각 민족집단 역시 구성원에 대한 안전 보장이 어려워지고 있기도 하다. 이러한 상황은 결국 공동체안보를 저해하는 현상으로 이어지고 있다.

마지막으로 정치적 안보(political security) 역시 인간안보의 범주 중 하나로 꼽힌다(UNDP 1994, 32). 인간안보에 있어 가장 중요한 측면 중 하나는 개개인이 그들의 기본적 인권을 존중하는 사회에서 살 수 있는지에 대한 여부라 할 수 있다. 이러한 맥락에서 볼 때 지난 십수 년간 인간안보는 상당히 주목할 만한 진보를 이루어냈다고 할 수 있다. 1970년대와 80년대를 거치며 소위 제3의 물결이라 불릴 정도로 여러 국가가 지역에 상관없이 민주화를 이룩하며 민주주의 체제로의 전환을 달성하였고, 민주주의의 가치가 추구하는 국민 개개인의 인권과 자유에 대한 존중 역시 강화되었다. 하지만 여전히 지구상에는 정치적 안보가 위협받는 국가와 지역이 존재한다. 지금도 많은 권위주의 체제 국가들에서는 국민 개개인에 대한 정치적 탄압과 조직적 고문, 학대, 실종 등이 자행되고 있으며, 또 다른 국가들에서는 정치적 혼란기 과정에서 광범위한 인권 침해 현상이 나타나고 있다. 심지어는 일부 국가들에서는 경찰 등과 같은 국가 공권력이 인권 침해에 가담하는 경우가 발생하는 등 정치적 안보가 위협받는 경우는 국제사회 곳곳에서 오늘날까지 이어지고 있다고 볼 수 있다.

요컨대 탈냉전 이후 인간 개개인의 존엄과 자유, 안전, 생명을 위협하는 다양한 문제들이 수면 위로 떠 오르게 되면서 국가의 안보를 넘어선 인간의 안위에 대한 관심이 높아졌다. 그뿐만 아니라 이러한 상황과 맞물려 국제사회에서는 인권이 주권에 우선한다는 '신제국주의' 원칙이 확립되면서 인간안보 개념의 등장을 촉진하기도 했다(이상환 2008, 230). 인간안보 개념은 안보의 영역을 비군사적 영역으로까지 확장하고, 다양한 종류의 공포와 궁핍 등으로부터 인간의 안전을 도모해야 한다는 취지에서 등장한 것이다 (정승철 2019). 오늘날 많은 정치인과 정책 결정자는 안보 문제의 범위와 대상을 인간 개개인으로 확대하고 있으며, 국제정치학자들 역시 안보 연구를 수행하는 데 있어 인간안보 문제를 중요한 어젠다로 다루고 있다. 더욱이 시간이 흐를수록 인간안보를 위협하는 새로운 요소들이 등장할 가능성 역시 배제할 수 없으므로 안보에 대한 개념은 지속해서 변화될 것이고, 인간안보와 관련된 논의 역시 그 중요성이 높아질 것으로 보인다.

인간안보가 국가 안보 및 국제정치에 미친 영향과 의미

인간안보는 인간 개개인의 존엄과 안전, 권리, 생명과 깊은 관련이 있는 개념이지만 이와 관련된 문제들은 인간에게만 국한되지 않는다. 인간안보 이슈가 국가 안보와 상충하는 경우가 발생하기도 하고, 더 나아가 국제질서에도 큰 영향을 끼치는 상황이 나타나기도 한다. 즉, 인간안보 역시 안보 분야의 다른 문제들과 마찬가지로 국제정치적 맥락에서 큰 영향을 가져다주는 문제라고 할 수 있다.

먼저, 인간안보가 국가 안보와 상충하는 상황이 발생하기도 한다. 즉, 인간안보 확립을 위한 조치가 때로는 국가 안보를 저해하거나 국가 안보와 충돌하는 경우가 있고, 혹은 그 반대 상황이 발생할 수 있다(김우상 · 조성권 2005). 예를 들어, 한국의 경우 국가 안보의 목적으로, 즉 북한의 기습침입을 대비하기 위한 목적에서 비무장지대(DMZ) 근처에 다량의 지뢰를 매설해놓았다. 하지만 이러한 다량의 지뢰매설로 인해 인근 지역에 거주하는 주민들은 언제나 지뢰로 인한 안전을 위협받고 있다. 더욱이 홍수 등으로 인한 자연재해로 인해 매설되었던 지뢰가 유실될 수 있으므로 다른 지역의 주민들까지도 위험에서 벗어날 수 없다. 국가 안보를 위한 조치가 되려 인간안보를 저해하는 상황이 발생할 수 있는 것이다.

이와는 반대로 인간안보 확립을 위한 조치가 되려 국가 안보는 물론 지역안보에도 악영향을 미치는 경우가 있다. 지구상 곳곳에서 발생한 내전이나 다양한 폭력행위로 인해 최근 몇 년간 많은 난민이 발생한 바 있다. 이들의 안전을 보장하고 인간으로서의 존엄을 지켜주기 위해 여러 국가에서 난민을 수용하는 정책을 추진하기도 한다. 문제는 난민들의 숫자가 늘어남에 따라 수용국의 안보가 저해되는 현상이 종종 발생한다는 점이다. 몇몇 연구들은 난민 수용 여부와 수용국에서의 내전 발발 가능성 및 수용국에 대한 테러리즘 공격

가능성 간에는 상관관계가 존재함을 보여준다(Salehyan & Gleditsch 2006; Milton et al. 2013).

둘째, 인간안보와 관련된 이슈들은 국가 간 관계에도 영향을 미치기도 한다. 즉, 인간안보 관련 문제들이 국가 간의 긴장 관계를 형성하고 갈등을 고조시키거나, 반대로 국가 간 협력을 촉진하기도 한다. 먼저 인간안보 확립을 위한 국가의 노력이 타국과의 갈등으로 이어질 수 있다. 예를 들어 인간안보 확립에 중요한 요소들로 꼽히는 에너지나 환경, 바이오 자원 등은 그 희소성이 점차 증가함에 따라 국가 간 관계에서도 그 중요성이 높아지고 있다. 즉, 석유나 각종 천연자원 등과 같은 희소자원을 더 많이 확보하기 위해 여러 국가 사이에서는 현재 상당히 치열한 경쟁이 진행되고 있다(박광기 · 이상환 2017). 이러한 상황 속에서 더욱더 많은 자원을 충분히 확보하기 위해 각 국가는 분쟁은 물론이고 심지어 전쟁을 불사하는 가능성도 배제하지 못한다. 더욱이 최근 강대국의 경우 자국민들의 지속적인 삶과 안전의 확보라는 목표에서부터 국가의 생존 및 타국과의 경쟁에서 우위에 서기 위한 목표를 달성하기 위해 경쟁국보다도 더 많은 자원 확보를 위해 총력을 다하고 있다. 이러면 강대국 간의 갈등이 고조될 수 있고, 양국 간의 분쟁 가능성 역시 커질 수밖에 없다.

또한 환경안보에 대한 여러 요인도 국가 관계에 악영향을 끼칠 수 있다. 대표적으로 최근 몇 년간 한국과 중국 사이의 화두로 떠오르고 있는 미세먼지 문제는 두 국가 간의 갈등을 부채질하는 요인으로 작용해오고 있다.[2]

한국의 미세먼지 농도가 악화하는 상황에서, 많은 한국 국민은 미세먼지의

2 뉴시스, "사상 최악 미세먼지 사태에 한중 갈등," 2019.03.09., https://newsis.com/view/?id=NISX20190308_0000581475&cID=10101&pID=10100 (검색일: 2022.04.09.).

책임을 중국에 돌리며 중국을 비판하고 있다. 반면 중국에서는 미세먼지 발생국으로 중국을 지목하는 한국의 행위에는 과학적 근거가 없다는 주장과 함께 중국에 대한 비난의 화살을 돌리는 한국 언론에 대해 민족주의의 발로라는 비판을 제기한다. 미세먼지 문제가 불거질 때마다 양국 간에는 협력의 필요성이 그 어느 때보다도 높음에도 불구하고 의견 차이가 발생하는 것이다. 한편, 최근 코로나19 위기 상황 속에서 바이러스의 근원지역에 대한 책임 공방, 초기 대응 실패에 대한 책임 떠넘기기, 코로나19 백신 확보 단계에서 나타난 백신 민족주의 경향 역시 인간안보 관련 문제가 국제사회 내 국가 간의 갈등 고조로 이어진다는 또 다른 사례로 지목되고 있다(윤지원 · 배일수 2021). 이렇게 군사 외적인 초국가적 문제에 대해 국제사회가 제대로 된 공동 대응을 하지 못하는 경우가 발생하고, 그 피해가 심각한 경우 인간 개개인이 그 피해를 감당하는 와중에 국가 간에는 긴장이 고조되는 현상이 관찰되기도 한다. 결국 인간안보 확립을 위해 문제를 해결해야 하는 과정에서 국가 간의 심각한 갈등이 표출되는 사례가 존재한다는 사실을 고려하면 인간안보가 국가 간 관계, 그리고 더 나아가 국제정치에 미치는 영향은 무시하지 못한다고 평가할 수 있다.

이와는 반대로 인간안보 문제 해결을 위한 노력 과정에서 국가 간의 협력이 촉진되는 경우도 존재한다. 대표적으로 초국경적 전염성을 가진 신종 질병 및 바이러스에 대한 국제사회의 대응 과정에서 국가들은 긴밀한 협력을 하는 사례가 나타나고 있다. 2000년대를 전후해 사스(SARS), 조류독감(AI), 신종플루(Influenza A), 에볼라바이러스(Ebola Virus), 메르스(MERS), 지카 바이러스(Zika Virus), 그리고 최근의 코로나19와 같은 신종 감염병 및 바이러스가 등장하여 한 국가의 국경을 벗어나 지역과 전 세계를 아우르는 초국경적 수준의 전염력을 보여준 바 있다. 특히 이들 전염병 중에는 에볼라와 메르스의 경우처럼 40~50%에 달하는 치사율을 기록한 경우가 있지만, 코로나19와 같이 유례없는 전 지구적 전염력을 보여준 사례도 나타나고 있다(<표 1> 참고). 따라서 이러한 신종 감염병의 전 지구적 확산을 막고, 인명피해를 최소화하기 위해 국제사회는 공동 대응에 나서고 있으며, 그 과정에서 국가 간의 협력 역시 확대되는 모습을 보여주기도 했다.

<표 1> 2000년대 이후 신종 감염병/바이러스 현황

	사스	신종플루	에볼라	메르스	COVID-19 (2022.04. 기준)
확산국 수	32개국	129개국	4개국	24개국	216개 이상의 국가·지역
유행 시기	2002~2003년	2009년	2014~2015년	2012~2015년	2019년~
감염자 수(명)	8,273	25,584,595	8,396	1,154	497,057,239
사망자 수(명)	775	14,378	4,032	471	6,179,104
치사율(%)	9.3	0.056	48	40.8	1.2

출처: WHO, "세계보건기구 보고서(2015/2020)," http://www.who.int/immunization_monitoring/en/globalsummary/countryprofileselect.cfm; WHO, "WHO Coronavirus (COVID-19) Dashboard," https://covid19.who.int (검색일: 2022.04.09.).

일례로 사스 발병 초기에는 국제사회의 적극적인 대응이 큰 효과를 발휘하지 못하고 많은 동아시아 국가들을 중심으로 막대한 피해가 발생한 바 있다. 특히 사스는 중국과 홍콩, 싱가포르 등에서 단순히 인간 생명에 대한 위협뿐만 아니라 이들 국가의 경제 · 사회 시스템에 심각한 타격을 가하기도 했다(이상환 2008). 사스로 인해 사람들의 사회 · 경제적 활동이 제약받았고, 이는 경제 시스템의 붕괴로 이어진 것이다. 실제 몇몇 국가들에서는 관광수지가 하락하고 기업들 역시 상당한 어려움을 겪는 한편 GDP 성장 역시 0.5%에서 1% 감소가 예측되기도 했다(이상환 2008). 이렇게 보건 안보 및 경제안보 위기 상황이 심각해지자 사스로 큰 손해를 입은 국가들을 중심으로 한 협력이 진행되었다. 한국과 중국, 일본, 그리고 아세안 국가들이 사스에 대한 공동 대응을 위해 전례 없는 협력을 추진하기 시작한 것이다(이상환 2008). 2003년 아세안+3 보건장관회의, 아세안 및 중국 지도자 특별회의 등을 통해 사스에 대한 공동 대응과 국가 간 협력 촉진을 위한 다양한 의제가 논의된 한편 다양한 조처가 합의된 것이다.

인간안보에 대한 비판[3]

인간 개개인의 존엄과 안전, 권리, 생명과 직결된 인간안보 확립은 현대 국제사회가 언제가 최우선순위에 올라야 하는 목표 중 하나라고 할 수 있다. 최근 다양한 위협 요소로부터 인간 개개인을 보호해야 한다는 인식이 여러 국가 사이에 공유되고 있기에 국제 정치 무대에서 인간안보가 가지는 중요성 역시 높아지고 있다. 하지만, 이러한 상황 속에서도 인간안보에 대한 비판 역시 존

3 본고에서 다룬 인간안보에 대한 비판 논의는 윤지원·배일수(2021), 이상환(2008), 정승철(2019)의 연구를 정리, 요약하였음.

재한다.

먼저, 인간안보 개념의 포괄성과 광범위성에 대한 비판이 제기된다(윤지원 · 배일수 2021; 이상환 2008). 학문적으로 합의된 정의가 부재하며, 또한 개념이 모호하고 지나치게 포괄적이다(Paris 2001, 92). 각종 연구와 보고서에 따라 인간안보에 대한 정의나 구성 요소, 핵심 사항 등이 불분명하고 임의적이라는 점이 지적된다(윤지원 · 배일수 2021). 더욱이 인간의 존엄과 생명을 위협하는 모든 요소가 인간안보 개념에서 다뤄지고 있을 뿐만 아니라 광범위한 정의 탓에 인간안보의 개념이 포괄성을 얻었으나 정밀성이 희생되었다는 지적 역시 존재한다(이상환 2008).

둘째, 인간안보는 보편성을 띠고 있으나 국가의 정치 · 경제적 수준, 그리고 중시하는 가치에 따라 인간안보에 대한 국가별, 지역별 인식이 크게 다르게 나타나기도 한다. 각 국가는 경제적으로나 사회적으로나 다양한 환경에 처해 있고, 때문에 상이한 내외부 환경에 따라 인간안보에 대한 입장이 다를 수밖에 없다(윤지원 · 배일수 2021). 또한 인간안보 위기 상황에 대한 관점 역시 다르게 나타날 수 있을 뿐만 아니라 인간안보 위기 상황 속에서 국가 안보와 인간안보 사이의 우선순위, 대응 방법 등에서도 차이가 나타나게 된다. 선진국의 경우 인간안보 위기 상황에 적극적으로 대응하는 경향이 있지만, 저개발 국가에서는 국내정치적 상황을 이유로 들며 자국 내 인간안보 위기 상황 자체를 인정하지 않는 경우가 있다.

셋째, 인간안보 실현을 위한 실천 방법이 모호하고 때로는 비현실적이라는 비판이 존재한다. 인간안보의 중요성과 의미에 대해서는 국제사회 수준에서 상당한 합의가 이뤄진 것이 사실이지만, 이러한 목표를 위한 구체적 실천방안과 방향성에 대해서는 여전히 국가 간의 이견이 존재한다(윤지원 · 배일수 2021). 더욱이 국제사회를 구성하는 다양한 행위자들은 자신의 이익과 이해관계를 바탕으로 인간의 생명을 위협하는 다양한 요소들에 대한 서로 다른 대응 방법을 제시할 수 있으며, 이러한 점들 때문에 공통된 방안을 모색하는 것 자체가 힘들 수도 있다.

참고문헌

김우상 · 조성권. 2005. 『세계화와 인간안보』. 파주: 집문당.

뉴시스. "사상 최악 미세먼지 사태에 한중 갈등." 2019.03.09. https://newsis.com/view/?id=NISX20190308_0000581475&cID=10101&pID=10100 (검색일: 2022.04.09.).

박광기 · 이상환. 2017. "바이오 안보의 국제정치: G-20 국가의 보건 현황과 전염병 협력." 『정치 · 정보연구』 20권 3호, 1-24.

윤지원 · 배일수. 2021. "인간안보가 국가 안보에 미치는 영향과 함의에 대한 고찰." 『전략연구』 28권 2호, 219-243.

이상환. 2008. "전염병과 인간안보, 그리고 국가 안보." 『국제지역연구』 12권 3호, 229-246.

정승철. 2019. "안보화, 인간안보, 그리고 한국: 한국인들이 일상에서 느끼는 위협에 대한 경험적 연구." 『문화와 정치』 6권 3호, 39-76.

Buzan, Barry. 1983. People, States and Fear; The National Secutity Problem in International Relation. Chapel Hill: The University of North Carolina Press.

Kim, Woosang, and In-Taek Hyun. 2000. "Toward a New Concept of Security:

Human Security in World Politics." In Asia's Emerging Regional Order Reconciling Traditional and Human Security, edited by William T Tow, Thakur, Ramesh Chandra, and Hyun, In-Taek. Tokyo: United Nations University Press.

Milton, Daniel, Megan Spencer, and Michael Findley. "Radicalism of the Hopeless: Refugee Flows and Transnational Terrorism." International Interactions 39(5): 621-645.

Paris, Roland. "Human Security: Paradigm Shift or Hot Air?" International Security 26(2): 87-102.

Salehyan, Idean, and Kristian Skrede Gleditsch. 2006. "Refugees and the Spread of Civil War." International organization 60(2): 335-366.

UNDP. 1994. Human Development Report 1994. New York: Oxford University Press.

WHO. "세계보건기구 보고서(2015/2020)." http://www.who.int/immunization_monitoring/en/globalsummary/countryprofileselect.cfm.

WHO. "WHO Coronavirus (COVID-19) Dashboard." https://covid19.who.int (검색일: 2022.04.09.).

2
환경과 전염병의 위기

제2장

기후안보의 협력과 갈등

- 기후 레짐(climate regime)과 러시아

이준용

제3장

글로벌 보건 거버넌스의 쇠퇴와 약소국의 인간안보

- 전염병과 백신의 독점

문준호

제2장

기후안보의 협력과 갈등

- 기후 레짐(climate regime)과 러시아

이준용 (한국외국어대학교)

들어가며: '위험사회(Risk society)'와 기후변화

오늘날 세계는 점점 더 다원화하고 복잡해지는 위협들에 당면해 있다. 테러 집단과 국제 범죄조직의 등장으로 위협의 주체와 객체가 비국가 행위자까지 포괄하기 시작했으며, 전염병과 환경오염과 같이 위협의 규모를 쉽사리 가늠할 수 없는 위협들도 점점 더 빈번하게 나타나는 중이다. 이처럼 보이지 않는 위협들에 더해 강대국들 사이의 반목이 심화해 전 세계를 피아(彼我)로 양분하던 냉전기의 갈등 구도가 새롭게 재현됨에 따라 주요 국가들 사이의 군사적 충돌이 발생할 가능성 또한 더욱 높아졌다. 요컨대 다원적인 위협이 혼재해 나타나는 오늘날의 모습에서 현대사회를 보편적이고 총체적인 위험이 만연한 '위험사회(Risk society)'로 특징지은 벡(Ulrich Beck)의 통찰은 더욱 시의적절한 전언으로 이해된다(Beck 1992).

여러 위험 중에서도 기후변화 문제는 종종 '공유지의 비극'을 대표하는 사례로 언급되며 국제사회의 모든 구성원이 해결해야 할 문제로 인식된다. 더 많은 경제적 부와 물질적 번영을 달성하려는 인간의 무분별한 생산활동은 공공재인 자연환경의 파괴를 촉진했으며, 그로 인해 가속화된 기후변화는 국가들 사이의 분쟁을 촉발하고 인간의 삶을 피폐하게 만드는 위협으로 작용하고 있다. 이에 기후재앙의 파국을 더 늦기 전에 막아보려는 노력이 1992년의 리우 유엔환경개발회의(UN Conference on the Human Environment, UNCHE)에서 유엔기후변화협약(United Nations Framework Convention on Climate Change, UNFCCC, 이하 기후변화협약)의 채택을 통해 본격화됐지만, 그로부터 30여 년이 흐른 오늘날에도 기후변화 문제는 공동의 대응에 참여하는 행위자들이 가진 각자의 이해와 인식의 격차로 인해 빠르게 해결되지 않은 채로 남아 있다.

지구 정상회담(Earth summit)으로도 불리는 1992년 리우 회담에서 궁극적인 지향점으로 제시된 '건강한 지구와 풍요로운 미래'를 실현하기 위해선 협력과 갈등이 혼재한 작금의 상황을 명확히 파악하고, 문제 해결을 방해하는 인식의 격차를 이해하는 것이 선행될 필요가 있다. 이를 위해 다음의 물음들에 답하는 것을 목적으로 글을 전개하고자 한다. 첫째, 기후변화라는 실존적인 위협에 대응하는 국제사회의 노력은 어떻게 전개되고 있으며, 그 맥락에서 상존하는 쟁점은 무엇인가? 둘째, 기후변화에 대응하는 공동의 행보 속에서 개별국가의 이익을 중시하는 핵심적인 당사국의 모습은 어떠하며, 그러한 태도의 배경은 무엇인가? 이 글에선 특히 두 번째 물음에 답하기 위해 러시아를 주요 사례로 다룬다. 이는 후술하는 바와 같이 러시아가 기후변화 심화의 주된 요인인 온실가스의 배출에 있어 직접적인 책임뿐만이 아니라 간접적인 책임 또한 크게 지고 있는 국가이면서, 기후변화에 대응하는 공동의 행보가 점차 심화하는 가운데 지속해서 유보적인 행보를 보인 대표적인 국가이기 때문이다. 따라서 러시아의 기후변화 대응 양태에 대한 분석은 글로벌 수준에서 이뤄지는 거시적인 협력의 맥락 속에 존재하는 갈등의 지점들을 이해하는 데 일정 부분 기여할 수 있을 것이다.

안보 개념의 발전과 기후변화의 위협

국제관계의 차원에서 안보에 대한 논의는 전통적으로 국가 안보(national security)를 둘러싸고 이뤄졌다. 타국에 의한 외부적 위협에 맞서 자국의 주권과 영토를 보호하는 문제는 모든 국가가 필연적으로 당면하는 도전이었으며, 국가의 생존은 모든 국가 행위의 최종적인 지향점일 수밖에 없었기 때문이다. 특히 지난 세기의 전반부에 발생한 두 차례의 세계적인 전쟁의 경험과 그 직후 도래한 핵전쟁에 의한 공멸의 위협이 존재하던 구조적 환경의 압력은 국가 안보의 중요성을 더욱 높였고, 이에 따라 냉전체제 아래에서 안보 개념은 현실주의적 관점에서 적국의 군사력에 대한 상대적 우위를 점유해 자국의 안전을 보장하는 것을 뜻하면서, 종종 군사 안보와 같은 의미로도 해석됐다(전웅 2004, 28).

이러한 안보의 개념은 냉전기의 후반부에 접어들면서 점차 변화하기 시작했다. 1980년대 들어 덴마크 코펜하겐의 '분쟁 및 평화 연구소(Copenhagen Peace Research Institute, COPRI)'를 중심으로 하는 일단의 학자들은 국가를 중심으로 군사 분야에만 매몰된 기존의 편협한 안보 개념이 국가들 사이의 협력이 증대되는 현실의 모습을 적절히 설명하지 못함을 지적하면서 안보의 개념을 확장할 필요성을 제시했다(Buzan et al 1988, 21-23). 이들 '코펜하겐 학파(Copenhagen school)'에 따르면 안보는 '주어진(given) 하나의 실재'가 아닌 끊임없이 변화하는 '사회적 어젠다'로(민병원 2012, 217), 안보의 영역과 대상은 생존에 위협이 될 수 있는 다양한 사안들을 안보에 대한 담론의 일부로 포섭하는 정치적 과정인 '안보화(securitization)'를 통해 여러 갈래로 분화할 수 있다.

인식의 확장을 통해 포괄안보(Comprehensive security), 공동안보(Common security), 협력안보(Cooperative security)와 같은 다양한 '수식어가 붙는' 안보 개념이 등장한 가운데[1], 인간안보(Human security) 개념의 대두는 가장 큰 의의를 지닌다. 세계 각국의 빈곤과 불평등의 문제를 다루는 유엔개발계획(United Nations Development Programme, UNDP)이 1994년 발간한 '인간개발 보고서(Human Development Report 1994)'를 통해 최초로 주창한 인간안보는 기아, 질병, 억압과 같은 만성적인 위협과 해로운 결과로 이어질 예기치 못한 일상의 파괴로부터 인간을 안전하게 보호해야 함을 제시한다(UNDP 1994, 23). 이는 냉전의 종식이 국제사회의 평화와 번영 대신 범람한 내란, 인종 분규, 테러, 국제조직범죄 등이 무고한 시민들을 해치는 결과로 이어지고 세계화의 급속한 진전으로 비국가 행위자들의 중요성이 높아지면서(전웅 2004, 32), 이전까지의 국가중심적인 사고에서 탈피해 지구촌을 구성하는 모든 개인의 안전을 지향할 시기가 도래했음을 의미했다. 요컨대 유엔개발계획은 상술한 보고서에서 안보의 최종적인 대상을 인간으로 상정하고 모든 인간의 생존과 삶의 질 보장이 안보 논의의 핵심임을 강조하면서, 인간안보의 구체적인 영역으로 경제, 식량, 보

1 언급한 세 안보 개념에 대한 구분과 설명은 드윗(Dewitt 1994) 또는 신범식(2010)의 연구를 참고할 것.

건, 환경, 개인, 공동체 및 정치를 규정했다.

결과적으로 현대의 안보 개념은 군사 분야에 국한되지 않고 경제, 보건, 젠더, 문화의 영역을 포괄하면서, 동시에 안보의 대상으로 국가에 더해 글로벌, 지역, 사회 및 특정한 집단과 개인을 포함한다. 이처럼 수직적 · 수평적으로 확장된 차원 속에서 안보의 달성에 대한 국제사회의 논의는 활발하게 전개되고 있다(Macfalane and Khong 2006, 1-2).

한편, 기후변화는 환경문제가 국제사회의 안보 의제로 포섭되는 과정과 맞물려 안보 위협 요인의 하나로 부상했다. 앞서 언급한 바와 같이 탈냉전기를 전후로 초국가적인 위협에 대한 인식이 늘어난 데에 더해, 세계화가 가속한 인간의 교류 및 교역 활동이 자연환경을 돌이킬 수 없이 훼손하고 있다는 경각심이 증대되고 환경문제라는 구조적 폭력의 해소 없이는 진정한 평화를 달성할 수 없다는 문제의식이 국제사회의 공감을 얻어감에 따라 환경안보라는 공동의 목표를 위해 공동의 노력을 기울여야 한다는 움직임이 활성화됐다(김영호 2008, 138-142). 이에 1972년 유엔인간환경회의를 시작으로 다양한 환경문제를 다루는 일련의 시도가 이뤄졌는데, 1979년에 이르러 제1차 세계기후회의(World Climate Conference, WCC)가 개최되면서 마침내 인간 활동에 의한 기후변화 문제가 국제사회에 대한 심각한 위험이란 사실이 공식적으로 인정받았다.

이와 같은 기후변화 문제를 안보에 대한 위협 요인과 연계시키는 시각은 일반적으로 다음의 세 논리에 기초해 다양하게 전개된다(최원기 2013, 7-11). 첫째, '기후분쟁(climate conflict)'론은 전통적인 안보를 중시하면서 기후변화가 국가들 사이의 무력 분쟁을 촉발하는 요인이 될 수 있음을 강조한다. 특히 이상

기후로 인한 자원의 감소는 한정된 자원을 둘러싼 국가들 사이의 경쟁을 촉발하며, 이에 따라 갈등의 격화가 군사적 충돌로 이어질 가능성이 상승한다. 아울러 기후의 급격한 변화는 일국적 수준에서 국가실패의 가능성을 높여 국가 내부에서의 만성적인 폭력을 발생시키는 직접적인 요인이 되기도 한다. 수단에서 발생한 다르푸르 분쟁은 '최초의 기후변화 분쟁'으로 평가되며(Mazo 2010), 이 외에도 우간다, 에티오피아 및 페루 등지에서의 갈등이 기후분쟁의 사례들로 주목받고 있다(Moses 2014).

둘째, '위협 승수(threat-multiplier)'론에 따르면 기후변화는 다른 안보 위협 요인들을 더욱 심화시키는 기능을 수행하는 위협 요인이다. 평균기온 상승은 자연환경의 파괴와 함께 물 부족, 사막화, 전염병의 확산, 거주지 및 경제활동 가능지역의 감소와 같은 다른 문제들이 악화하는 현상을 촉발한다. 이러한 변화로 더 빈번해지는 정치·경제·사회적 혼란은 다양한 유형의 안보 위협 요인으로 전환돼 국가와 개인 모두에 피해를 주게 된다. 즉, 2009년 유엔사무총장이 유엔총회로 제출한 기후변화의 안보 영향에 관한 보고서에서 지적된 바와 같이, 기후변화는 지속적인 빈곤, 자원 관리와 분쟁 해결에 취약한 제도, 공동체 및 국가 사이에 잠재된 반목과 불신의 역사, 정보와 자원에 대한 부적절한 접근 등이 초래한 기왕의 위협을 더욱 가중하는 위협 승수로 작용한다(United Nations General Assembly 2009). 가장 단적인 예로, 기후변화는 이미 내전이 발생해 극심한 안보 위협이 나타나고 있는 수단, 시리아, 이라크, 예멘 및 리비아에서의 갈등 상황을 더욱 첨예화시키는 요인으로 작용하는 중이다(Mccarthy 2017).

셋째, '기후안보(climate security)'론은 기후변화라는 자연환경의 변화가 특히 인간의 삶을 취약하게 만드는 결과로 귀결될 위험성에 초점을 맞춘다.[2] 즉, 인간안보의 개념과 연관이 깊은 기후안보론의 견지에서 기후변화의 가장 큰 문제점은 그러한 변화가 인간의 생존과 존엄한 삶의 가능성을 저해한다는 데에 있다. 이상 기후에서 비롯된 강수량 증가, 홍수 및 가뭄의 잦은 발생, 태풍 등의 악천후 심화와 같은 물리적 변화들은 식량 생산성 저하, 물 부족, 전염병 발생 빈도 및 강도 증가, 생산력 감소 및 기후난민의 발생과 같은 상당한 사회경제적 문제를 촉발하는 요인으로 작용한다(김영호 2008, 152-155). 이는 다시 말해 기후변화가 밀레니엄 개발 목표(Millennium Development Goals, MDGs)와 지속 가능한 개발 목표(Sustainable Development Goals, SDGs)의 제시를 통해 불안과 빈곤으로부터 자유로운 세계를 만들고자 하는 국제사회의 여러 노력을 해치고 있음을 의미한다.

상호연관적인 세 논지를 종합하면, 기후변화의 악영향이 개인과 국가를 아우르는 다양한 행위자 중 누구에게 주로 미치는지에 대해선 관점이 다를 수 있지만, 기후변화 문제는 분명 자원의 보고이자 모든 인간 활동 이뤄지는 공간인 자연환경의 조건들을 예측하기 힘든 방향으로 변화시켜 기왕의 정치 · 사회 · 경제적 안정을 해치는 위협이라 할 수 있다. 하지만 기후변화 문제가 중대한 안보 위협 요인이란 점에 대한 국제사회의 공인이 이뤄졌음에도 불구하고 다음과 같은 기후변화의 몇 가지 특징들은 그러한 총체적인 위협에 대응하는 행위자들의 간극을 좁히는 것을 어렵게 만들고 있다.

먼저, 기후변화는 여타 환경오염과 달리 그 여파가 일국적 수준을 넘어 지

2 즉, 이 경우의 기후안보는 인간안보와의 연관성을 강조하는 협의의 개념으로 이해할 수 있으며, 기후변화를 여러 위협의 요인 중 하나로 제시하는 더 포괄적인 광의의 기후안보와는 구분할 필요가 있다.

구 전역으로 확산하는 광역성을 띤다(이찬송 · 윤순진 2010, 164). 즉, 온실가스의 배출은 지구 평균기온의 상승을 불러오지, 특정 국가 또는 지역에 국한된 기온 상승만 촉진하지 않는다. 실제로 무차별적이고 광범위하다고 일컬어지는 기후변화 문제의 영향은 지역과 국가의 발전상태에 따라 큰 편차를 보인다(김영호 2008, 153). 예컨대 기후변화의 대표적인 결과인 해수면의 상승은 도서 국가에는 즉각적인 위협이 되지만, 평균 고도가 높은 지역의 내륙국가엔 임박한 문제로 인식되지 않는다. 이에 더해 집중호우와 이상고온으로 인한 피해와 관련해 양질의 사회기반시설이 구축된 고도로 발전한 산업국가보다 그러한 대비가 부족한 저발전 국가가 더 큰 타격을 입을 수밖에 없다. 기후변화 문제는 분명 모두에 대한 위협으로 존재하지만, 그러한 위협의 시기와 여파는 모두에게 같지 않은 것이다. 따라서 국제사회의 행위자들은 공동의 문제에 공동으로 대응해야 한다는 당위적 부름에 응하면서도, 자국의 정치 · 경제 · 사회적 상황을 고려한 손익판단에 기초해 기후변화 대응의 방식과 수준을 결정하는 모습을 보인다.

다음으로 기후변화가 모든 행위자에게 다양한 양상으로 위협을 가한다는 포괄성에 대한 강조는 자연스럽게 저마다의 강조점을 가진 서로 다른 안보 인식과 담론의 형성을 촉진한다. 아래의 <표1>에서와 같이 기후변화가 어떤 행위자에게 어떻게 위협이 되며, 그러한 위협에 누가 어떻게 대응할지를 좌우하는 기후안보 담론은 다양하게 존재한다. 실천적인 차원에서 각국의 정책결정권자들은 기후변화 대응의 바탕으로 여러 담론 중 하나를 선택해 자신들의 행동 양상을 정당화하는 논거로 활용하며(Mcdonald 2013, 43), 이는 앞서 말한 국가별 대응 방식과 수준의 상이성을 더욱 높이는 영향을 끼친다. 예컨대, <표1>을 기준으로 국가 안보 담론을 수용하는 경우 기후분쟁론에 입각해 국가 차원에서 급변하는 기후에 적응(adaptation)하고 분쟁 상황에서 주권과 국익을 수호할 것이 중시되지만, 인간안보 담론을 따르는 경우 모든 인간의 존엄한 삶을 위해 여러 행위자가 기후변화의 주원인인 온실가스 배출 수준을 적극적으로 완화(mitigation)하는 문제가 더 강조될 수 있다.

<표1> 기후안보의 다양한 담론들

담론	안보의 대상	위협의 대상	대응의 주체	대응의 방식
국가안보	국가	분쟁, 주권, 경제적 이익	국가	적응
인간안보	인간	삶과 생활, 핵심 가치와 관행	국가, 비정부기구, 국제 및 지역 공동체	완화
국제안보	국제사회	분쟁, 글로벌 안정성	국제기구	완화와 적응
생태안보	생태계	현대 정치, 사회, 경제구조의 균형	인간, 변화하는 정치적 의식	사회적 양상과 행동의 근본적인 재구성

출처: Mcdonald(2013, 49).

기후변화 문제의 광역성 이면에 존재하는 선별성과 포괄성 속의 다양성은 결국 기후변화라는 위협의 주체는 무차별적일 수 있으나 이를 받아들이고 대응하는 행위자들의 모습은 선별적일 수밖에 없다는 점을 시사한다. 서로 비슷한 현실적 조건 속에 놓인 국가들은 유사한 인식 속에서 공동의 행보를 이어갈 수 있겠지만, 위협에 대한 인식과 궁극적으로 추구하는 바가 다른 국가들과는 갈등이 발생할 수밖에 없는 것이다. 이하에선 공통된 안보 위협으로서의 기후변화 문제에 대응하는 현실의 맥락 속에 다양한 협력과 갈등의 모습들이 혼재되어 나타날 수 있음에 유의하면서, 글로벌 기후변화 대응의 양상을 확인하고 러시아의 기후변화 대응 사례를 살펴본다.

글로벌 기후변화 대응의 성과와 쟁점들

글로벌 기후 레짐(Global climate regime)[3]

기후변화 문제는 기술 혁신, 에너지 전환, 통상 및 경쟁 규칙의 개정, 사회기반시설과 재정 부문의 재정비 등 여러 분야에서의 대응을 요구하는 매우 복잡한 사안이다. 이는 다시 말해 기후변화 문제를 해결하기 위해 유관 전문 지식과 정책 과정이 결합한 복합적이고 다면적인 대응이 필요함을 의미한다(Maljean-Dubois and Wemaere 2018, 23). 따라서 이러한 문제의 성격을 반영하는 오늘날의 글로벌 기후 레짐은 거대한 레짐 복합체(regime complex)의 양상을 보이며 전개되고 있다(Keohane and Victor 2011, 8-12). 즉, 기후변화 문제에 대한 대응은 하나의 포괄적인 레짐에 국한되어 이뤄진다기보단, 기후변화 문제와 직·간접적으로 연관된 여러 개별적인 레짐의 상호작용을 통해 촉진된다. 결과적으로 기후변화 문제는 아래의 <그림1>과 같이 문제와 직접 연관된 유엔기후협약, 전문가 평가집단, 기후 클럽, 양자 또는 지역 수준의 기후 이니셔티브와 국가 하위 수준에서의 행동계획뿐만이 아니라 유엔 및 지역 환경협약, 다자간

3 국제관계학에서 레짐(regime)은 다양하게 정의되는데, 이 글은 레짐을 "국제관계의 주어진 영역에서 암시적 혹은 명시적으로 수렴되는 원칙(principles), 규범(norms), 규칙(rules), 의사결정 절차(decision making procedures)의 합"으로 정의한 크라스너(Krasner 1985)의 시각을 따른다. 이 외의 다양한 정의는 해거드와 시몬스(Haggard and Simmons 1987, 493-496)의 연구를 참고할 것.

개발원조, 인권법, 국제 투자법과 국제무역 및 재산권 레짐 등 다른 분야의 레짐에서도 주요한 의제로 다뤄지고 있다.

<그림 1> 글로벌 기후 레짐

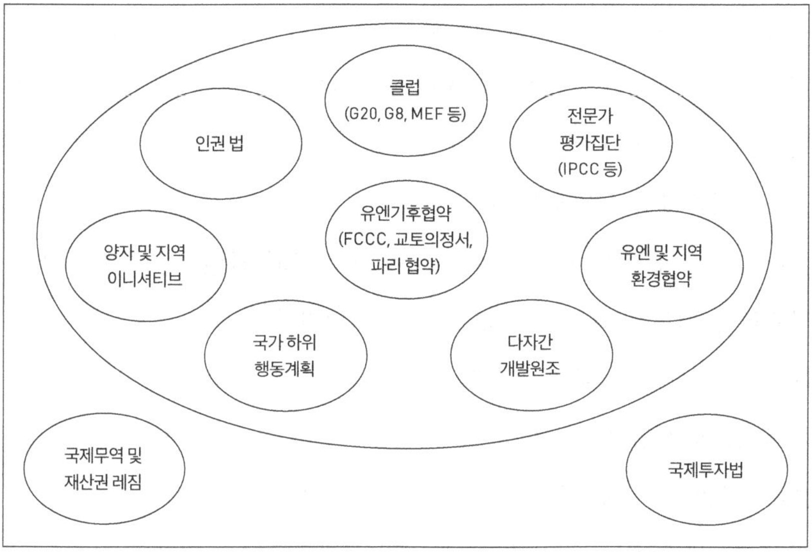

출처: Maljean-Dubois and Wemaere 2018, p. 24.

그중에서도 유엔기후협약, 전문가 평가집단, 그리고 클럽은 글로벌 기후 레짐의 작동에 있어 중추를 담당하는 요소들이다. 먼저, 1992년 리우 회담에서 채택된 기후변화협약과 후속 협약을 의미하는 유엔기후협약은 명실공히 글로벌 기후 레짐의 핵심으로, 공동의 노력을 통해 기후변화 문제를 해결하려는 국제사회의 움직임을 명시적으로 보여주는 사례이다. 기후변화협약을 통해 합의된 궁극적인 목표는 '기후 체계에 대한 인간의 "위험한" 간섭을 방지할 수 있는 수준으로 온실가스 농도를 안정화'하는 것이다(United Nations 1992).

1992년 당시 166개국이 합의했던 이 협약에는 30여 년이 흐른 현재 유럽연합을 포함해 197개의 당사국이 참여하고 있다. 사실상 전 세계의 모든 국가에 해당하는 당사국들은 '공동의 그러나 차별화된 책임(common but differentiated responsibilities)' 원칙에 따라 협약 발효 이듬해인 1995년부터 당사국총회(Conference of the Parties, COP)를 개최해 각각의 당사국을 위한 구체적인 목표와 행동 규칙을 정해 왔다. 이러한 COP는 코로나19로 인해 개최가 연기된 2020년을 제외하면 2021년의 글래스고 총회(COP26)까지 연례적으로 진행되면서 글로벌 기후 레짐의 전개를 추동하고 있다.

다음으로, 전문가 평가집단은 기후변화 문제와 관련한 과학적 기반을 확립하는 기능을 수행하는데, 1988년 세계기상기구(World Meteorological Organization, WMO)와 유엔환경계획(United Nations Environment Programme, UNEP)이 공동으로 설립한 기후변화에 관한 정부 간 패널(IPCC)이 가장 대표적이다. IPCC에 참여하는 전 세계의 기후 전문가들은 '기후 정책의 발전에 필요한 모든 수준의 과학적 정보를 제공'하는 것을 목적으로 기후 평가 보고서(climate assessment reports), 특별 보고서 및 방법론 보고서 등과 같은 다양한 전문 자료를 공개하고 있다. 5년에서 7년 주기로 작성되는 기후평가보고서의 경우 2021년 8월 배포된 보고서까지 모두 여섯 차례 작성됐다. 기후변화 문제 대응에 이바지한 공로를 인정받아 2007년 노벨평화상을 수상한 바 있는 IPCC는 기후변화에 대한 지식의 축적과 담론의 형성 및 각국의 기후 정책 발전 모두에 중대한 영향을 끼치고 있다(Hulme and Mahony 2010, 712).

끝으로, 기후 클럽은(climate club) 기후변화협약의 단점을 보완할 수 있다는 점에서 최근 많은 관심을 받고 있다(Nordhaus 2015, 2021; Victor 2015; Keohane et al

2017; Hovi et al 2017). 기후 클럽은 쉽게 말해 기후변화 문제에 "더 많이" 대응할 의사를 갖고 자발적으로 더 높은 수준의 협력을 시도하는 소규모의 국가 그룹으로, 참여국엔 '당근'인 '클럽재(club good)'를 제공하고 불참국엔 '채찍'을 가하는 방식으로 기후변화에 대응하는 협력을 더욱 촉진하려 한다(Das 2015, 24). 예컨대, 기후 클럽의 탄소세(cabon tax)는 참여국엔 가격 경쟁력을 제공하고 불참국엔 관세 장벽으로 작용하는데, 불참국은 불이익을 해소하기 위해 기후 클럽에 참여할 동인을 갖게 된다(Nordhaus 2015). 결과적으로 기후 클럽은 기후변화협약의 맹점으로 지목된 무임승차의 문제가 발생할 가능성을 줄이며, 기후변화 문제에 대한 더 적극적인 대응을 확산하는 매개체로 작용할 수 있다. 일종의 강화된 탄소국경세인 탄소국경조정메커니즘(Carbon Border Adjustment Mechanism, CBAM) 부과 계획을 추진하고 있는 유럽연합은 기후 클럽의 대표적인 사례이다(고인환 2019, 296-297).

기후변화 대응의 성과들

글로벌 기후 레짐을 통해 기후변화 문제에 대응하는 과정에서의 주요한 성과들은 다음과 같다. 우선, 온실가스 감축 문제를 관리하고 해결하기 위한 구체적인 메커니즘이 구축됐다. 1992년 기후변화협약은 합의가 수월한 기본원칙만을 담은 '골격 협약(framework convention)'으로, 당사국들이 준수할 세부적인 행동 규칙과 의무는 연속된 후속 회의(COP)를 통해 정해져 왔다. 그 과정에서 1997년 교토의정서라는 온실가스 배출 감축 의무를 부과하는 최초의 구체적인 합의가 도출된 바 있으나, 이는 인도와 중국과 같이 온실가스를 대규모로 배출하는 개도국에 감축 의무를 부과하지 못하고 당시 최대의 온실가스 배출국인 미국이 불참했다는 점에서 사실상 실패에 가까웠다. 결과적으로 2005년 발효된 교토의정서는 2008년에서 2012년까지의 1차 공약 기간 이후 대부분의 비준국이 이탈하면서 유명무실화됐었다.

하지만 이를 발전적으로 대체하는 파리협정이 2015년 합의됨에 따라 더 효율적이고 구속력 있는 기후 체제가 마련됐다. 이러한 파리협정의 핵심은 다음의 일곱 가지로 정리된다: ① 구체적인 목표 온도(2℃)와 노력 목표(1.5℃)의 명시, ② 온실가스 감축에 더해 적응, 재원, 기술, 역량배양, 투명성 등 분야 확대, ③ 감축 의무의 하향식(top-down) 부과 대신 '국가결정기여(Nationally Determined Contribution, NDC)' 제출을 통한 상향식(bottom-up) 목표 설정, ④ 선진국과 개도국의 유동적 구분과 모든 당사국의 의무적 참여, ⑤ 5년 단위 이행점검과 '진전 원칙(principle of progression)'에 기초한 지속적인 목표 상향 의무 부과, ⑥ 비국가 행위자 참여 독려, ⑦ 산림의 탄소흡수원(carbon sink) 역할 중시(환경부 2016, 17-30; 최기룡 · 정경택 2021, 288). 2021년 글래스고 총회(COP26)를 통해 파리협정의 세부 규칙 제정이 완료됨에 따라 2022년부터 파리 체제의 본격적인 작동이 기대되고 있다. 파리 체제 아래에서 모든 당사국은 온실가스 배출 감축, 재생에너지 비율 증대, 기후 관련 법안 마련 등 직접 설정한 목표의 달성을 위한 노력을 이어갈 것이다.

다음으로, 기후변화 문제를 바라보는 국제사회의 인식이 전반적으로 진전했다는 점을 들 수 있다. 2021년 9월 북미, 유럽 및 아시아 등지의 17개 선진국에서 기후변화 인식이 어떻게 형성돼 있는지를 조사한 '퓨 리서치 센터(Pew research center)'의 설문 결과에 따르면, 전체 응답자의 72% 정도가 기후변화가 자신의 삶에 영향을 끼칠 것을 우려하고 있다(Bell et al 2021). 비록 응답자의 절반 정도

(46%)만이 자신들의 노력이 유의미한 결과로 이어질 것을 확신하고 있지만, 응답자 5명 중 4명(80%)이 기후변화에 대응하기 위해 삶의 자세와 일하는 방식을 바꿀 의사가 있다고 답했다. 이와 유사한 결과는 국제여론조사기관인 '윈(WIN)'이 2021년 전 세계 39개국의 33,236명을 대상으로 진행한 설문을 통해서도 확인된다(WIN 2022). 전체 조사 대상의 52%가 기후변화를 멈추려는 노력이 아직 늦지 않았다고 답했으며, 자신들의 행동이 환경 개선에 도움이 될 것으로 생각하는 응답자의 비중은 무려 80%에 달했다. 아울러 조사 대상 10명 중 7명은 환경을 보호하고 친환경적인 기업에 도움이 되는 방식으로 친환경 제품 구매에 더 많은 금액을 지출할 의사가 있다고 밝혔다. 요컨대 이러한 설문 결과들은 전 세계적으로 기후변화를 자신의 문제로 인식하고, 나아가 문제 해결에 개인적으로 도움이 되고자 하는 의사를 가진 인구가 상당함을 보여준다.

상존하는 문제들

기후변화 대응 협력은 소기의 성과들로 이어지고 있지만, 그와 동시에 협력의 심화와 발전을 저해하는 몇 가지 문제들이 여전히 남아 있다. 무엇보다도 선진국의 역할과 기여와 관련한 문제점이 눈에 띈다. 유엔기후협약에 참여하는 당사국들은 '공동의 그러나 차별화된 책임' 원칙을 도출함으로써 이른 산업화로 더 오랫동안 더 많은 양의 온실가스를 배출해 온 선진국들의 기후변화 책임이 더 크다는 점에 동의했다. 이에 유엔기후협약을 발전시키는 과정에서 선진국이 후발 산업국들에 재정적 · 기술적 지원을 제공하는 문제가 논의되고 교토의정서와 파리협정에는 그러한 지원이 실제로 명시됐는데, 그런데도 특히 재정적 지원과 관련한 선진국들의 행보가 합의된 계획과 다르게 나타남에 따라 합의사항의 실질적인 이행에 대한 개도국의 불만이 쟁점화되고 있다. 예컨대 2010년 칸쿤에서 개최된 당사국 총회(COP16)에서는 2020년까지 개도국에 지원할 기후 재원을 연간 1,000억 달러 규모로 확충하자는 합의가 이뤄졌지만, 2016년에서 2019년 사이에 조성된 실제 기후 재원의 규모는 평균 719억 달러에 그쳤다(문진영 · 이성희 2021, 9-13). 2021년 진행된 COP26에선 기후 재원 문제를 주요 안건으로 다뤘는데, 결과적으로 어떠한 구체적인 신규 지원 목표도 합의되지 않았으며, 기후변화로 인한 피해를 보상하는 새로운 지원 메커니즘에 대한 개도국의 요구 또한 관철되지 못했다(Burelli et al 2021). 이에 따라 재정 지원 의무와 관련한 갈등은 지속해서 이어질 것으로 판단된다.

다음으로 강대국 사이의 갈등 구도가 기후변화 대응 과정에도 점점 더 선명하게 투영되는 문제를 지적할 수 있다. 특히 2010년대를 거치며 본격화된 미국과 중국 사이의 패권 경쟁은 통상 문제를 매개로 기후변화 의제까지 확장됐다. 양국은 각자 설정한 탄소 중립 목표의 달성을 위해 일련의 움직임을 전개하고 있는데, 이러한 조치들에는 서로를 견제하려는 의사가 함께 반영된 것으로 보인다. 예컨대, 바이든 행정부가 검토 중인 '탄소국경조정'은 중국을 겨냥한 관세 장벽으로 충분히 작용할 수 있을 것으로 전망되며, 대규모 인프라 투자를 통해 일자리를 창출하려는 '미국 일자리 계획(America Jobs Plan, AJP)'의 목적 또한 "우리 시대의 거대한 도전인 기후 위기와 권위주의 중국의 야심"에 대응하기 위한 것이라 제시돼 있다(이태동 2021). 중국의 경우 기후변화 대응의 일환인 에너지 전환을 서방 국가들이 아직 선점하지 않은 기술 및 원자재 부문을 선도할 기회로 간주하고, 태양광 발전과 희귀 광물 생산 등의 유관 부문에서 미국과의 경쟁에서 우위를 점하기 위한 노력을 기울이는 중이다(CSIS

2021). 미국과 중국이 온실가스 감축 의무를 가장 크게 지고 있는 핵심 당사국이란 사실을 고려하면, 양국의 갈등이 장기화하고 첨예화하는 모습은 국제사회의 기후변화 대응 노력에 결코 좋은 영향을 끼칠 수 없을 것이다.

러시아의 기후변화 대응과 인식

기후변화 문제와 러시아

기후변화 문제에 대한 러시아의 책임은 다양한 지표들을 통해 확인된다. 먼저, 역사적인 차원에서 러시아는 온실가스를 가장 많이 배출한 국가 중 하나이다. 1750년부터 2020년까지 화석연료의 사용에 따른 이산화탄소 누적 배출량을 국가별로 산출했을 때, 1,153억 4,000만 톤을 배출한 러시아는 미국(4,167억 2,000만 톤)과 중국(2,355억 6,000만 톤)에 이어 3위를 차지하고 있다(Statistica 2021). 아울러 1991년 소련의 해체는 육류 소비의 급감과 경작지의 감소 및 농축산물 무역 체계의 재편을 촉발해 1992년부터 2011년까지의 기간 동안 이산화탄소 환산(CO2 equivalent) 온실가스 배출량이 7.61 기가톤(Gt)만큼 줄어드는 배경으로 작용했다(Schierhorn et al 2019). 이와 같은 분석은 과거 소련 시기에 화석연료의 사용뿐만이 아니라 농업과 축산업에 의한 온실가스 배출이 당대의 전체 온실가스 배출량에서 차지하던 비중이 상당했음을 시사한다.

이러한 역사적 책임의 연장선에서, 오늘날 러시아의 온실가스 배출량 또한 높은 수준으로 나타나고 있다. 1990년대의 전환기 위기(transitional crisis) 동안 급격히 감소했던 러시아의 온실가스 배출량은 2000년대 이후 러시아의 경제가 회복됨에 따라 다시 증가하는 양상을 보였다. 그 결과 2018년 기준 국가별 화석연료 사용에 의한 이산화탄소 배출량 순위에서 러시아는 중국(112억 6,001만 톤), 미국(51억 5,930만 톤), 인도(25억 2,692만 톤)에 이어 4위(17억 9,051만 톤)를 차지했으며, 동년 기준 국가별 이산화탄소 환산 온실가스 배출량도 중국(137억 3,979만 톤), 미국(62억 9,762만 톤), 인도(36억 1,979만 톤)에 이어 네 번째로 많은 양(23억 1,373만 톤)을 기록했다(Crippa et al 2021). 이에 더해 2018년 기준 러시아의 1인당 온실가스 배출량은 세계 평균인 4.48톤과 OECD 회원국 평균인 8.84톤을 상회하는 11.13톤으로, 이는 인구수가 1억 명을 넘는 인구 대국 중 미국(15.24톤)에 이어 두 번째로 높다(Worldbank Data 2022).

다음으로, 러시아와 화석연료 사이의 깊은 연관성은 기후변화 문제에 대한 러시아의 책임을 확인할 수 있게 해주는 주요한 지표 중 하나이다. 주지하다시피 러시아는 세계 최대의 화석연료 생산국으로, 특히 천연가스와 석유의 생산에 있어 두각을 보이는 국가이다. 러시아는 1991년부터 2019년까지 미국과 함께 천연가스를 가장 많이 생산했으며, 동 기간 석유 생산량 순위에서도 미국, 사우디아라비아와 더불어 독보적인 입지를 유지했다(Ritchie and Roser 2020). 온실가스 배출이 극심해 기후변화의 주된 원인으로 지목되는 석탄의 경우 러시아의 연간 산출량은 지난 4년간 매년 세계 6위를 기록해 그 규모를 꾸준히 유지하고 있다(IEA 2020). 화석연료 생산에서 차지하는 비중에 더해, 러시아는 에너지 생산 과정에서 화석연료에 대한 의존도가 매우 높은 국가이다. 2019년 러시아의 전체 에너지 소비 중 3대 화석연료인 천연가스, 석유, 석탄의 사용이 차지하는 비중은 87.88%에 달했다(Ritchie and Roser 2020).

한편, 러시아는 다른 국가 및 지역과 비교해 기후변화의 위협에 더 크게 노출된 국가이기도 하다. 러시아 연방 기상청(Federal Service for Hydrometeorology and Environmental Monitoring, Rosgidromet)에 따르면 지난 10년간 전 세계 평균기온이 0.18℃ 상승하는 동안 러시아의 평균기온은 그 두 배를 뛰어넘은 0.47℃ 정도 올라갔으며, 특히 북극권에 인접한 지역에선 무려 0.8℃에 달하는 평균 기온 상승이 관측됐다(Mitrova et al 2020). 이러한 급격한 기온 상승으로 인해 러시아 전역에서 홍수, 폭염, 또는 산불과 같은 자연재해의 발생 빈도와 강도가 더욱 심화하고 있으며, 세계적인 곡창지대인 러시아 남부지역의 광범위한 사막화가 촉진돼 치명적인 식량난이 발생할 수도 있다는 우려가 대두되고 있다(The Moscow Times 21/11/02). 나아가 이상 고온으로 인해 러시아 전체 영토의 65%를 차지하는 영구 동토가 해빙돼 원주민들의 생활을 위협하고 수송 및 에너지 기반시설들이 훼손되는 문제가 실제로 나타나기 시작했으며, 영구 동토 아래에 남아 있던 다량의 메탄가스가 대기 중으로 분출돼 기후변화를 더욱 가속하는 악순환이 발생할 것이란 부정적인 전망도 제기된다.

러시아의 기후변화 대응 양상과 평가

기후변화 문제에 대한 러시아의 대응은 다른 여러 국가와 마찬가지로 주요 유엔기후협약에 참여하면서 합의사항을 이행하고 자국의 제도를 정비하는 맥락을 따라 발전해 왔다. 러시아는 1992년 리오에서 기후변화협약에 서명한 최초의 166개국 중 하나로, 1994년 협약을 비준해 세계적인 기후변화 대응 기류에 합류했다. 하지만 1990년대 동안 러시아의 국내적인 움직임은 경각심 부족과 환경보다 화석연료 수출 및 경제 발전을 더 중시하는 경향으로 인해 1996년 소규모 예산이 배정된 연방 기후 프로그램을 채택하는 상징적인 조치를 제외하면 사실상 나타나지 않았다(Tipton 2008, 71-72).

이러한 러시아에서 기후변화 문제가 주요한 정치적 의제의 하나로 부상하도록 추동한 최초의 계기는 교토의정서이다(Gusev 2016, 40). 러시아는 1999년 교토의정서에 서명했으며, 5년이 더 지난 2004년 비준을 마무리했다. 비록 교토의정서의 1차 공약 기간에만 참여했다는 한계가 존재하지만, 러시아의 의정서 비준은 미국이 탈퇴를 선언해 본격적으로 개시되기도 전에 좌초할 위기에 놓였던 교토의정서 체제가 실현될 수 있도록 한 원동력이었다.[4]

기후변화 문제가 본격적으로 다뤄지기 시작하면서 러시아에선 2009년 12월 기후변화 대응을 위한 공식적인 기반인 연방 기후 독트린(Climate doctrine of Russian Federation)이 승인됐다. 이를 통해 기후변화의 인위적인 성격이 인정되고 온실가스 배출 제한 및 경감 준비 태세가 강조됐으며, 무엇보다 에너지 효율성 강화와 저탄소 경제로의 전환이 강조됐다. 하지만 이와 동시에 기후 독트린에 목표 달성을 위한 구체적인 방안이 부재해 실용적인정책 문헌보단 정치적 선언에 불과하단 비판도 제기됐다(Korppoo and Vatansever 2012, 7). 이러한 기후 독트린을 기점으로 기후변화 관련 제도의 도입이 더욱 활발히 이뤄졌다(민지영 2021). 대표적으로 2013년 9월 기후 독트린의 이행을 위해 2020년까지 러시아의 온실가스 배출량을 1990년 배출량의 75%를 넘지 않는 수준으로 감축할 것을 지시하는 대통령령(Presidential decree about emission reduction of greenhouse gases)이 공포됐으며, 2014년 4월엔 그러한 목표를 달성하기 위한 구

4 교토의정서는 55개 이상 당사국에서의 비준과 비준국 중 기후변화협약의 부속서 I 에 속하는 국가들의 1990년 기준 배출량이 전체의 55%를 초과할 것을 동시에 요구했는데, 이러한 이중 발효 요건은 러시아의 비준으로 비준국 배출량 합계가 61.6%가 되면서 충족됐다.

체적인 행동계획이 수립됐다.

2015년 채택된 파리협정의 경우 러시아의 참여는 2016년 서명 이후 2019년 정부 명령을 통한 비준을 거쳐 공식화됐다. 파리협정 참여가 결정된 이후 2017년 4월 채택된 최초의 '환경안보 전략(Environmental Security Strategy)'에는 기후변화 문제가 러시아가 당면한 글로벌 도전 중 가장 먼저 언급되기도 했다. 파리협정이 비준된 후 러시아는 자국의 첫 NDC를 기후변화협약 사무국에 제출하고 삼림 및 생태계의 이산화탄소 흡수 능력과 자국의 지속 가능하고 균형적인 사회경제적 발전을 고려해 2030년까지 1990년의 70% 수준[5]으로 온실가스 배출을 제한하겠다고 공약했다(NDC Registry 2020). 같은 시기에 대통령령을 통해 NDC의 내용에 맞춰 온실가스 감축 목표를 수정하고 2050년까지의 저탄소 사회경제 발전전략을 수립할 것이 지시됐다.[6] 이러한 장기 저탄소 발전전략은 2021년 10월 승인됐는데, 경제 발전과 함께 온실가스 배출량을 2019년의 40% 및 1990년의 20% 수준으로 감축하고, 2060년까지 탄소중립을 달성하는 것을 목표로 상정하고 있다(TACC 21/11/01). 이보다 조금 앞선 2021년 7월엔 온실가스 배출 제한 및 규모 측정 등의 절차적인 내용을 명시해 향후 기후 프로젝트에 참여하는 러시아 기업들이 활용할 수 있는 연방법의 제정이 2년 반의 심의과정을 거친 끝에 완료됐다(민지영 2021, 10-13).

지금까지 이어진 러시아의 기후변화 대응을 정리해보면, 러시아는 분명 기

---

5 이는 러시아가 2014년 리마 총회(COP20)의 합의사항에 따라 2015년 3월 제출했던 예비적인 공약(INDC)에 담긴 '2030년까지 1990년 배출량의 70~75% 수준으로 감축' 목표와 사실상 같다.

6 Президент России. 2020. "Указ Президента Российской Федерации от 04.11.2020 г. № 666 "О сокращении выбросов парниковых газов"". http://www.kremlin.ru/acts/bank/45990. (검색일: 2022. 02. 05.).

후변화 문제를 주요 정치적 의제로 수용하고 이를 해결하는 데 요구되는 제도적인 틀을 발전시켜 오고 있다. 하지만 그러한 움직임을 자세히 들여다보면, 러시아는 선도적으로 행동하기보단 일정한 시차를 두고 국제적인 대응 행보에 참여하는 소극적인 자세를 견지해 왔다. 러시아의 교토의정서 비준이 의정서가 합의된 1997년으로부터 7년이 지난 2004년에 이르러서야 이뤄지고, 2015년 도출된 파리협정의 비준도 4년이라는 적지 않는 시간을 소모했다는 사실은 이를 잘 보여주는 사례들이다.

이처럼 '주저하는 참여자(reluctant participant)'인 러시아의 기후변화 대응 계획과 성과는 모두 매우 부족한 상태이다. 2005년부터 매년 각국의 기후 보호 성과를 평가해 온 기후변화대응지수(Climate Change Performance Index, CCPI)에 따르면, 러시아는 2021년 종합 평가에서 EU를 포함한 전체 61개 평가 대상 중 56위를 차지했다(CCPI 2022). 이는 전년보다 네 계단 하락한 순위로, 러시아는 에너지 사용 부문에서 '낮음(low)'을, 온실가스 배출, 재생에너지, 기후 정책의 부문에선 모두 '매우 낮음(very low)'을 받았다. 구체적으로 러시아가 발표한 탄소 중립 전략은 산불과 같은 '자연적 방해'에 대한 고려 없이 삼림의 온실가스 흡수 기능 증대를 전제로 작성돼 실제 현실과 다를 가능성이 있고, 석탄을 대체하는 에너지원으로 재생에너지의 비중을 높이는 대신 또 다른 화석연료인 천연가스의 사용을 제시한다는 점이 문제시되고 있다. 이에 더해 각국의 기후 행동과 대응이 파리협정에서 합의된 목표 온도의 달성에 적합한지 평가하는 독립기관인 기후행동추적(Climate action tracker) 또한 러시아의 전반적인 기후변화 대응이 '대단히 불충분(critically insufficient)'한 상태라고 지적했다(Climate Action Tracker 2022). 이에 따르면 러시아는 특히 국제기후금융 목표의 달성을 위한 어떠한 실질적인 기여도 하지 않고 있으며, 국내적인 감축 목표 및 기후 정책 설정도 불충분한 수준에 그치고 있다.

러시아의 기후변화 대응 영향 요인

러시아의 기후변화 대응은 소극적인 참여와 전반적으로 빈약한 수준으로 특징지어진다. 이러한 모습에 영향을 주는 요인들은 다음과 같이 몇 가지 측면으로 나뉘어 설명될 수 있다. 먼저 정치적인 측면에서 러시아의 정책결정권자들은 기후변화 문제의 목적 가치보단 도구 가치를 더 중요하게 받아들이고 있다. 특히 푸틴(Vladimir Putin) 대통령이 집권을 시작한 이래 러시아에서 유엔기후협약의 비준은 참여의 실질적인 이익과 러시아의 국제적인 위상 및 이미지를 크게 고려하는 맥락에서 이뤄졌다. 예컨대, 러시아가 교토의정서를 비준하면 러시아의 세계무역기구(World Trade Organization, WTO) 가입을 지지하겠다는 EU의 의사 표명과 미국의 불참으로 인해 좌초될 위기에 놓인 교토의정서의 발효를 러시아가 성사시킬 수 있다는 사실은 러시아의 의정서 비준에 지대한 영향을 준 요인들이었다(Tipton 2008, 88-91). 이러한 러시아의 '거래주의(Transactionalism)'적인 면모는 파리협정의 경우에도 여실히 드러났는데, 러시아의 협정 비준은 트럼프(Donald Trump) 행정부의 협정 탈퇴 결정으로 미국의 도덕적 · 정치적 권위가 실추된 상황에서 국제적 합의 참여를 통해 러시아의 선량한 세계시민의 이미지를 재고하는 데 도움이 될 수 있다는 공산에 기초해 이뤄졌다(Lo 2021, 10).

다음으로 경제적인 측면에서 러시아의 에너지 의존형 경제는 전환적인 기후 정책의 추구를 어렵게 만든다. 산출방식에 따라 다소 차이를 보이긴 하지만, 화석연료 산업은 러시아 국내총생산의 최대 25%까지 차지해 왔으며, 2019년 연방 정부 세입의 39%, 총수출액의 60%를 기록하기도 한 국부의 가장 중요한 원천이다(Davydova 2021a). 아울러 2019년을 기준으로 러시아에서 석탄, 천연가스, 석유의 추출 및 정제와 관련된 산업 전반에 종사하는 노동자의 수는 전체 노동자의 3.2%인 121만 명에 달한다(Gerasimchuk and Oharenko 2019, 2). 다른 지표들을 더 나열하지 않더라도, 화석연료의 생산과 공급이 러시아의 국가 기능과 경제적 성장을 가능하게 만드는 핵심이라는 사실은 어렵지 않게 알 수 있다.

따라서 기후변화 대응의 일환으로 화석연료로부터 완전히 벗어나야 한다는 주장은 적어도 러시아에선 단순히 에너지 믹스(energy mix)의 구성을 바꾸는 데 그치지 않으며, 더 근본적인 수준에서 국가 경제를 전면적으로 재구성해야 한다는 요구로 치환돼 받아들여진다. 그 결과 화석연료의 사용에 기초한 기왕의 세계경제 체제 속에서 큰 이익을 얻어 온 러시아 정부를 비롯한 주요 경제 주체들은 강력하고 선도적인 기후 정책의 도입을 주저하며, 일부 에너지 기업은 그러한 정책적 처방을 무력화하기 위해 강한 압력을 행사하기도 한다. 예컨대 '러시아 산업가 및 기업가 연합(Russian Union of Industrialists and Entrepreneurs, RSPP)'과 같은 로비 단체는 러시아에서 엄격한 기후 법의 도입을 막기 위해 지속해서 영향력을 행사하고 있다(Gershkovich 2021).

한편 사회적인 측면에서 러시아의 대중이 환경문제와 기후변화를 어떻게 바라보고 있는지도 거론할 필요가 있다. 오늘날 러시아에서 환경문제 전반에 대한 경각심은 이전보다 많이 높아졌다. 예컨대 21세기의 주요한 글로벌 위협을 묻는 여론조사에서 대기오염과 같은 환경오염이 국제 테러리즘과 전쟁 및 기후변화 문제를 제치고 가장 심각한 위협으로 꼽혔으며(Левада-Центр

2020), 최근 몇 년간 환경보호를 위해 시위, 로비, 대중 홍보 및 정부의 환경 정책 감시 등의 활동을 전개하는 환경 행동주의(Environmental activism)가 활성화됐다(Davydova 2021b). 비록 서구 사회에서와 같이 강력한 정치적 영향력을 행사할 수 있는 환경단체와 환경주의를 표방하는 정당의 발달이 이뤄지진 못했지만, 러시아에서 환경문제는 주요한 사회적 의제로 부상하는 중이다.

그럼에도 기후변화 문제를 대하는 러시아 대중의 태도는 다분히 이중적이다. 러시아의 국영 여론조사기관인 '전러시아여론조사센터(Russian Public Opinion Research Center, VTsiOM)'의 조사에 따르면 응답자의 절대다수(93%)가 기후변화의 발생을 인정하고 그중 57%는 기후변화가 자신들의 삶에 영향을 끼치고 있음을 긍정했다(ВЦИОМ 2020). 하지만 기후변화를 실제로 중대한 문제라고 생각하는 응답은 절반 정도(52%)에 그쳤으며, 세계적인 기온 상승이 과장됐다는 의견은 40%에 달했다. 특히, 재화와 서비스가 대체 에너지의 사용 또는 에너지 효율 증대를 통해 제공되는 경우 조금이라도 더 많이 지출할 용의가 있다는 응답은 전체의 20%에 지나지 않았다. 요컨대, 기후변화 문제를 심각하게 인식하고 이를 해결하기 위해 기꺼이 더 많이 희생하려는 러시아인은 많지 않다. 이는 곧 러시아의 기후 정책 형성과정에서 적극적인 대응을 요구하는 아래로부터의 압력이 충분하지 않다는 점을 시사한다.

끝으로 환경적인 측면에서 기후변화라는 문제 자체의 특성으로 인해 러시아에선 기후변화가 오로지 부정적인 결과만을 초래하는 문제로 인식되지 않고 있다. 기후변화에 따른 평균기온 상승은 분명 여러 지역에 다양한 유형의 악영향을 끼치는 문제이지만, 이는 다른 한편으로 일부 국가에 새로운 발전의 가능성을 열어주기도 한다. 예컨대 평균기온 상승은 북반구 고위도 지역에서 사실상 불모지로 남아 있던 광범위한 영구 동토를 경제활동이 충분히 가능한 토지로 바꿀 것으로 기대되는데, 러시아는 이러한 변화의 이점을 가장 크게 누릴 국가로 지목받는다(Lustgarten 2020).

이러한 기후변화의 양면성에 대한 러시아의 인식은 2020년 1월 발표된 기후변화 적응에 관한 국가 행동계획(National Action Plan for the First Phase of Adaptation to Climate Change for the Period up to 2022)에 잘 드러나 있다. 해당 문건을 통해 러시아는 세계 평균보다 약 2.5배 더 빠르게 나타나는 자국에서의 기온 상승이 국가 발전, 삶의 조건과 건강, 경제 객체의 상태에 영향을 주고 있음을 인정하면서도, 연방의 영토 내에서 발생하고 있는 기후변화가 국가 경제에 새로운 기회를 형성한다는 점을 함께 언급하고 현재 관측되거나 향후 나타날 기후변화의 "이점을 활용"해야 함을 강조했다(France-Presse 2020). 예상되는 기후변화의 긍정적 여파로는 난방 목적의 에너지 사용 감소, 북극해 유빙 환경 및 물류 조건 개선과 북극 대륙붕 접근성 향상, 곡물 생산 가능 지역의 확대와 생산구조의 향상, 축산업 효율성 증대, 타이가 지역의 생산성 향상 등이 언급됐다. 요컨대, 러시아의 관점에서 기후변화는 안보를 위협하는 동시에 발전의 기회를 제공하므로, 긴요한 해결을 요구하는 문제가 되지 않는 것이다.

마치며: 건강한 지구와 풍요로운 미래

지역과 인종, 국력과 계급을 구분하지 않는 '평등한' 위협이 만연해진 오늘날 기후변화의 위협은 모든 국가와 인간의 안전에 해를 가하는 인류 공동의 문제이다. 이에 대응하는 국제사회의 노력은 반세기 가까이 이어져 왔지만, 현재까지의 많은 성과에도 불구하고 주요 행위자들이 가진 인식과 이해의 격차로 인해 괄목할 만한 패러다임의 전환과 궁극적인 기후안보의 달성은 쉽사리 이뤄질 수 없는 목표로 남아 있다. 이러한 문제 상황에 착목하는 이 글은 기후변화가 어떻게 안보에 대한 위협이 되는지를 정리하고, 기후변화 위협에 대응하는 국제사회의 협력과 갈등의 양상을 간단히 조망한 뒤 러시아의 사례를 통해 공동의 목표와 개별 이익 사이에서 보이는 개별국가의 행보와 인식이 어떠한지 정리했다.

최근 발생한 몇 가지 사건들은 궁극적인 기후안보의 달성이 기대만큼 순탄하게 이뤄지기 힘들다는 점을 지속해서 상기시켜준다. 먼저, 2021년 12월 진행된 유엔 안보리 회의에서 아일랜드와 니제르는 기후변화를 평화에 대한 위협으로 인정하자는 결의안을 제안했다. 이에 15개 이사국 중 12개국이 찬성을 표했지만, 상임이사국인 러시아가 인도와 함께 거부 의사를 밝히면서 결의안의 채택은 무위에 그쳤다. 러시아는 "과학적이고 경제적인" 문제인 기후변화 대응을 정치화하는 데 우려를 표하면서, 깊게 뿌리내린 진정한 분쟁 원인에 대한 관심이 흐려질 수 있음을 반대의 이유로 삼았다(Pannett 2021). 이와 관련해 러시아의 페스코프(Dmitry Peskov) 크렘린 대변인 또한 "기후 의제는 국가의 발전할 권리를 억제하거나 제한하는 요인이 될 수 없음"을 말하며 결의안을 수용할 수 없다는 태도를 분명히 밝혔다(Ведомости 21/12/14). 이처럼 국제안보 논의의 본산인 유엔 안보리에서 기후변화 문제의 공식적인 '안보화'가 성사되지 못하고 있다는 사실은 기후변화라는 공동의 문제를 둘러싼 개별 행위자들의 인식 간극이 아직 넓은 상태로 남아 있음을 여실히 보여준다.

이와 함께 2022년 2월 발생한 러시아와 우크라이나 사이의 전쟁은 국제사회의 온실가스 배출 경감 노력을 방해하는 새로운 문제로 부상하고 있다. 이번 전쟁을 계기로 유럽의 주요 산업국들은 러시아에 대한 높은 에너지 의존도를 신속히 낮추기 위한 방안을 강구하면서 호주와 미국 등으로부터 석탄과 액화천연가스(LNG)를 수입하는 비중을 늘리는 중이다. 하지만 구테흐스(Antonio Guterres) 유엔 사무총장이 우려한 바와 같이 화석연료의 사용을 다른 화석연료를 통해 대체하려는 성급하고 근시안적인 결정은 기후변화 문제를 오히려 악화시키고 글로벌 기후 목표의 달성을 더욱 어렵게 만들 것이다(McGrath 2022). 이와 함께 러시아에 부과되고 있는 극심한 국제 제재로 인해 러시아의 기후 목표 달성이 힘들어질 것이란 주장도 나온다(Lo 2022). 요컨대 우크라이나에서의 무력 분쟁은 기후변화 대응을 선도해 온 유럽과 온실가스 감축에 주요한 책임을 진 러시아의 탄소 중립을 비롯한 기후 목표의 달성을 지연시키고, 이는 나아가 기후변화에 대응하는 국제 협력의 발전에도 제동을 거는 결과로 이어질 가능성이 있다.

점점 더 심각해지는 기후변화는 먼 미래에 대응해도 무방한 일상적인 변화가 아닌 현재진행형의 중대한 위협이다. 현재까지의 성과들에도 불구하고 아직 많은 쟁점이 남아 있으며, 이미 도출된 합의사항의 실현을 방해하는 새로운 문제들도 생겨나고 있다. 기후변화 대응에 있어 협력과 갈등의 혼재는 지극히 자연스러운 현상이지만, 협력보다 갈등의 가능성이 더 뚜렷해지는 상황 전개에는 경각심을 가져야 한다. 더는 돌이킬 수 없는 기후변화의 결과가 나타나기 전에 자발적이고 적극적인 협력과 기여가 필수적이라는 인식의 확산과 공고화가 이뤄지길 기대해 본다.

참고문헌

고인환. 2019. “기후 클럽(climate club)에 대한 소개와 비판적 고찰”. 『기후변화와 세계정치』, 이태동 편. 283-310. 서울: 서울대학교 국제문제연구소.

김영호. 2008. “기후변화와 인간안보”. 『국제평화』, 5권 1호. 133-168.

문진영 · 이성희. 2021. “2021년 유엔기후변화협약 당사국총회(COP26) 논의 및 시사점”. 『KIEP 오늘의 세계경제』, 21(21). 대외경제정책연구원.

민병원. 2012. “안보담론과 국제정치”. 『평화연구』, 20권 2호. 203-240.

민지영. 2021. “러시아의 기후변화 대응 동향과 전망”. 『KIEP 기초자료』, 21-13. 대외경제정책연구원.

신범식. 2010. “다자 안보협력 체제의 이해: 집단안보, 공동안보, 협력안보의 개념과 현실”. 『국제관계연구』, 15권 1호. 5-43.

이찬송 · 윤순진. 2010. “기후변화의 국제정치경제: 기후변화레짐 내 환경-무역 갈등”. 『한국사회와 행정연구』, 21권 3호. 163-193.

이태동. 2021. “미 · 중(美 · 中) 간 기후변화 협력과 경쟁”. 『우당 이슈브리프』, No.4. 평화와 민주주의연구소.

전웅. 2004. “국가 안보와 인간안보”. 『국제정치논총』, 44권 1호. 25-49.

최기룡 · 정경택. 2021. “러시아의 기후협약에 대한 대응정책 결정 연구”. 『동북아문화

연구』, 68권. 273-303.

최원기. 2013. “기후변화와 안보에 대한 국제적 논의 동향과 한국의 대응방향”, 『주요 국제문제분석』, 2013-09」. 서울: 국립외교원 외교안보연구소.

환경부. 2016. 『파리협정 길라잡이』. 세종특별자치시: 환경부 대변인실.

Beck, Ulrich. 1992. Risk society: Toward a new modernity. London: SAGE.

Buzan, Berry, O. Waever, and Jaap D. Wilde. 1998. Security – A new framework for analysis. Colorado: Lynne Riener.

Crippa, Monica, Diego Guizzardi, Efisio Solazzo, Marilena Muntean, Edwin Schaaf, Fabio Monforti-Ferrario, Manjola Banja, Joe G. j. Olivier, Giocomo Grassi, Simone Rossi and Elisabetta Vignati. 2021. GHG emissions of all world countries - 2021 Report. Luxembourg: Publications Office of the European Union.

Das, Kasturi. 2015. “Cliamte Clubs: Carrots, Sticks and More”. Economic and Political Weekly. 50(34). 24-27.

Dewitt, David. 1994. “Common, Comprehensive, and Cooperative Security”, The Pacific Review. 7(1). 1-15.

Gusev, Alexander. 2016. “Evolution of russian climate policy: from the Kyoto protocol to the Paris agreement”. L’Europe en Formation. 2016/2 (n° 380). 39-50.

Haggard, Stephan and Beth. A. Simmons. 1987. “Theories of international regimes”. International Organization. 41(3). 491-517.

Hulme, Mike and Martin Mahony. 2010. “Climate change: What do we know about the IPCC?” Progress in Physical Geography: Earth and Environment. 34(5). 705-718.

Hovi, Jon, Detlef F. Sprinz, Håkon Sælen and Arild Underdal. 2017. “The Club Approach: A Gateway to Effective Climate Co-operation?”. British Journal of

Political Science. 49(3). 1071-1096.

Krasner, Stephen. D. (eds.). 1985. International Regimes. Isaka: Cornell University Press.

Keohane, Nathaniel, Annie Petsonk and Alex Hanafi. 2015. "Toward a club of Carbon Markets". Climatic Change. 144. 81-95.

Keohane, Robert. O. and David. G. Victor. 2011. "The regime complex for climate change", Perspectives on Politics, 9(1). 7-23.

Korppoo, Anna and Adnan Vatansever. 2012. "A Climate Vision for Russia. From Rhetoric to Action". Policy outlook. August 2012. Carnegie Endowment for International Peace.

Lo, Bobo. 2021. "The Adaptation Game – Russia and Climate Change", Russie.Nei. Visions, No. 121 Paris: Ifri. 1-28.

Macfarlane, Neil. S. and Yuen. F. Khong. 2006. Human Security And the UN: A Critical History. Bloomington: Indiana University Press.

Mazo, Jeffrey. 2010. "Chapter Three: Darfur: The First Modern Climate-Change Conflict", The Adelphi Papers, 49(409). 73-86.

Maljean-Dubois, Sandrine and Mattieu Wemaere. 2017. "Complex is beautiful. What role for the 2015 Paris Agreement in making the Effective Links within the Climate Regime Complex?", Revista de Direito Internacional, 14(3). 20-29.

Mcdonald, Matt. 2013. "Discourses of climate security". Political Geography. 33. 42-51.

Nordhaus, William. 2015. "Climate Clubs: Overcoming Free-riding in International Climate Policy". American Economic Review. 105(4). 1339-1370

Nordhaus, William. 2021. "Dynamic climate clubs: On the effectiveness of incentives in global climate agreements". PROCEEDINGS OF THE NATIONAL ACADEMY OF SCIENCES. 118(45). 1-6.

Prakash, Aseem and Matthew Potoski. 2006. "Racing to the Bottom? Globalization, Environmental Governance, and ISO 14001". American Journal of Political Science. 50(2). 347-361.

Schierhorn, Florian, Thomas Kastner, Tobias Kuemmerle, Patrick Meyfroidt, Irina Kurganova, Alexander V. Prishchepov, Karl-Heinz Erb, Richard A. Houghton and Daniel Müller. 2019. "Large greenhouse gas savings due to changes in the post-Soviet food systems", Environ. Res. Lett. 14 065009. 1-12.

Tipton, E., Jessica. 2008. "Why did Russia Ratify the Kyoto Protocol? Why the Wait? An Analysis of the Environmental, Economic, and Political Debates". Slovo. 20(2). 67-96.

Victor, David. G. 2015. "The Case for Climaet Clubs". International Centre for Trade and Sustainable Development (ICTSD) and World Economic Forum: Geneva, Switzerland.

인터넷 자료

CCPI. 2022. "Russia". https://ccpi.org/country/rus/. (검색일: 2022. 02. 05.).

Climate Action Tracker. 2022. "Russian Federation". https://climateactiontracker.org/countries/russian-federation/. (검색일: 2022. 02. 05.).

CSIS. 2021. "China's Climate Change Strategy and U.S.- China Competition". https://www.csis.org/analysis/chinas-climate-change-strategy-and-us-china-competition. (검색일: 2022. 02. 05.).

Davydova, Angelina. 2021a. "Will Russia ever leave fossil fuels behind?". https://www.bbc.com/future/article/20211115-climate-change-can-russia-leave-fossil-fuels-behind. (검색일: 2022. 02. 05.).

Davydova, Angelina. 2021b. "Environmental Activism in Russia: Strategies and Prospects". https://www.csis.org/analysis/environmental-activism-russia-strategies-and-prospects. (검색일: 2022. 02. 05.).

Gerasimchuk, Ivetta and Yuliia Oharenko. 2019. "Beyond Fossil Fuels: Fiscal Transition in BRICS. Case Study: Russia". IISD Brief. https://www.iisd.org/publications/beyond-fossil-fuels-russia. (검색일: 2022. 02. 05.).

Gershkovich, Evan. 2021. "How Does a Powerful Russian Lobby Plan to Halt Climate Change? With Coal, Oil and Gas". https://www.themoscowtimes.com/2019/11/15/how-does-a-powerful-russian-lobby-plan-to-halt-climate-change-with-coal-oil-and-gas-a68173. (검색일: 2022. 02. 05.).

IEA. 2020. "Coal 2020". https://iea.blob.core.windows.net/assets/00abf3d2-4599-4353-977c-8f80e9085420/Coal_2020.pdf. (검색일: 2022. 02. 05.)

Lustgarten, Abrahm. 2020. "HOW RUSSIA WINS THE CLIMATE CRISIS". https://www.nytimes.com/interactive/2020/12/16/magazine/russia-climate-migration-crisis.html. (검색일: 2022. 02. 05.).

Lo, Joe. 2022. "Russia claims sanctions will stop it meeting climate targets". https://www.climatechangenews.com/2022/03/18/russia-claims-sanctions-will-stop-it-meeting-climate-targets/. (검색일: 2022. 02. 05.).

McCarthy, Joe. 2017. "5 Recent Conflicts That Were Made Worse By Climate Change", (https://www.globalcitizen.org/en/content/conflicts-affected-by-climate-change/). (검색일: 2022. 02. 05.).

McGrath, Matt. 2022. "Climate change: 'Madness' to turn to fossil fuels because of Ukraine war". (https://www.bbc.com/news/science-environment-60815547.amp). (검색일: 2022. 02. 05.).

Mitrova, Tatiana, Aleksey Khokhlov, Yury Melnikov, Anastasia Perdereau,

Marina Melnikova, Evgeny Zalyubovsky. 2020. "Global climate threat and Russian economy: Searching for the way". The Moscow School of Management SKOLKOVO. https://sk.skolkovo.ru/storage/file_storage/74285006-e26c-4aec-9c1d-c38bb44891a7/SKOLKOVO_EneC_Climate_Primer_EN.pdf. (검색일: 2022. 02. 05.)

Moses Jackson. 2014. "Getting Specific About Climate Conflict: Case Studies Show Need for Participatory Approaches to Adaptation". https://www.newsecuritybeat.org/2014/05/specific-climate-conflict-case-studies-show-conflict-sensitive-adaptation/. (검색일: 2022. 02. 05).

NDC Registry. 2020. "Russian Federation First NDC". https://www4.unfccc.int/sites/NDCStaging/Pages/All.aspx. (검색일: 2022. 02. 05.).

Pannett, Rachel. 2021. "Russia blocks U.N. move to treat climate change as a global security threat". https://www.washingtonpost.com/world/2021/12/14/russia-veto-climate-change-united-nations/. (검색일: 2022. 02. 05.).

Bell, James, Jacob Poushter, Moira Fagan and Christine Huang. 2021. "In Response to Climate Change, Citizens in Advanced Economies Are Willing To Alter How They Live and Work". https://www.pewresearch.org/global/2021/09/14/in-response-to-climate-change-citizens-in-advanced-economies-are-willing-to-alter-how-they-live-and-work/. (검색일: 2022. 02. 05.).

Ritchie, Hannah and M. Roser. 2020. "Energy". https://ourworldindata.org/energy. (검색일: 2022. 02. 05.)

Statistica. 2021. "Cumulative carbon dioxide emissions from fossil fuel combustion worldwide from 1750 to 2020, by major country(in billion metric tons)". https://www.statista.com/statistics/1007454/cumulative-co2-emissions-worldwide-bycountry/. (검색일: 2022. 01. 15).

Burelli, Thomas, Alexandre Lillo, Christopher Campbell-Duruflé and Lauren Touchant. 2021. "We were at COP26: It had mixed results". https://theconversation.com/we-were-at-cop26-it-had-mixed-results-172558. (검색일: 2022. 02. 05.).

The Moscow Times. 2021. "How Is Climate Change Impacting Russia?". https://www.themoscowtimes.com/2021/11/02/how-is-climate-change-impacting-russia-a75469. (검색일: 2022. 02. 05.).

Agence France-Presse. 2020. "Russia announces plan to 'use the advantages' of climate change". https://www.theguardian.com/world/2020/jan/05/russia-announces-plan-to-use-the-advantages-of-climate-change. (검색일: 2022. 02. 05.).

UNDP. 1994. "Human Development Report 1994: New Dimensions of Human Security". http://www.hdr.undp.org/en/content/human-development-report-1994. (검색일: 2022. 01. 15).

United Nations. 1992. "United Nations Framework Convention on Climate Change". https://unfccc.int/files/essential_background/background_publications_htmlpdf/application/pdf/conveng.pdf. (검색일: 2022. 05. 25.).

United Nations General Assembly. 2009. "Climate change and its possible security implications: Report of the Secretary-General", UN Doc. A/64/350. https://www.securitycouncilreport.org/atf/cf/%7B65BFCF9B-6D27-4E9C-8CD3-CF6E4FF96FF9%7D/sg%20report%202009.pdf. (검색일: 2022. 02. 05.).

WIN. 2022. "CLIMATE CHANGE AND SUSTAINABILITY: INDIVIDUAL AND SOCIETAL RESPONSIBILITY". https://winmr.com/climate-change-and-sustainability-responsibility-and/. (검색일: 2022. 02. 05.).

Worldbank Data. 2022. "CO2 emissions (metric tons per capita)", https://data.worldbank.org/indicator/EN.ATM.CO2E.PC. (검색일: 2022. 02. 05).

Ведомости. 2021. "В Кремле назвали неприемлемым проект резолюции Совбеза ООН по климату". https://www.vedomosti.ru/politics/news/2021/12/14/900553-v-kremle-nazvali-nepriemlemim-proekt-rezolyutsii-sovbeza-oon-po-klimatu. (검색일: 2022. 02. 05.).

ВЦИОМ. 2020. "Изменение климата и как с ним бороться". https://wciom.ru/analytical-reviews/analiticheskii-obzor/izmenenie-klimata-i-kak-s-nim-borotsya. (검색일: 2022. 02. 05.).

Левада-Центр. 2020. "ПРОБЛЕМЫ ОКРУЖАЮЩЕЙ СРЕДЫ". https://www.levada.ru/2020/01/23/problemy-okruzhayushhej-sredy/. (검색일: 2022. 02. 05.)

Президента России. 2020. "Указ Президента Российской Федерации от 04.11.2020 г. № 666 "О сокращении выбросов парниковых газов"". http://www.kremlin.ru/acts/bank/45990. (검색일: 2022. 02. 05.).

ТАСС. 2021. "Правительство утвердило долгосрочную стратегию низкоуглеродного развития России". https://tass.ru/politika/12817203?utm_source=google.com&utm_medium=organic&utm_campaign=google.com&utm_referrer=google.com. (검색일: 2020. 02. 05.).

제3장

글로벌 보건 거버넌스의 쇠퇴와 약소국의 인간안보 - 전염병과 백신의 독점

문준호 (한국외국어대학교)

태양에 특허를 내려는 자들

"당신은 태양에도 특허를 낼 건가요?(Could you patent the sun?)" 소아마비 백신을 만든 조나스 에드워드 소크(Jonas Edward Salk) 박사가 자신의 금전적 이익을 포기하고 전 세계의 완전한 소아마비 박멸을 위해 백신을 무료로 공급하겠다고 선언하면서 한 말이다(Forbes 21/05/23). 소크 박사는 1948년부터 소아마비의 종식을 위해 본인의 연구실에서 하루 16시간씩 원숭이 콩팥을 믹서에 갈면서 백신 개발에 몰두했던 이로 오늘날 전 세계 소아마비 문제를 해결한 의학자이자, 미국 대학생들이 가장 존경하는 위인이었다. 만약 소크 박사가 제약회사에 그의 특허를 양도했다면 지금까지 벌어들였을 돈은 70억 달러, 한화로 8조 원에 가까운 것으로 추정되는데, 그는 이러한 개인의 영달을 포기하고 전 세계의 소아마비의 완전한 종식을 위해 특허를 기여했다. 이러한 소크 박사의 의지에 따라 소아마비 백신이 무료 배포된 지 2년 만인 1957년

<그림 1> 소아마비 백신을 개발한 조나스 소크

소아마비 발병이 이전 대비 90%가 감소하였으며, 1979년에는 공식적으로 "미국에서는 이제는 소아마비가 발병하지 않는다"라는 판정이 내려졌다(CDC 21/09/28). 그리고 2000년, WHO는 한국 등 서태평양 지역에서 소아마비의 완전한 종식을 선언했다.

하지만 지난 2년간 코로나19 팬데믹의 상황에서 코로나19 백신은 완벽한 사유재이자 패권 경쟁의 도구로서 작용했다. mRNA(메신저 리보핵산) 방식의 백신인 화이자와 모더나의 제조사들은 돈방석에 앉게 되었다. 화이자의 2021년 매출은 813억 달러(약 97조 4천억 원)에 달해 2020년 매출의 두 배에 달했고, 이는 에티오피아, 케냐 등의 GDP를 추월하여 세계 66번째 국가 수준이 됐다는 비난을 받고 있다(Global Justice 22/02/08). 과거 만성 적자에 시달렸던 모더나 역시 2021년 11월까지의 매출이 170억 달러에서 220억 달러(약 26조 3,890억 원) 사이로 추정되고 있다(Reuters 22/01/10). 백신 출시 효과가 본격적으로 실적에 반영되기 전인 2020년 상반기 모더나 매출은 7,500만 달러(약 850억 원)에 불과했고 순손실은 2억 4,100만 달러(약 2,762억 원)에 달했던 것을 고려하면 정말 엄청난 수준의 매출 상승이다(조선일보 21/08/10). 소크 박사의 발언을 참고하면, 오늘날 이러한 백신 회사들의 이익 추구는 그야말로 태양에도 특허를 내는 행위라고 표현할 수밖에 없다.

따라서 이 글에서 우리는 오늘날 코로나19 팬데믹 상황에서 일어나고 있는 백신의 독점행위와 그로 인해 외면받고 있는 약소국들의 인간안보를 살펴본다. 특히, 오늘날 팬데믹 상황에서 공공재인 백신을 공급해야 할 미국 중심의 글로벌 보건 거버넌스가 어떻게 붕괴했으며, 그로 인해 세계가 어떤 변혁을 맞이하고 있는지 확인하고 앞으로 어떻게 될 것인지 전망해 보고자 한다.

백신은 공공재인가?

백신은 공공재인가? 우리는 이 질문에 대답하기 위해서 백신이 필요한 이유인 전염병에 대해 먼저 이야기할 필요가 있다. 90년대 이래 신종 전염병의 발생과 전통적인 전염병의 재등장에 의한 팬데믹 공포는 미국을 비롯한 많은 국가에서 보건 이슈를 안보 차원에서 대응하는 계기가 되었다(조성권 2016, 3). 이러한 보건 안보는 1994년 UN이 발간한 인간개발보고서의 7가지 인간안보 유형의 하나이기도 하다. 게다가 전염병의 전 세계적 대유행은 단순한 의료적 관심사에 그치는 것이 아니라 타국에 대한 무역규제, 발병국 국민에 대한 입국 규제로 이어지며 인간안보를 넘어선 전통적인 국가 안보의 문제로 확대될 가능성도 존재한다. 따라서 국제사회에서 전염병 문제는 단순한 의료적 관심사가 아니라 인간 생존을 위협하는 안보 이슈라고 할 수 있다(이상환 2012, 358).

국제정치에서 글로벌 공공재(public goods) 공급이 국제 체제를 안정적으로 유지하는 데 기여한다는 패권 안정 이론가들의 이론에 따르면, 오늘날 코로나19 팬데믹 사태는 인간 생존을 위협하는 거대한 인간안보 이슈이자 국제 체제의 불안정을 야기하는 요소이고, 이를 막을 수 있는 백신과 치료제는 불안정 요소를 제거하는 공공재라고 할 수 있다. 소크 박사의 사례에서 알 수 있듯이 전염병을 막아낼 수 있는 가장 강력한 방패는 백신이다. 따라서 백신을 공공재(public goods)로 다루어야 한다는 의견은 이전부터 있었고, 특히 2020년 코로나19 팬데믹 사태 이후 코로나 백신을 공공재로 보아야 한다는 주장이 크게 대두되고 있다(World Health Organization 20/11/12). 프랑스 에마뉘엘 마크롱(Emmanuel Macron) 대통령은 "백신 지식재산권을 개방해 세계의 공공재로 만들어야 한다."라고 주장했고, 톰 프리든(Tom Frieden) 미국 질병통제센터(CDC) 전 국장과 테드로스 아드하놈 게브레예수스(Tedros Adhanom Ghebreyesus) WHO 사무총장 역시도 같은 맥락의 발언을 통해 코로나 백신은 공공재여야 함을 재차 강조했다. 이러한 주장들은 백신이 생명과 건강이라는 인간안보의 보편적인 가치를 보전하기 위한 수단임을 고려할 때, 규범적으로 매우 타당한 주장이라고 볼 수 있다. 하지만 코로나 백신을 공공재로 규정한다고 한들, 하나의 통일된 정부가 없는 국제정치 환경에서 과연 누가 손해를 무릅쓰고 백신을 공급할 것인가에 대한 문제가 남아 있다.

그렇다면 글로벌 공공재의 제공 주체는 누구인가? 국제 체제에서 누가 공공재를 공급해야 하냐는 질문에 대답하기 위해 우리는 국제정치이론 중의 하나인 패권 안정 이론을 살펴볼 필요가 있다. 패권 안정 이론의 창시자라고 할 수 있는 킨들버거(Kindleberger 1973)는 1920년대 패권국이 된 미국이 공공재를 제공을 회피하고 고립주의와 무임승차를 고집한 결과 글로벌 시스템의 붕괴, 대공황과 유대인 대학살, 2차 대전으로 이어졌다고 이야기하며, 19세기 중반과 20세기 중반의 자유무역 질서가 안정적으로 유지될 수 있었던 것은 영국과 미국이라는 패권국이 존재했기 때문이며 이러한 질서는 체제 내의 모든 국가에 혜택을 주었다고 주장했다. 이러한 킨들버거의 주장은 패권 국가가 글로벌 공공재를 안정적으로 공급할 때 세계 평화가 유지된다고 보는 패권 안정 이론의 토대가 됐다. 패권 안정 이론에 따르면 공공재는 국제 체제를 안정적으로 유지함과 동시에 자국 중심의 경제질서를 형성하고 유지하는 데에 도움을 준다. 공공재는 비경합성(nonrivalness)과 비배제성(nonexclusiveness)을 지니는 재화로서 패권국이나 잠재적 패권국에 공급자의 지위를 부여하고, 이러한 과정에서 패권국은 자국이 보유한 사적 자원을 공적 자원으로 전환한다(은진석, 이정태 2021. 161).

이상의 이야기를 종합하면 결국 공공재를 공급해야 할 책임이 있는 국가는 국제 경제 체제의 중심이자, 국제기구의 형성을 주도한 패권국인 미국이라고 볼 수 있다. 하지만 적어도 코로나19 팬데믹 속에서 미국은 그러한 리더십을 충분히 보여주지 못하고 있다. 게다가 잠재적 패권국으로 평가받고 있는 중국 역시 스스로는 공공재 제공이라 천명하며 나름대로 백신을 기부하고 있지만 기부한 백신의 양이 미국의 절반조차도 되지 않는다(FORTUNE 21/11/30). 이러한 보건 영역에서의 글로벌 리더십 공백은 킨들버거의 이야기 속 1920년대를 상기시킨다. 조셉 나이 하버드대 석좌교수는 글로벌 공공재를 공급할 리더십의 부재가 이후의 커다란 재앙을 초래한다는 킨들버거의 이야기를 '킨들버거 함정'(Kindleberger Trap)이라 명명한 바 있다(윤혜령 2021, 135). 오늘날 백신을 글로벌 공공재로 공급할 의지를 보여주고 있는 국가가 보이지 않는다는 점에서 우리는 이미 킨들버거의 함정에 빠진 것은 아닐까 하는 불안감이 든다.

그렇다면 왜 미국은 오늘날 코로나 백신을 공공재로 제공하지 못하고 있을까? 우린 여기서 한가지 가설을 생각해볼 수 있다. 앞서 언급했던 대다수의 패권 안정 이론가들은 공공재를 제공하는 패권국의 필요조건으로서 압도적인 군사력과 경제력을 강조했다. 특히 경제력에 주목했던 길핀(Gilpin 1987)은 패권국은 국제경제에서 가장 압도적인 경제 역량을 보유해야 하기에 자국의 경제적 이익 극대화를 우선순위로 규정하고 있다고 주장했고, 코헤인(Koehane 1984) 역시 패권국은 천연자원, 자본의 원천, 시장, 부가가치가 큰 상품 생산에 대한 비교우위에 대한 지배권을 가져야 한다고 주장했다. 그렇다면 이렇게 공공재를 제공하는 패권국의 압도적 역량이 쇠락하게 되면 어떤 일이 생길까? 패권 안정 이론가들에 따르면 패권국은 정책 실패, 국내정치적 경합, 과대 팽창, 공공재를 받은 후발 도전국들의 성장 등의 원인으로 인해 결국 필연적으로 쇠퇴하며, 쇠퇴한 패권국은 공공재 제공 능력을 상실하고 기존의 질서는 불안정해진다. 이러한 변화 속에서 패권국들은 공공재를 제공하는 자애로운 모습을 버리고 약탈적인 본성을 드러내게 된다. 이것을 약탈적 패권(predatory hegemony) 혹은 악의적 패권(malevolent hegemony)이라 부른다(Gilpin 2001). 길핀(Gilpin 1987)은 효율적이고 역동적이며 경쟁적인 경제는 패권국의 국제적인 지위와 경제적 잉여를 감소시키는 촉매 작용을 하기에 패권국의 쇠퇴는 필연적이며, 쇠퇴하는 패권국은 자국의 급격한 쇠퇴를 방지하고 패권의 역량을 회복하기 위해 이익 증진을 목적으로 타 국가들의 이익을 추출하는 약탈적 패권으로 전환된다고 주장하였다.

이러한 패권의 쇠퇴와 그로 인한 약탈적인 모습은 역사적으로 반복되어 발생했다. 19세기의 패권국이었던 영국은 19세기 후반 그 절대적 우위가 붕괴하였고, 미국과 독일의 산업화가 진전되면서 패권국의 지위를 위협받게 되었다. 1860년대에 3.6%였던 영국의 경제성장률은 1880년 1.6%로 급감

했지만, 1870년부터 1914년까지의 독일과 미국의 연평균 성장률은 약 5%였다. 영국 경제가 세계경제에서 차지하는 비중도 상대적으로 하락했는데, 1860년대 전 세계 공업생산의 40%를 차지했던 영국 공업의 비중은 1914년에는 14%에 불과하였다(이영석 1995, 225). 이처럼 영국의 국력이 쇠퇴하고 독일과 미국이 성장하게 되자, 영국은 기존의 시혜적 패권의 모습을 버리고 대영제국 내부의 무역을 강화하는 일종의 보호주의를 선택하게 되었다(Gilpin 2001, 101-102).

이후 미국 역시 1945년 새롭게 패권 질서를 수립하면서 경제적으로 브레턴우즈 체제를 확립하여 영국처럼 무역에서의 비차별과 통화안정이라는 공공재를 제공하였다. 하지만 1969년 닉슨 쇼크 이후 미국의 절대적인 우위가 약화하고 외국과의 경쟁, 주로 일본과 서독과의 경쟁으로부터 야기된 미국 경제의 상대적 쇠퇴로 인해 신보호주의 정책을 채택했다. 이 과정에서 미국은 멀티 파이버 협정(Multi-Fiber Agreement)과 같은 비관세 장벽을 제정했고, 일본 제품에 대한 '자발적인' 수출규제를 강요하기도 했다. 또한 1980년대 이후에는 베트남 전쟁으로 인한 재정지출의 증가와 고유가에 의한 경상수지 악화, 달러 가치 악화 등으로 무역 경쟁력이 약화하는 등 경제력이 약해지면서 자국의 패권적 지위를 이용하여 무역흑자 국가들을 이용해 국내적 소비를 충당하고자 했다(Beeson · Broome 2010, 511-512). 이러한 미국의 약탈적 패권화는 오늘날에도 이어지고 있다. 미 · 중 통화 갈등과 금융패권 경쟁, 그리고 무역전쟁 역시 미국 패권의 역량이 쇠퇴한 결과이고 트럼프노믹스 역시 보호주의를 통해 미국 과학기술의 유출을 막고 미국 우선주의 경제정책을 통해 패권적 지위를 유지하려는 전략으로 분석될 수 있다(김관옥, 2015; 박훈탁, 2018).

영국과 미국의 사례가 보여주듯 패권국은 자국 중심의 경제질서 형성과 유지를 위해 공공재를 제공하지만, 그렇게 만들어진 자유무역 질서는 필연적으로 패권의 쇠퇴를 유발하였다. 그리고 쇠퇴하는 패권은 공공재를 사유재로 변화시켜 공헌도가 낮은 국가를 배제하고 자신에게 특별히 이익이 되는 사유재를 제공하고 싶은 유혹에 빠진다. 이 과정에서 중요이익이 걸려 있지 않은 지역에 대한 영향력을 축소하는 등 질서 유지에 필요한 비용을 낮추고, 새롭게 부상하는 도전국이 자국의 중대 이익을 위협하면 예방전쟁까지 불사할 가능성이 있다. 결론적으로 쇠퇴하는 패권국은 패권의 쇠퇴를 방지하고 기존의 역량을 회복하기 위해 약탈적 본성을 드러내게 되는 것이다. 즉, 오늘날의 미국이 백신을 글로벌 공공재로 제공하지 못하는 것 역시 이러한 약탈적 패권의 논의로 설명할 수 있다.

지금까지 백신은 공공재인가? 만약 그렇다면 왜 제공되지 못하느냐는 질문에 대해 나름의 짧은 대답을 제시했다. 이후의 내용에서는 오늘날 백신 독점의 현황을 분석하고, 미국 중심의 글로벌 거버넌스가 어떻게 무너졌는지 이야기할 것이다. 그리고 뒤이어 미국이 없는 공백의 영역에서 중국과 러시아의 백신 외교를 살펴보며 백신이 글로벌 공공재가 아닌 사유재, 그것도 패권 경쟁의 수단으로 전락한 오늘날의 상황과 백신이 없는 약소국들의 살아남기 위한 발버둥을 확인한다. 마지막으로 과연 백신은 다시금 글로벌 공공재가 될 수 있는지에 대해 개인적인 소회와 전망으로 글을 마무리하고자 한다.

미국 중심 글로벌 보건 거버넌스의 실패와 복구

2022년 백신 불평등 현황

2020년 12월 코로나19 백신이 최초로 접종된 이후, 인류의 생존을 위한 공공재로써 공급되어야 했을 백신은 자국 우선주의와 국가이기주의로 인해 사적 상품이 되었다. 또한 미국은 초기 코로나 방역에 실패하여 글로벌 보건 거버넌스의 중심으로서의 리더십을 상실했고, 2020년 11월 17일 브릭스 정상회의에서 신흥 강대국들이 코로나19 백신 제공에 협력할 수 있는 장을 열게 되면서 본격적인 백신 외교 경쟁이 시작되면서 미국에 의해 공공재로서의 백신이 제공될 확률은 더더욱 희박해졌다. 이러한 상황에 대해 분석한 대다수의 기존 논문들은 글로벌 보건 거버넌스와 백신의 공공재성 회복에 대해 이야기했다. 이들은 글로벌 보건 거버넌스 붕괴의 원인으로 미·중 패권 경쟁의 보건 영역으로의 전이되었고, WHO의 자율성 추구가 정치적 논리로 변질하여 신뢰도가 추락했으며, 이전 트럼프 행정부의 보건 안보 정책의 실패로 인한 보건 안보 영역에서 미국의 리더십이 저해되었음을 지목한다(조한승 2021). 또한 백신의 규범적인 당위성을 언급하며 미·중 패권 경쟁의 향방에 따라 공공재로 인식될 수도 있음을 주장한다(은진석, 이정태 2021). 그리고 백신 수급의 불평등을 해결하고 글로벌 보건 거버넌스의 회복 방안으로 코로나19 백신의 지식재산권을 면제하여 백신의 글로벌 접근성과 형평성을 향상하는 방안을 제시하거나 WHO와 미국의 신뢰도와 리더십을 회복할 방안을 제시하기도 한다(Ullah 외 2021). 본 글 역시 기존 문헌과 그 궤를 같이하여 이번 장에서는 의료선진국과 개발도상국의 백신 불평등과 미국의 백신 독점에 대해 살펴보고자 한다.

코로나바이러스(COVID-19) 팬데믹이라는 유례없는 전염병의 도래로 인해 인류의 삶은 이전과 상당 부분 달라졌다. 상품과 인간의 이동이 감소하면서 대외무역에 의존해왔던 국가들은 기약 없는 경기침체가 지속되고 있고, 개인들은 가족, 친구들과의 만남조차 전염의 위험으로 인해 어려워졌다. 하지만 의료선진국들의 백신 개발과 보급으로 이러한 상황을 드디어 끝낼 수 있다는 희망이 싹트기 시작했다. 국제 통계 누리집인 아워월드인데이터 자료를 보면 전 세계 인구의 64%가 최소한 1회 분량의 백신을 받았고, 그중 57%가 2차 접종까지 완료했다. 현재 전 세계적으로 109억 회 이상의 투여가 이루어졌고 매일 1,685만 회의 투여가 이루어지고 있다(OWID 2022). 이러한 추세라면 팬데믹 이전의 세상으로 되돌아가는 것도 불가능한 일만은 아닐 것으로 보인다.

하지만 문제는 규범적으로 인류의 생존을 위한 공공재로써 공급되어야 할 백신이 자국 우선주의와 국가 이기주의로 인해 사적 상품이 되고 있다는 것이다. 이는 109억 회 이상의 투여가 이미 이뤄졌음에도 불구하고 저소득 국가의 14.4%만이 최소 1회 복용량을 공급받았다는 사실이 증명하고 있다. 특히 아프리카 55개국 중 접종 완료자가 100명당 20명 이상인 국가가 아직 고작 18개국에 불과하다는 점은 백신은 공공재의 역할을 제대로 해내지 못하고 있음을 나타낸다(BBC 2022). 실제로 전체 국민 중 한차례 이상 백신을 접종한 비율이 높은 국가는 캐나다, 영국, 독일, 이탈리아 등 대다수 부유한 국가들로 나타났다(OWID 2022). 이는 2020년 11월 12일 게브레예수스 사무총장이 백신은 국제사회의 공공재이며 평등의 원칙에 따라 공급되어야 함을 강조한 것이나, 2021년 3월 30일 영국, 독일 등 23개국 정상과 국제 보건 체계 강화를 위해 공동기고했던 기고문의 내용과는 전혀 부합하지 않는 현상이다. 결국 백신은 평등의 원칙을 따르지 않고, 의료선진국들을 중심으로 먼저 공급되는 하나의 사적 상품으로 전락했다.

이러한 백신의 사적 상품화는 미국과 중국이 무역, 정보통신, 기술 등의 분야에서 경쟁하고 있는 현실과 더불어 백신의 정치화와 미국 중심 글로벌 보건 거버넌스의 기능 저해를 가져왔다(조한승 2021; 은진석 & 이정태 2021). 특히 이전 트럼프 행정부의 보건 안보 정책의 실패가 글로벌 보건 안보 협력에서의 미국의 리더십을 저해하여 보건 영역에서 미국의 지위는 상당히 악화하였다. 이런 상황에서 중국은 서구 사회보다 성공적이었던 코로나 방역을 자국의 홍보 수단으로 삼고 있으며(Alexander et al. 2020, 266-267), 백신의 개발과 공급을 주도함으로써 국제사회에서 영향력을 확대하려 한다(Cohen 2020). 중국의 국제사회 영향력 확대 목적은 2020년 9월 23일 시진핑 주석의 백신 공공재 선언에서 잘 드러난다. 이와 같은 중국의 시도는 백신 확보 경쟁에서 뒤처진 국가에 매력적으로 비칠 소지가 크며, 일대일로 등과 함께 국제사회에서의 영향력 확대에 중요한 역할을 할 수 있다. 백신은 하나의 사적 상품이자 신흥 강대국들이 미국 패권에 도전할 수 있는 하나의 도구로 전락했고, 여전히 개발도상국에는 제대로 된 공급이 이뤄지지 않고 있다.

미국의 리더십 저하와 바이든 행정부의 복구 노력

팬데믹 초기, 트럼프 전 대통령은 아메리카 퍼스트를 외치며 독일의 제약사에 투자를 조건으로 백신을 독점하려 하기도 했고, 유럽 등 의료선진국에서도 국가 차원에서 백신의 반출을 막고 타국과의 교류를 차단하기도 했다(동아일보 20/03/17). 이처럼 미국을 비롯한 많은 의료선진국은 팬데믹 초기에 자국의 보건 안보를 위해 선뜻 백신을 공공재로 제공해주지 못했다. 하지만 팬데믹이 시작된 지 2년이 지난 오늘날에도 개발도상국에 대해 제대로 된 백신 공급이 되지 않고 있다. 이는 그들의 백신 기부와 공급의 부족이 보건 안보에 대한 불안에서 기인한 것이 아니라 초반부에 언급했던 것처럼 미국의 패권적 지위의 약화로 인한 공공재 제공의 거부에 가깝다는 것의 증거일 수 있다.

하지만 트럼프 전 대통령이 물러나고 조 바이든 대통령이 당선된 이후, 2021년 5월 5일 백신 지재권 면제 지지를 밝히고, 6월 28일에는 화이자 백신을 처음으로 해외로 반출하면서 미국이 백신을 독점한다는 비판적인 시각은 많이 누그러들었다. 실제로 6월 28일 바이든 행정부는 자국 백신 8,000만 회분 해외 반출 약속 이행의 일환으로 페루에 화이자 백신 200만 회분을 보냈다. 심지어 바이든 대통령은 화이자와 향후 2년 동안 5억 회분의 화이자 백신을 구입해 기부할 것이라고 밝히며 이전까지의 백신 독점은 미국이라는 국가 차원의 문제가 아니라 이전 트럼프 행정부의 개별적인 문제에 불과했던 것이라는 생각까지 들게 했다. 이처럼 미국이 적극적인 백신 공급에 나서자 백신의 독점, 백신 패권 경쟁, 글로벌 보건 거버넌스의 붕괴 같은 전망은 상당수 줄어들게 되었다.

미국은 2023년까지 11억 회분의 백신을 기부하겠다고 약속했고, 2022년 3월 18일 기준 111개 국가에 4억 5,170만 회분의 백신을 기부하여 수여국에 전달했으며 4,840만 회분의 백신을 기부한 상태이다(KFF 22/03/18). 지역별로는 남아시아 및 중앙아시아 지역에 1억 3,290만 회분, 사하라 이남 아프리카 지역에 1억 1,960만 회분, 동아시아 및 태평양 지역에 1억 290만 회분, 서반구(Western Hemisphere) 지역에 6,090만 회분, 중동과 북아프리카 지역에 3,340만 회분, 유럽과 유라시아에는 210만 회분의 백신을 기부했다. 국가별로는 파키스탄에 5,670만 회분으로 가장 많은 양의 백신을 기부했고, 다음으로 방글라데시, 필리핀, 베트남, 인도네시아, 나이지리아, 이집트, 멕시코 순이었다. 이러한 백신 기부 상황과 함께, 2021년 7월 23일 파키스탄에 250만 회분의 모더나 백신을 추가 제공한다고 밝힌 백악관의 한 관료는 "특혜를 얻거나 양보를 받아내기 위해 백신을 공급하는 것이 아니고, 백신 공급에는 조건이 없으며 오로지 생명을 구한다는 목표로 한다"라고 말했던 것을 보면, 바이든 행정부의 미국은 트럼프 전 대통령과는 다른 행보를 보여준다고 말할 수 있을 것이다(Voanews 21/01/23).

하지만 비록 바이든 행정부가 글로벌 보건 거버넌스에서 미국의 리더십을 되찾기 위해 큰 노력을 기울이고 있고, 실제로 성과를 거두고 있지만, 여전히 많은 난관이 남아 있다. 첫 번째는 백신을 얼마나 제공해야 하는가에 대한 것이다. 앞으로 얼마나 더 많은 양의 백신을 판매하고 기부해야 팬데믹이 끝날지 확실치 않다. 단순 계산으로 전 세계 인구가 모두 1차 접종을 완료하기 위해 28억 회분이 넘게 필요하고, 2차 접종까지 포함하면 62억 회분이 필요하다. 하지만 아직도 추가적인 감염을 방지하고 백신의 효과가 떨어지는 것으로 인해 3차 접종인 부스터 샷, 심지어 한국을 비롯하여 미국, 영국, 프랑스, 싱가포르, 칠레, 캐나다 등에서는 면역저하자와 고위험군을 대상으로 한 4차 접종까지도 시행하고 있으므로, 추가로 얼마나 많은 백신이 필요하게 될지는 미지수다.

두 번째는 바이든 행정부가 백신의 대대적인 기부를 결정하기 전에 각국에서 생긴 반미 정서다. 특히 중국으로부터 많은 백신을 공급받은 중남미는 여러 사건으로 인해 상당한 반미 정서가 생긴 상태다. 2021년 5월, 중국은 전체 백신 생산량의 42%인 2억 5,000만 회분을 수출했지만, 미국은 약 1%에 불과한 300만 회분을 수출했다는 점, 바이든 행정부가 인도의 도움 요청에 중남미 국가를 위해서는 하지 않았던 백신 원료 수출금지를 해제하여 미국이 중남미보다 인도를 우선시하고 있다는 인식을 일깨웠다는 점 등으로 인해 중남미에서는 중국 백신에 대한 신뢰도 저하에도 불구하고 오히려 반미 정서가 증가하는 양상을 보인 바 있다(Stuenkel 2021).

바이든 행정부가 글로벌 보건 거버넌스를 복구하고, 거버넌스의 중심으로서 리더십을 회복하기 위해서는 이러한 난관들을 극복하는 것이 필수적이다. 다만 트럼프 전 대통령과 바이든 대통령 초기의 일부 행보로 인한 반미 정서와 리더십 하락은 쉽게 극복하기 어려울 것이고, 심지어 이러한 미국 리더십의 공백기에 진행된 신흥 강대국들의 백신 외교는 이러한 회복을 더욱 어렵게 만들 것이다.

백신 패권 경쟁과 약소국들의 대응

도전국의 백신 외교, 인간안보를 위한 공공재에서 패권 경쟁의 수단으로

앞선 장들을 통해 우리는 코로나19 팬데믹이라는 상황에서 각 국가의 이기주의와 백신의 독점으로 인해 글로벌 보건 거버넌스가 붕괴하고 미국의 리더십이 저하된 상황을 살펴봤다. 이처럼 기존의 질서가 붕괴하고 미국의 리더십이 부재하게 되자 중국과 러시아 같은 도전국들의 백신 외교, 백신 패권 경쟁이 시작되었다. 이에 대한 기존 문헌들은 도전국들이 백신을 통해 자국의 소프트파워를 증진하려 한다고 보고 이에 초점을 맞춰서 연구를 진행했다. 코로나19 팬데믹이라는 세계적인 보건 위기가 닥치면서 공중보건은 모든 의제의 최상위로 올라가게 되었고. 이런 상황에서 등장한 코로나 백신은 소프트파워를 투사하는 기술로 국가 브랜딩에 필수적인 역할을 수행할 수 있게 되었다. 따라서 기존 문헌은 이런 상황에서 코로나 백신은 신흥 강대국들의 소프트파워 강화에 영향을 미칠 수 있으며, 더 나아가서 국가 간의 경쟁에서 우위를 차지할 수 있음을 시사했다(최재덕, 2020; Vargina V, 2021). 이번 장에서는 도전국의 백신 외교, 특히 중국의 사례를 중점적으로 살펴본다.

코로나 백신은 오늘날 공공재로서의 비배제성과 비경합성을 상실하고 국가브랜드와 소프트파워에 영향을 미치는 사적 상품이 되었다. 더 나아가 백신은 미국의 리더십이 부재한 보건 영역에서 하나의 패권 경쟁 수단으로 변모했다. 2020년 3월 11일 세계보건기구(WHO)가 코로나19를 공식적으로 선포한 이후, 미국은 패권국으로서의 리더십을 만족스럽게 보여주지 못했고 미국을 위시하여 다른 의료선진국 역시도 자국 이기주의에 빠져 실망스러운 모습만을 보여주었다. 이런 상황에서 중국은 자국이 개발한 백신을 국제 공공재로써 활용하겠다고 선언했다. Bridge Beijing에 따르면 중국은 2022년 3월 14일까지 17억 5,000만 회분의 백신을 판매했고 1억 9,800만 회분의 백신을 기부했으며 14억 회분의 백신을 배송했다(Bridge Beijing 2022). 이는 현재까지 전 세계적으로 접종된 109억 회분의 17%에 달한다. 중국은 현재 세계 117개국 4개 지역에 백신을 공급하고 있다. 가장 많이 공급받은 지역은 아태지역으로 수여국 수가 39개국이고, 중남미 지역은 아태지역에 이어 두 번째로 많은 백신을 접종했고 대상 국가는 21개국이며, 세 번째로 많은 백신을 접종한 아프리카 지역은 46개국이 백신을 공급받았다. 제일 적은 백신을 접종한 유럽 지역은 터키를 포함해 총 10개국이다.

Bridge Beijing 웹 페이지는 중국이 어떤 국가들에게 백신을 공급했는지 상세하게 보여주고 있다. 공급받는 지역이 중남미와 아프리카, 동남아 국가들처럼 개발도상국들이 많은 곳에 집중된 것을 보면 중국은 그들이 선언했던 것처럼 백신을 공공재로 활용하고 있는 것처럼 보인다. 또한 2021년 5월 우펑(吴鹏) 중국 외교부 아프리카 국장은 아프리카 40개국에 이타적인 목적으로 백신을 적절한 가격에 판매하거나 기증했고 향후 아프리카의 백신 문제 해결을 위해 이집트의 시노백 백신 생산을 위한 기술지원을 할 것이라고 밝혔다(AP News 21/05/20). 실제로 시노백은 이집트에서 하루 30만 회분의 생산체제를 갖추고 본격적인 생산에 들어갔으며, 시노팜 역시 2021년 7월 5일 모로코 현지 제약업체 시설을 활용해 월 500만 도스의 백신을 생산하는 계약을 체결했다. 이처럼 중국은 단순히 백신을 판매하고 기부하는 데에서 그치지 않고 백신 확보가 어려운 아프리카 국가에 제조시설을 마련해주고 있다.

게다가 2021년 6월 1일 시노백이 시노팜에 이어 두 번째로 WHO의 긴급사용 승인을 받으면서 중국의 백신 외교는 더욱 탄력을 받게 되었다. 특히 중국 백신의 대량생산과 저온 유통이 가능하다는 점은 초저온 유통 인프라가 부족하거나 선진국과의 백신 경쟁에서 밀려 백신 획득이 어려운 개발도상국들에게 장점으로 작용할 수 있다(노윤재, 문지영 2021). 현재 중국은 연 6억 도스의 코로나 백신 생산이 가능하며, 생산라인 확장을 통해 약 20억 도스의 생산능력을 확보할 계획이 있다(新浪财经 21/12/07). 그리고 중국 칸시노의 경우에는 1회 접종으로 예방할 수 있다는 장점이 있다. 이처럼 백신의 대량생산과 냉장고 수준의 저온 유통(영상 2~8도)이 가능하다는 점과 중국이 아프리카 등의 낙후 지역에 백신 제조시설 계약, 백신 확보가 어려운 저소득 국가군을 중심으로 공급하고 있다는 점에서 중국의 백신 외교는 중남미와 아프리카 등의 지역이 매력을 느낄 수 있다.

하지만 중국의 백신 외교의 매력을 상실케 하는 유인 역시 존재한다. 첫 번째는 중국의 백신 외교가 정말 시진핑의 선언처럼 공공재의 성격을 띠고 있느냐에 대한 것이다. 미국의 정치 전문 일간지 폴리티코(Politico)에 따르면 중국이 백신 지원을 대가로 전 세계 50여 개국에 타이완을 중국의 영토로 인정할 것을 압박했다(Politico 21/05/13). 또한 온두라스와 파라과이가 중국 백신 지원국에서 제외된 것이 타이완과의 수교 때문일 수 있다는 지적 역시 존재한다. 심지어 파라과이는 중국 백신 구입을 위해 타이완과의 관계를 다시 고려하고 있다(Politico 21/04/23). 두 번째는 중국 백신의 효과성과 신뢰도에 대한 것이다. 2021년 1월 13일 조코 위도도 인도네시아 대통령은 중국 백신을 공개 접종하면서 그에 대한 강한 신뢰를 드러냈었다. 하지만 델타 변이 바이러스가 확산하면서 일일 확진자가 5만 명을 넘기고, 시노백을 가장 먼저 접종한 의료인들이 130명 넘게 숨지면서 백신에 대한 의심이 커졌다(REUTERS 21/07/07). 현재 인도네시아 정부는 모더나 백신을 부스터 샷으로 3차 접종하겠다고 밝혔고 태국과 말레이시아 역시 시노백에 부정적인 태도를 드러냈다. 세 번째는 미국을 포함한 의료선진국들이 약소국에 대한 백신 기부와 공급에 나서게 되었다는 점이다. 조 바이든 미국 대통령은 코로나19의 확산을 막기 위해 미국이 전 세계 백신의 무기고가 될 것임을 선언했다. 2021년 8월 3일 백악관은 60개국 이상에 1억 1천만 도스의 코로나19 백신을 대부분 코백스(COVAX)를 통해 기증했으며, 8월 말부터 100개 저소득 국가에 기부하기로 약속한 화이자 백신의 선적을 시작할 것이라고 밝혔다(The White House 2021). 이런 미국의 행보에 영국과 독일 역시도 저소득 국가군에 대한 백신 기부 의사를 표명했다. 물론 델타 변이의 갑작스러운 확산으로 인해 이러한 미국과 유럽의 백신 기부가 어떻게 진행될지는 불투명하지만, 이와 같은 행보가 중국 백신 외교의 매력을 떨어뜨리는 요인임은 틀림없다(The New York Times 21/08/02).

이러한 세 가지 유인으로 인해 중국의 백신 외교가 큰 매력을 가지지 못한 것도 사실이지만, 미국의 리더십이 부재한 사이에 그 영향력을 상당히 늘린 것도 사실이다. 비록 중국의 소프트파워 증진에 장애가 될 여러 사건이 발생했지만 그런데도 백신 독점이 가장 심한 시기에 한 백신 외교는 보건 영역에서 미국의 역할에 대한 심각한 의문을 던지는데 충분했고 일부 개발도상국들의 반미 정서를 불러일으키는 데 영향을 미친 것으로 보인다.

코로나19 팬데믹 상황에서 약소국들의 각자도생

코로나 팬데믹이 3년째 지속되는 동안 미국 모더나, 독일 바이오엔테크와 미국 화이자 등 mRNA 백신 기업들은 생산량의 약 70% 이상을 선진국에 공급했다. mRNA 백신이 여러 측면에서 다른 백신보다 뛰어난 효과를 보이고 있음을 감안할 때, 이러한 mRNA 백신 공급의 불평등은 보건 안보에 있어 큰 위협이었다. 비록 최근 바이든 행정부가 다시 미국의 리더십을 부활시키기 위해 엄청난 양의 백신을 쏟아붓고 있고, 중국 등의 도전국들 역시 그들의 백신을 계속해서 기부하고 판매하고 있지만, 이것들만으로는 개발도상국, 약소국들이 그들 자국의 안보를 지키는데 부족했다. 이번 장에서는 백신의 불평등한 분배와 도전국들의 신뢰도 낮은 백신, 봉쇄 이외에는 제대로 된 해답을 내릴 수 없는 극한의 상황에서 약소국들이 어떻게 대응했는지를 살펴볼 것이다.

2021년 10월, 12억의 아프리카 인구 중 백신 접종을 완료한 비율이 2% 남짓이었을 때, 백신의 평등한 분배를 호소하던 아프리카는 끝내 그 호소가 외면당하자 복제 백신 개발에 뛰어들었다. 남아프리카공화국은 완성품을 거꾸로 분석해 원리를 파악하고 재현하는 리버스 엔지니어링 기법을 통해 mRNA 백신인 모더나를 복제하려고 했고 결국 2022년 2월 4일 복제하는 데 성공했다(Nature 22/02/03). 비록 바이든 대통령이 지지 선언까지 했지만 면제하지 못했던 지식재산권 문제가 아직 남아 있지만, 아프리카 자체적으로 mRNA 백신 생산이 가능해진 것은 큰 진전이라고 말할 수 있다.

이러한 백신의 복제 이외에도 자체 백신을 개발한 국가들도 많다. 강대국인 중국과 러시아뿐만 아니라 쿠바, 이란, 대만, 인도 등 다양한 국가들이 백신을 개발했다. 특히 쿠바는 소베라나 2(Soberana 2)와 압달라(Abdala)라는 두 개의 백신을 개발했는데, 2022년 3월 17일 기준으로 1차 접종은 전체 인구의 93.8%, 접종 완료는 87.4%로 세계에서 가장 높은 백신 접종률을 자랑하고 있다(OWID 2022). 매일 확진자도 천여 명 수준에 사망자는 한 자릿수에 불과한 것으로 보아 백신의 효과 자체도 괜찮은 것으로 보인다. 이러한 쿠바의 경우와 같이 스스로 자국 백신을 만들어 코로나를 극복하려는 시도도 많은 편이다. 사실 한국의 경우 아스트라제네카, 얀센, 화이자, 모더나 이외의 백신과 조우할 일이 거의 없지만, 세계보건기구가 승인한 백신만 화이자, 모더나, 아스트라제네카, 얀센, 노바백스, 시노팜, 시노백, 코비쉴드, 코백신, 코보백스로 열 종류나 된다. 이에 더해 각국에서 개발한 백신과 현재 임상 실험 중인 백신까지 포함하면 헤아리기 어려울 정도다.

이처럼 개발도상국, 약소국이라고 해서 단순히 패권국과 그 주변의 강대국에 호소하고 매달리지만은 않는다. 그들 스스로 살아남기 위한 길을 찾고 나름의 성과를 내고 있다. 다만, 앞서 살펴본 남아프리카공화국이나 쿠바, 인도, 대만 등은 물론 미국과 중국, 러시아에 비하면 국력이 떨어지지만 전 세계적으로 봤을 때는 약소국이라 부를 수 없는 국가들이다. 즉, 이처럼 몇몇 국가들이 스스로 팬데믹에 대응하고 있는 것은 사실이지만, 실제로 이런 대응이 불가능한 국가들이 훨씬 많을 것이다. 백신을 보관하는 것조차 힘들어 유통기한이 지나 폐기해야만 하는 국가들이 얼마나 많은가. 그렇기에 비록 일부 국가들이 스스로 성공적으로 대응한다고 하더라도 백신의 공공재 논의는 여전히 중요하다.

백신은 공공재여야 하는가?

오늘날 팬데믹 상황에서 자국 중심주의와 국가 이기주의로 인해 미국을 중심으로 한 글로벌 보건 거버넌스가 붕괴하고 그동안 많은 이들이 공공재로서 기능해야 한다고 믿어왔던 백신은 사적 상품로 전락했다. 이런 과정에서 중국과 러시아 등의 도전국들은 빠른 속도로 백신을 개발해냈고 미국과 유럽의 백신 독점으로 인해 백신 확보 경쟁에서 밀린 약소국가에 상당량을 공급하고, 백신 생산 계약을 맺으면서 자국의 이미지 쇄신을 시도하고 있다. 이러한 중국과 러시아의 행보는 백신 불평등으로 인해 접종률을 높이지 못하고 있던 아태, 중남미, 아프리카 등지의 지역에서의 소프트파워를 상승시킬 유인이 충분히 있어 보였다. 하지만 결국 이들 역시도 백신을 공공재로써 제공하는 데에 실패했고, 정작 그들이 비판하던 미국보다도 적은 백신을 제공하는 데에 그쳤다.

2022년 3월 20일, 공식 기록에 따르면 코로나로 인한 전 세계 사망자 수는 607만 명이다. 하지만 실제로는 검사 인원과 기구의 부재로 인해 더 많은 인구가 사망했을 것이라 보고 있는데, 일부 기사에서는 3월 11일 기준, 이미 1,820만 명을 넘었을 것이라 예상하기도 했다(The Guardian 22/03/10). 백신이 코로나 증상의 중증도를 상당히 낮추고 죽음의 위험을 줄인다는 것을 고려했을 때 실제로 백신 접종률이 높지 않은 국가에서는 어쩌면 상상조차 할 수 없을 정도로 많은 사람이 죽어가고 있을지도 모른다. 코로나에 걸려 죽어가는 이들에게 백신은 소크 박사의 얘기처럼 하나의 태양이자 거대한 희망이다. 이러한 상황에서 우리는 다시 한번 자신에게 그리고 전 세계에 질문을 던질 필요가 있다.

이와 같은 팬데믹 상황에서 우리는 이기주의를 추구하여 자신의 안녕을 추구하거나, 태양에 특허를 매겨 재물을 모을 것인가? 아니면 태양을 통해 누구나 따스한 햇볕을 누리게 할 것인가? 윤리적으로는 생각하면 당연히 정답은 정해져 있지만, 국제정치의 영역에서는 그렇지 않다. 국가의 이익이라는 실체적인 이익보다 보건 안보, 인간안보, 그리고 도덕적 당위성이라는 추상적인 개념들이 선행하기는 전혀 쉽지 않은 일이다. 하지만 그런데도 계속해서 이런 인간안보의 당위성이 강조되는 것은 그 도덕적 가치가 함부로 저울질하여 평가절하할 수 있는 것은 아니라는 것이다. 이미 다시금 미국의 리더십을 회복하고자 백신을 공공재로 제공하려는 바이든 행정부를 포함해, 많은 강대국이 이러한 당위성의 중요성을 깨닫고 조금은 자국 이기주의에서 벗어나 인류 공통의 안보 문제 해결에 적극적으로 나서주기를 바란다.

참고문헌

김관옥. 2015. "미중 금융패권 경쟁: 유럽금융위기와 다자기구 사례를 중심으로." 『유럽연구』33(1).

노윤재 · 문지영. 2021. "인도와 중국의 코로나19 백신 개발 및 외교 동향과 시사점." 『KIEP 세계경제 포커스』4(10).

박훈탁. 2018. "패권 안정 이론의 시각에서 본 트럼포노믹스: 트럼포노믹스의 정치적 의도." 『대한정치학회보』26(2).

윤혜령. 2021. "4차 산업혁명시대 미중 기술패권 경쟁 : 5G 기술과 플랫폼을 둘러싼 네트워크 전쟁을 중심으로." 『국제학논총』33.

은진석 · 이정태. 2021. "백신은 공공재인가: 미 · 중 패권 경쟁 사례를 중심으로." 『국제지역연구』25(2).

이상환. 2012. "지속가능성 분쟁과 인간안보: 보건 안보를 중심으로." 『정치 · 정보연구』15(2).

이영석. 1995. "영국 경제의 쇠퇴와 영국 자본주의의 성격, 1870~1914." 『경제와사회』27.

조성권. 2016. "21세기 생물테러와 복합안보: 보건 안보를 중심으로." 『정치 · 정보연구』19(2).

조한승. 2021. “코로나 팬데믹과 글로벌 보건 거버넌스 실패 원인과 협력의 가능성.” 『세계지역연구논총』39(1).

Alexander, Jeffrey C. and Philip Smith. 2020. “COVID-19 and Symbolic Action: Global Pandemic as Code, Narrative, and Cultural Performance.” American Journal of Cultural Sociology 8(Winter).

Beeson, Mark · André Broome. 2010. “Hegemonic Instability and East Asia: Contradictions, Crises and US Power.” Globalizations 7(4).

Cohen, Jon. 2020. “With Global Push for COVID-19 Vaccines, China Aims to Win Friends and Cut Deals.” Science Magazine (November 25).

Gilpin, Robert. 1987. The Political Economy of International Relations. Princeton: Princeton University Press.

Gilpin, Robert. 2001. Global political economy. Princeton: Princeton University Press.

Kindleberger, C. P. 1973. The World in Depression, 1929-1939. University of California Press.

Koehane, Robert. 1984. After Hegemony: Cooperation and Discord in the World Political Economy. Princeton: Princeton University Press.

Vargina, V. 2020. “Sputnik V Vaccine as a Soft-Power Instrument of Russia.” sgp journal 2(7).

Ullah, AKM Ahsan. Asiyah Az-Zahra Ahmad Kumpoh. and Noor Azam Haji-Othman. 2021. “Covid-19 Vaccine and International Relations.” Southeast Asia: A Multidisciplinary Journal 21(1).

신문기사

이벌찬. 2021. "돈방석 앉은 백신 제조사들… 화이자·모더나 올해 매출 수십조원 예상." 『조선일보』(8월 10일). https://www.chosun.com/international/international_general/2021/08/10/BKWFD527KVGLDG3RKWVK2UZOC4/(검색일: 2022. 03. 14).

임보미. 2020. "트럼프, 獨 제약사에 10억 달러 주고 코로나 백신 독점 시도." 『동아일보』(3월 17일), https://www.donga.com/news/Inter/article/all/20200317/100189610/1(검색일: 2022. 03. 20).

최윤필. 2015. "특허권 없이 '소아마비 백신' 인류에 선사." 『한국일보』(10월 28일). https://www.hankookilbo.com/News/Read/201510280430086461(검색일: 2022. 03. 14).

Maxmen, Amy. 2022. "South African scientists copy Moderna's COVID vaccine." Nature(Feb 3). https://www.nature.com/articles/d41586-022-00293-2(검색일: 2022. 03. 20).

AP News. 2021. "China says providing vaccines to almost 40 African nations." AP News(May 20) https://apnews.com/article/united-nations-africa-china-business-coronavirus-pandemic-ad395006fe0c4daf0e13c3be02f07cc7(검색일: 2021. 03. 15).

CDC. 2021. "Polio Elimination in the United States." CDC(Sep 28). https://www.cdc.gov/polio/what-is-polio/polio-us.html(검색일: 2022. 03. 14).

Campbell, Denis. 2022. "Global Covid-19 death toll 'may be three times higher than> official figures'." The Guardian(Mar 10). https://www.theguardian.com/world/2022/mar/10/global-covid-19-death-toll-may-be-three-times-higher-than-official-figures

Banco, Erin. 2021. "U.S. diplomats: Send vaccine overseas now or China, Russia will win out." Politico(May 1). https://www.politico.com/news/2021/05/13/united-states-coronavirus-vaccine-supply-world-488181(검색일: 2021. 03. 15).

Mcgregor, Grady. 2021. "Biden says Omicron demands that countries share vaccines as China donates 1 billion doses to Africa." FORTUNE(Nov 30), https://fortune.com/2021/11/30/omicron-new-covid-variant-vaccine-china-africa-donation-joe-biden-xi-jinping/(검색일: 2022. 03. 14).

Bennhold, Katrin. 2021. "Germany Will Offer Vaccine Booster Shots Starting in September." The New York Times(Aug 2). https://www.nytimes.com/2021/08/02/world/europe/coronavirus-booster-shots-germany.html(검색일: 2022. 03. 20).

Stuenkel, Oliver. 2021. "Vaccine Diplomacy Boosts China's Standing in Latin America." Foreign Policy(June 11). https://foreignpolicy.com/2021/06/11/vaccine-diplomacy-boosts-china-in-latin-america/(검색일: 2022. 03. 20).

Widakuswara, Patsy. 2021. "US Ships Moderna Vaccine to Pakistan Amid Delta Variant Surge." Voanews(Jan 23). https://www.voanews.com/a/covid-19-pandemic_us-ships-moderna-vaccine-pakistan-amid-delta-variant-surge/6208613.html(검색일: 2022. 03. 20).

Pharma. 2022. "Pfizer accused of 'pandemic profiteering' amid bumper revenue." Global Justice(Feb 8) https://www.globaljustice.org.uk/news/pfizer-accused-of-pandemic-profiteering-amid-bumper-revenue/(검색일: 2022. 03. 14).

Reuters. 2022. "Moderna improves forecast for 2022 sales from COVID-19 vaccine." Reuters(Jan 10). https://www.reuters.com/business/healthcare-pharmaceuticals/moderna-raises-2022-vaccine-sales-forecast-185-billion-2022-01-10/(검색일: 2022. 03. 14).

Wheaton, Sarah & Ashleigh Furlong. 2021. "Beijing's diplomacy more effective than its vaccines." Politico(Apr 23) https://www.politico.eu/article/china-diplomacy-effective-sinopharm-sinovac-coronavirus-vaccine/(검색일: 2021. 03. 15).

Salzberg, Steven. 2021. "Patenting The Covid-19 Vaccine Is Unethical." Forbes(May 23). https://www.forbes.com/sites/stevensalzberg/2021/05/23/patenting-the-covid-19-vaccine-is-wrong/?sh=63a5f5c632f5(검색일: 2022. 03. 14).

Allard, Tom & Kate Lamb. 2021. "COVID infections imperil Indonesia's vaccinated health workers, and hospitals." REUTERS(Jul 7). https://www.reuters.com/world/asia-pacific/covid-infections-imperil-indonesias-vaccinated-health-workers-hospitals-2021-07-07/(검색일: 2021. 03. 15).

World Health Organization. 2020. "Covid-19 Vaccines, Tests and Therapies, the Global public good Solution." World Health Organization(Nov 12) https://www.who.int/director-general/speeches/detail/who-director-general-s-speech-at-the-paris-peace-forum-panel-act-a-covid-19-vaccines-tests-and-therapies-the-global-public-good-solution---12-november-2020(검색일: 2022. 03. 14).

新浪财经. 2021. "多方测算, 预计2021年底中企疫苗产能至少20亿剂," 『新浪财经』(12月 7日). https://baijiahao.baidu.com/s?id=1685415768960601065&wfr=spider&for=pc(검색일: 2021. 03. 15).

인터넷 자료

Bridge Beijing. 2022. China COVID-19 Vaccine Tracker. https://bridgebeijing.com/our-publications/our-publications-1/china-covid-19-vaccines-tracker/(검색일: 2021. 03. 15).

Our World in Data. 2022. Coronavirus (COVID-19) Vaccinations. https://

ourworldindata.org/covid-vaccinations(검색일: 2022. 03. 20).

Our World in Data. 2022. Share of people who received at least one dose of COVID-19 vaccine. https://ourworldindata.org/grapher/share-people-vaccinated-covid?country(검색일: 2022. 03. 20).

BBC. 2022. 코로나 백신: 한눈에 보는 전 세계 코로나19 백신 접종 현황. https://www.bbc.com/korean/features-56066227(검색일: 2022. 03. 20).

KFF. 2022. U.S. International COVID-19 Vaccine Donations Tracker - Updated as of March 18. https://www.kff.org/coronavirus-covid-19/issue-brief/u-s-international-covid-19-vaccine-donations-tracker/(검색일: 2022. 03. 20).

The White House. 2021. "FACT SHEET: President Biden Announces Major Milestone in Administration's Global Vaccination Efforts: More Than 100 Million U.S. COVID-19 Vaccine Doses Donated and Shipped Abroad." https://www.whitehouse.gov/briefing-room/statements-releases/2021/08/03/fact-sheet-president-biden-announces-major-milestone-in-administrations-global-vaccination-efforts-more-than-100-million-u-s-covid-19-vaccine-doses-donated-and-shipped-abroad/(검색일: 2022. 03. 20).

3
개인안보의 문제

제4장

사회민주주의 기본가치와 우리나라 장애인 정책

박정희

제5장

한국에서의 여성안보

정다빈

제4장

사회민주주의 기본가치와 우리나라 장애인 정책

박정희 (한국외국어대학교)

"우리들의 일상에 장애인이 없다."

보건복지부 장애인정책과에서 매년 제공하는 장애인 등록현황에 따르면 우리나라 장애인은 2019년 12월 31일 기준 지체장애 · 시각장애 · 청각장애 · 언어장애 · 지적장애 등 15가지 장애 유형, 약 262만 명이 등록되어 있다. 이를 통계청 국가통계포털(KOSIS:Korean Statistical Information Service)에서 확인 가능한 2019년 12월 주민등록상 인구 5,185만 명으로 단순히 산술적 계산하면, 우리나라 인구 19.8명 중 1명이 장애인이다. 물론 등록된 장애인 262만 명에는 심한 장애(99만 명)와 심하지 않은 장애(163만 명) 모두를 포함하고 있어 등록 장애인 262만 명이라는 수치로 단순히 장애인의 수가 많고, 적음을 상세히 설명하는 데 한계는 있으나, 우리나라 전체 인구의 5.1%를 차지하고 있는 장애인 등록 비율과 2007년 장애인 등록 인원 210만 명이 2019년 262만 명으로 증가한 추세 등을 고려하면 우리 주변에는 장애인이 상당히 많다는 것을 알 수 있다. 그럼에도 불구하고 "우리가 일상생활 속에서 장애인을 마주치는 경우는 얼마나 될까? 혹은 우리가 같이 일하고 있는, 공부하고 있는 공간에 장애인은 얼마나 있을까? 왜 우리 주변에는 장애인이 없을까?" 이글은 여기에 의문을 제기하면서 시작한다.

대한민국 헌법 제34조[1]는 모든 국민은 인간다운 생활을 할 권리를 가진다고 규정하며, 국가는 사회보장 · 사회복지 증진 및 여자 · 노인 · 청소년 · 신체장애자 · 생활능력 없는 자 보호에 노력해야 하는 의무가 있음을 명시하고 있다. 더불어 전 지구적 차원에서는 비군사적 영역을 포함한 "인간 안보"라는 개념이 새롭게 등장함으로써 인간의 생존에 더 집중하고, 인간이 인간다운 삶을 영위하는 것에 관심을 두기 시작했다. 이와 관련하여 이상환(2008, 230)은 "인권이 주권에 우선한다는 '신국제주의' 원칙 하에 안보 논의가 이뤄지면서 인간 안보라는 개념이 대두되게 되었다."라고 하였다. 유엔개발계획(UNDP, United Nations Development Program)이 매년 발행하고 있는 인간개발보고서(The

---

1 헌법 제34조 ① 모든 국민은 인간다운 생활을 할 권리를 가진다.
② 국가는 사회보장·사회복지의 증진에 노력할 의무를 진다.
③ 국가는 여자의 복지와 권익의 향상을 위하여 노력하여야 한다.
④ 국가는 노인과 청소년의 복지향상을 위한 정책을 실시할 의무를 진다.
⑤ 신체장애자 및 질병·노령 기타의 사유로 생활능력이 없는 국민은 법률이 정하는 바에 의하여 국가의 보호를 받는다.
⑥ 국가는 재해를 예방하고 그 위험으로부터 국민을 보호하기 위하여 노력하여야 한다.

Human Development Report)에 1994년 새롭게 등장한 '인간 안보[2]' 개념에 따르면, 인간 안보는 인간 개개인이 기아, 질병, 가혹행위 등과 같은 위협으로부터 안전을 확보하고, 가정, 직장, 사회 공동체 속에서의 일상생활이 갑작스럽게 파괴되는 것으로부터 보호를 받는 것으로 정의하고 있다. 이는 국가 내·외부의 물리적 폭력뿐만 아니라 다양한 비폭력적 위협들로부터 인간들의 생존과 기본권을 보호하는 것을 의미하고 있다(전웅 2004, 33; 박한규 2007, 987).

그렇다면 오늘날 대한민국에서는 헌법이 추구하는 인간의 기본권과 유엔 인간개발보고서에 등장한 인간 안보 측면에서 신체장애자와 같은 사회적 약자가 안전하게 보호받고 있는가? 혹시 많은 장애인이 본인 의지가 배제된 채 개인적 삶을 박탈당하고 있는 것은 아닌가? 이동 수단 부재 또는 이동·보행 환경 미미함으로 인하여 외부활동 제한 등 기본적인 일상생활 권리를 침해받고 있는 것은 아닌가?"의 의구심이 다소 생긴다.

이 글은 상기 의구심에 대해 탐구하기 위한 수단으로써 사회민주주의에 주목하였다. 우리나라와 비교하여 오래전부터 장애인이 인간으로서 가져야 할 존엄성과 기본권을 보장하고, 장애인을 위한 높은 수준의 인권향상과 복지국가를 지향해 온 다수의 유럽국가에서 추구한 사회민주주의는 우리나라 장애인 정책을 평가하는데 잣대로써 활용이 가능할 것이다. 이에 사회민주주의 근간이자 기준인 기본가치를 우선 살펴보고, 그 시각에서 우리나라의 장애인 정

---

2 "인간 안보"는 경제 안보(economic security), 식량 안보(food security), 보건 안보(heath security), 환경 안보(environmental security), 개인 안보(personal security), 공동체 안보(community security), 정치 안보(political security)로 나뉜다. 이중 인간의 기본권과 사회적 약자 보호에 관한 인간 안보는 자신이 속한 가정, 인종, 조직 등에 참여와 관련된 공동체 안보(community security), 인간의 기본권 행사와 억압으로부터 자유와 관련된 정치 안보(political security)에 포함된다고 할 수 있겠다.

책을 간략히 평가함과 동시에 장애인 정책이 발전하기 위해 나아가야 할 거시적 방향을 제시해 보고자 한다. 세부적으로는 독일 프리드리히 에버트 재단과 우리나라의 민주정책연구원이 기획하여 발간한 사회민주주의 총서 중 토비아스 곰베르트(Tobias Gombert)의 "사회민주주의 기초서"와 잉그바 카를손 · 안네마리 린드그렌(Ingvar Carlsson · Anne-Marie Lindgren)의 "사회민주주의란 무엇인가"를 바탕으로 사회민주주의의 기본가치인 "자유, 평등/정의, 연대"의 개념을 설명하고, 우리나라의 장애인 정책의 발전 과정, 주요 추진 정책 등을 살펴본 뒤, 결론에서는 최근 시행한 장애인 정책에 대하여 사회민주주의 기본가치 관점에서의 평가와 장애인 정책이 나아가야 할 방향을 간략히 제시하고자 한다.

"사회민주주의 기본가치; 자유, 평등/정의, 연대"

"사회민주주의"의 의미는 고정되어 있지 않고, 시간과 장소, 대상에 따라서 다양하게 사용됨으로써 통일된 정의가 존재하지 않는다. 따라서 사회민주주의에 대하여 불가피하게 사전적 정의를 살펴보면, 사회민주주의는 "보통선거나 의회를 통한 정치적 평등에 이어 경제적 평등을 지향하는 것으로 민주주의가 사회주의와 결합하여 만들어진 운동 · 체제원리이다. 궁극적으로는 국가의 폐기를 지향하는 공산주의와는 달리 20세기 이후의 사회민주주의는 국가가 사회공학(social engineering)을 통하여 사회를 '계획'하는 것을 특징으로 하고 있다. 시장기구가 낳은 불평등이나 불안정한 경제질서는 '아마추어' 의회만으로는 제어할 수 없어 국가가 사회에 부분적으로 개입함으로써 실질적인 평등 ·

공정을 달성하고자 한다."[3] 이러한 사회민주주의는 "자유, 평등/정의, 연대"를 기본가치임과 동시에 핵심 가치로써 다루고 있다. "자유, 평등/정의, 연대"에 대하여 살펴보면 다음과 같다.

자유가 사실상 거의 모든 정치 행위자가 공유하는 기본 가치임은 의심할 수 없다(토비아스 곰베르트 2012, 20). 그러나 자유의 개념은 역사적으로 매우 다양한 요구들과 원리를 담고 있어서 그 개념을 분명하게 규정하기란 쉽지 않다(박혁 2009, 418-419). 이렇듯 다툼의 여지가 있는 자유의 개념 정의에 대한 어려움 속에서 토비아스 곰베르트(2012, 21)는 아래 존 로크(John Locke)의 저서 "통치론"에서 정의한 자유를 유의미한 것으로 보았다.

"인간의 자연적 자유는 지상의 어떠한 우월적 권력으로부터 자유로워야 하며, 타인의 의지나 입법권에 구속되지 않고 오로지 자연법만을 자신의 준칙으로 삼는다. 사회에서 인간의 자유는 공동체의 동의에 의해서 제정된 입법권과 그 입법부가 위임받은 의무에 따라 제정한 법률 이외의 그 어떤 의지의 지배나 법의 제약도 받지 않는다."

잉그바 카를손 · 안네마리 린드그렌(2009, 25-28)은 국가나 사회가 개인의 자유를 침해할 수는 없으나, 다수를 위한 자유는 개인의 자유를 초월할 수 있다는 가능성을 바탕으로 사회민주주의적 자유를 아래와 같이 설명하였다.

---

3 "21세기 정치학대사전", <정치학대사전편찬위원회>
https://terms.naver.com/entry.naver?docId=728079&cid=42140&categoryId=42140 (검색일: 2022.03.20.)

"자유를 얻기 위한 운동들은 역사의 모든 시대에 다양하게 존재했다. 고대의 노예반란, 중세시대 농민들의 봉기, 1600년대 종교전쟁, 1800년대 유럽에서의 민족해방운동 등이 그 예이다. 하지만 과거에 자유라는 말은 우리가 오늘날 생각하는 자유와 항상 같은 의미로 쓰인 것은 아니었다. 자유는 인간이 인생을 어떻게 살 것인지 스스로가 자유롭게 결정할 수 있는 것을 뜻하며, 국가나 사회가 자유를 방해해서는 안 된다고 원론적으로 이해될 수 있다. 그러나 사회민주주의적 자유 개념은 다수를 위한 자유에 초점을 두고 있다. 그것은 대중들의 생활 조건에 대한 결정이 어떤 다른 소수의 자기 이익이라는 관점에서 이루어졌을 때, 대중들이 겪게 되는 자유의 결핍 그리고 강제적 힘듦에 대한 반발에서 나온 것이다."

정의/평등에 대해 토비아스 곰베르트(2012, 46)는 "사회민주주의자들이 의지할 수 있는 표준적인 정의의 개념은 가지고 있지 않고 다양한 사회 영역에서 여러 가지 방법으로 접근해야 하며, 진정한 자유는 평등을 제외하고 상상할 수 없는 것이다."라고 하였다. 잉그바 카를손 · 안네마리 린드그렌(2009, 32-33)은 "사회민주주의의 핵심 요소 중 평등은 획일성처럼 모두가 같은 것을 의미하지 않는다. 평등의 요구는 균등한 대우에 대한 요구이다. 각자의 고유한 개성을 발전시키고 자신의 고유한 생활을 영위해 나갈 수 있는 동일한 기회를 달라는 것이다. 평등은 각 개인의 고유한 생활 조건들을 통제할 수 있는 동일한 기회라는 것이다."라고 평등의 개념을 제시하였다. 복지국가와 사회민주주의를 저술한 알렉산더 페트링(Alexander Petring)(2012, 39)은 "평등한 존엄, 그리고 자신의 삶에 대한 자기 결정권과 정치적 참여를 위한 평등한 가능성은 사회적 자원의 공정한 분배를 필요로 한다."라고 평등과 공정의 관계에 대해 말하였다.

따라서 평등/정의에 대해 일반적으로 접근하면 평등은 법 앞에 모두가 평등하다는 것으로서 개인이 출신, 신분, 재산, 학력 등 사회적 배경 때문에 차별을 받지 않는 것이다. 또한 정의는 모두에게 똑같은 기회가 주어지지만, 개인의 노력에 의한 성과나 요구들도 존중하는 것이다.

연대에 대해 잉그바 카를손 · 안네마리 린드그렌(2009, 44-45)은 "사람들 간에 서로가 함께 속해 있다는 감정이다. 다시 말해 다른 사람에 대한 우리의 책임과 동시에 우리 역시 다른 사람에 의지하고 있다는 사실을 강조하는, 서로가 한곳에 소속되어 있다는 감정이다. 연대라는 말은 모든 사람은 사회적 존재로서 각 개인의 복지를 위해서도 상호의존적일 수밖에 없다는 사실, 그리고 사회는 그 출발점을 모든 사람의 행복에 둘 때만 가장 잘 돌아가고, 따라서 우리는 모두 이러한 공동선의 기여에 관심을 두어야 한다는 것을 실천적으로 표현한 것이다."라고 하였다. 토비아스 곰베르트(2012, 47)는 연대를 공동체와 서로에 대한 책임의 감정으로서, 일련의 공통된 이해관계에서 발생하는 것으로 보았다.

즉, 연대는 사람들이 한곳에 소속됨으로써 서로에게 느끼게 되는 책임 있는 감정으로, 경우에 따라 개인의 이익과는 반대되는 사회공동체의 공동이익을 위해 실천해야 하는 행동으로 설명이 가능하다.

독일 사회민주당의 함부르크 강령에서는 사회민주주의 관점에서 바라보는 "자유, 평등/정의, 연대"가 구체적으로 무엇을 의미하는지 확인할 수 있다. 함부르크 강령(Hamburger Program 2007)은 프랑스 혁명의 근본 사상인 "자유, 정의, 박애"를 유럽 민주주의의 근간으로 보고, 이와 연계하여 "자유, 정의, 연대"를 사회민주주의의 기본가치로 규정함과 동시에 정치적 현실을 평가하는

기준이고, 사회의 더 좋은 질서를 위한 척도이고, 사회민주주의자들의 행동 지침으로 설정하고 있다.[4]

<표 1> 함부르크 강령 내 사회민주주의 기본가치

구분	함부르크 강령
자유	자유는 스스로 결정하면서 살 수 있는 가능성을 의미한다. 모든 인간은 자유에게로 부름을 받았고, 자유를 가질 능력이 있다. 하지만 개인이 이 선택에 합당하게 살 수 있는지는 사회에서 결정한다. 개인은 손상된 종속성과 곤경, 두려움으로부터 자유로워야 한다. 그리고 사람들은 자신의 능력들을 펼칠 기회를 가져야 하며, 사회와 정치에서 책임 있게 협력해야 한다. 오직 사회적으로 충분히 보장받았다는 것을 아는 사람만이 그의 자유를 행사할 수 있다. 개인의 자유는 타인의 자유를 침해하는 곳에서 끝난다. 타인에게 부자유를 요구하는 사람은 장기적으로 스스로 자유로울 수 없다.
정의	정의는 모든 사람의 동등한 존엄성에 기반한다. 정의는 출신과 성별에 상관없이 동등한 삶의 기회를 갖는 것을 의미한다. 따라서 정의는 교육, 노동, 사회보장, 문화, 민주주의의 동등한 참여와 공공재에 대한 동등한 접근을 의미한다. 소득과 재산의 불평등한 분배가 사회를 타인을 자신의 뜻에 따라 움직이게 하는 사람과 움직여지는 사람으로 나눈다. 이는 동등한 자유에 대한 침해이며 정의롭지 못한 것이다. 그러므로 정의는 소득, 재산, 권력의 분배에서 더 많은 평등을 필요로 한다. 왜냐하면 분배에서의 불평등은 삶의 기회의 평등을 위태롭게 하기 때문이다. 그래서 사회적 민주주의는 반드시 필요하다.
연대	연대는 상호 결속, 소속감, 협조를 의미한다. 연대는 사람들이 서로를 위해 주고 서로 도와주려는 자세이다. 그것은 강자와 약자 사이, 세대 간, 국민 간에 통용된다. 연대는 변화를 지향하는 능력이다. 그것은 노동운동의 경험이다. 연대는 자발적이고 개별적인 도움의 준비 안에서 공동의 규칙 및 조직과 우리의 사회를 연결시키는 하나의 강력한 능력이다. 이는 정치적으로 보장되고 조직화된 복지국가에서도 동일하다.

* 출처 : Hamburger Program 2007:15-16.

4 Hamburger Program 2007, 14-15

"우리나라의 장애인 정책"

단계별 장애인 정책 발전 과정

보건복지부 홈페이지의 장애인 정책 이해를 위한 홍보 내용에 따르면 "우리나라의 장애인 정책은 크게 3단계로 구분하여 발전하였다고 설명하고 있다. 첫 번째 1980년대 장애인에 대한 관심 증대 단계는 UN이 1981년을 '세계 장애인의 해'로 정한 이후 전 세계적으로 장애인에 대한 관심이 증대됨에 따라 그 이전의 전쟁으로 인한 장애아동들에 대한 수용 구호 중심으로 추진되었던 정책이 본격적으로 장애인 복지에 대한 연구 및 정책으로 전환되어 수립·추진된 단계이며, 두 번째 단계는 1990년대 장애인의 권리보장을 위한 기틀을 마련한 단계로써 이 단계에서 정부는 저소득 장애인에 대한 생계비 지원 등 기본적 복지서비스 확충 및 장애인에 대한 의료, 직업, 교육, 재활의 기초를 마련하여 장애인의 인권과 인간다운 삶을 보장하는 원칙과 기준을 제시하였다. 세 번째 단계는 2000년대 장애인 정책의 확대 발전 단계로 장애인 편의시설 설치 확대, 장애 수당 도입, 장애인차별금지 및 권리구제 등에 관한 법률 제정, 활동 보조 지원사업 실시 등 장애인의 생활영역 전반으로 정책의 범위가 확대·발전한 시기이다."[5] <표 2>는 단계별 추진된 주요 정책으로 장애인 정책의 대상과 지원범위가 점점 확대되고 있음을 확인할 수 있다.

---

5 "장애인 정책의 이해", <보건복지부 홈페이지> http://www.mohw.go.kr/react/policy/index.jsp?PAR_MENU_ID=06&MENU_ID=06370101&PAGE=1&topTitle (검색일: 2022.03.20.)

<표 2> 단계별 주요 추진정책

구분	주요 추진정책
1980년대	• 1981년 심신장애자복지법 제정 • 1989년 심신장애자복지법을 장애인복지법으로 전면 개정
1990년대	• 1990년 저소득 중증·중복장애인 생계 보조 수당 지급 및 의료비 지원 장애인고용 촉진 등에 관한 법률 제정 • 1997년 장애인·노인·임산부 등의 편의증진 보장에 관한 법률 제정 • 1998년 「장애인인권헌장」 제정·공포 • 1998년 장애인 관련 국가종합계획의 수립 * 정부 부처별로 시행 중이던 장애인복지사업을 총망라한 '장애인정책 종합계획' * 1차 : '98~'02, 2차 : '03~'07, 3차 : '08~'12, 4차: '13~'17
2000년대	• 2000년 장애 인정 범위의 확대 * 지체, 시각, 청각, 언어, 지적장애에 국한되어 있던 장애 범주를 15개 유형으로 확대 • 2008년 장애인차별금지 및 권리구제 등에 관한 법률 시행 • 2010년 장애인연금법 제정 • 2011년 장애아동복지지원법 제정 및 공포 • 2012년 여성장애인 출산비용 지원사업 실시 • 2013년 외국인 및 재외동포 장애인 등록제도 시행 • 2019년 장애등급제 폐지

* 출처 : 보건복지부 홈페이지, "장애인 정책".

장애인정책종합계획

장애인복지법 제10조의2(장애인정책종합계획)에 따르면 장애인정책종합계획은 보건복지부장관이 장애인의 권익과 복지증진을 위하여 관계 중앙행정기관의 장과 협의하여 5년마다 장애인의 복지에 관한 사항, 장애인의 교육문화에 관한 사항, 장애인의 경제활동에 관한 사항, 장애인의 사회참여에 관한 사항, 그 밖에 장애인의 권익과 복지증진을 위하여 필요한 사항을 포함하여 수립, 시행하는 장애 정책의 장기발전 계획이다. 이는 1996년 국무총리를 위원장으로 하는 '장애인복지대책위원회'에서 결정되었으며, 1998년 1차 계획을 시작으로 현재는 5차 계획(2018~2022)까지 수립되어 시행되고 있다.

장애인정책종합계획은 장애인 삶의 전반적인 영역을 다루는 핵심적인 계획이다. 4차에 걸친 장애인정책종합계획 추진을 통해 장애인 정책이 체계적인 틀을 갖추게 되었고 관련 예산이 지속적으로 확대되는 등 장애인의 복지 수준 향상과 권리 증진을 위한 법 · 제도가 정비되었다(김성희 2018, 63).

지난 1~4차 장애인정책종합계획 목표와 주요 정책은 <표 3>과 같다.

<표 3> 장애인정책종합계획(1~4차) 목표 및 주요 정책

구분	1차 (1998~2003)	2차 (2003~2007)	3차 (2008~2012)	4차 (2013~2017)
목표	장애인의 완전한 사회참여와 평등 보장	장애인이 대등한 시민으로 통합적 사회실현	장애인의 권리에 기반한 참여 확대와 통합사회 실현	장애인과 비장애인이 더불어 행복한 사회 실현
주요 정책	장애 범주 확대, 장애인 고용지원	장애 수당 확대, 장애아 무상보육, 문화바우처 도입	장애인연금 도입, 장애인 활동 지원 서비스 도입	장애등급제 개편 및 맞춤형서비스 지원 체계 시범사업

* 출처 : 관계부처 합동(2018. 3. 5.) 제5차 장애인정책종합계획(2018~2022), 참고자료 재구성.

2018년 정부가 발표한 5차 장애인정책종합계획(2018~2022)에 의하면 5차 계획은 복지 · 건강 지원체계 개편, 교육 · 문화 · 체육 기회 보장, 경제적 자립 기반 강화, 권익 및 안전 강화, 사회참여 활성화의 5대 분야, 22개 중점과제를 선정하여 시행 중이며, 장애인과 비장애인의 삶의 격차를 완화함으로써 "장애인의 자립생활이 이루어지는 포용 사회 건설"을 정책목표로 하고 있다.

제5차 계획은 수립 전 과정에 장애계의 참여를 보장하였고, 장애계가 참여하는 민관협의체를 구성 · 운영하였으며, 장애인의 탈시설 실현, 장애등급제 폐지, 장애인 최저임금 적용 제외 개선 등 장애계의 제안 과제도 적극적으로 반영하였다(김성희 2018, 67).

<표 4>는 제5차 장애인정책종합계획의 분야별 22개 중점과제이다.

<표 4> 제5차 장애인정책종합계획 분야별 중점과제

분야	중점과제
복지·건강 지원체계 개편	• 장애인 권리보장 및 종합지원체계 구축 • 탈시설 및 주거지원 강화 • 활동 지원 내실화 등 복지서비스 확대 • 재활의료 전달체계 구축 및 접근성 강화 • 장애인 건강 수준 향상을 위한 기반 마련
교육·문화·체육 기회 보장	• 장애 영유아 보육·교육 지원 강화 • 장애 학생 교육권 보장을 위한 특수교육 기반 강화 • 진로 및 평생교육 지원 강화 • 문화·예술 활동 및 관광·여가 향수 기회 보장 • 장애인 체육·스포츠 향유 기회 보장
경제적 자립기반 강화	• 장애인 소득보장 급여 개편 • 소득보장과 고용지원 서비스 연계 강화 • 고용서비스 및 직업재활 지원 강화 • 장애인중소벤처기업 지원
권익 및 안전 강화	• 장애인 인권 보호 강화 • 재난·안전 지원시스템 강화 • 발달장애인 서비스 지원 강화 • 여성장애인 지원 강화
사회참여 활성화	• 장애인 정보 접근성 강화 • 장애인 이동권 보장 강화 • 편의 증진·의사소통 지원 강화 • 장애인 정책 국제협력 강화

* 출처 : 관계부처 합동(2018. 3. 5.) 제5차 장애인정책종합계획(2018~2022), 참고자료 재구성.

장애인 정책 주요 현안

① 부양의무제 폐지

우리나라에는 현행법률상[6] 직계혈족과 배우자가 가족을 부양해야 한다는 법이 존재하는데 이를 "부양의무제"라 한다. IMF 구제금융 이후 발생한 수많은 실업자와 빈곤층을 구제하기 위하여 1999년 국민기초생활 보장법을 제정하여, 저소득 국민에게 생계 · 주거 · 의료 · 교육 등에 필요한 경비를 주어 최소한의 기초생활을 제도적으로 보장해 주고 있으나, 일정 수준의 소득 또는 재산이 있는 가족이 있으면 부양의무제에 따라 이러한 국가적 복지혜택을 받을 수 없게 되어, 부양의무제는 기초생활보장 사각지대 발생 원인으로써 꾸준히 비판받아 왔다.

홍석한(2018, 21)은 "기초생활보장법은 지나치게 비현실적인 수급요건으로 인하여 복지의 사각지대를 광범위하게 만든다는 비판을 받아왔는바, 무엇보다 부양의무자 기준이 이러한 비판의 핵심을 차지하였다. 수차례 이루어진 법률의 개정을 통해 부양의무자의 범위와 부양의무자 기준 적용의 범위가 지속적으로 개선되어 왔지만 기본원리의 관점에서의 정당성에 대한 의문과 현실적 측면에서 사각지대 발생의 문제는 여전히 남아 있다."라고 진단하였다.

보건복지부는 모든 국민의 기본 생활이 보장될 수 있도록 '국민최저선'을

---

6 민법 제974조(부양의무) 다음 각호의 친족은 서로 부양이 의무가 있다.

1. 직계혈족 및 그 배우자간
2. 삭제 <1990.1.13.>
3. 기타 친족간(생계를 같이 하는 경우에 한한다.)

국민기초생활 보장법 제3조(급여의 기본원칙)

② 부양의무자의 부양과 다른 법령에 따른 보호는 이 법에 따른 급여에 우선하여 행하여지는 것으로 한다. 다만, 다른 법령에 따른 보호의 수준이 이 법에서 정하는 수준에 이르지 아니하는 경우에는 나머지 부분에 관하여 이 법에 따른 급여를 받을 권리를 잃지 아니한다.

보장하겠다는 목표 아래 부양의무자 기준 단계적 폐지 등의 내용을 핵심으로 하는 제1차 기초생활보장 종합계획(2018~2020)을 발표했고,[7] 2020년 8월 확정된 "제2차 기초생활보장 종합계획"에서는 부양의무자 기준을 2021년 노인과 한부모 가구를 대상으로 폐지하였고, 2022년에는 그 외 가구 대상으로 전면 폐지할 것을 발표하고, 이를 순차적으로 시행하고 있다.

장애 정책의 기본적인 목표를 장애인이 기본적인 생활을 누릴 수 있도록 소득의 안정을 보장하는 것과, 장애인의 완전한 사회 참여를 확보하는 것으로 보았을 때(이소영 2011, 32), 부양의무제 폐지는 장애인 모두가 부양가족의 유무와 관계없이 국가로부터 개별 생계급여 혜택을 받을 수 있고, 이는 소득의 안정 측면에서 장애로 인한 빈곤으로부터 일정 벗어날 수 있음과 동시에 자립적으로 독립생활이 가능한 여건 마련의 마중물이 됨으로써 장애 정책의 기본적 목표 달성에 부응하길 기대한다.

② 장애등급제 폐지

장애등급제는 장애인에 대한 각종 지원을 차등적으로 제공하기 위하여 의학적 기준으로 장애인을 1등급에서 6등급으로 구분하는 제도로써 우리나라에는 1988년 도입되었다. 하지만, 이러한 획일적이면서 기계적인 장애등급제는 장애인의 개별적 욕구와 환경을 반영하지 못한다는 주장과 사람을 등급으로 나누는 것에 대한 인권 침해 문제 등이 지속해서 제기됨에 따라, 2019년 7월 1일부로 기존의 장애등급제가 폐지되고 장애 정도에 따라 '정도가 심한 장

7 "부양의무자 기준 단계적 폐지…복지 사각지대 없앤다.", <대한민국 정책브리핑>, 2017.08.10., https://www.korea.kr/news/policyNewsView.do?newsId=148840992 (검색일: 2022.03.23.)

애인'과 '심하지 않은 장애인'으로 구분하는 것으로 변경되었다. 장애등급제 폐지는 장애인 개인의 다양한 욕구를 반영한 서비스 지원기반을 마련하고 수요자 중심의 접근성 높은 맞춤형 지원체계 구축을 목적으로 하고 있다.

문재인 정부는 '장애등급제 단계적 폐지'를 국정과제로 채택하여 장애인 단체 등 의견수렴 과정을 거쳐 장애인복지법 개정과 관계부처 관련 법령 정비를 추진했다. 그 결과 2019년 7월 1일부터 장애등급제를 단계적으로 폐지했다. 장애등급제 폐지의 핵심은 '수요자 중심의 장애인 지원체계'를 만드는 데 있다. 그동안의 지원체계가 공급자 관점에서 정책개발 · 집행이 편리하여지도록 만든 체계였다면, 새로운 지원체계는 개개인의 욕구와 환경을 더 세밀하게 고려해 서비스 지원하는 것을 목표로 하고 있다.[8]

다만, 공공이 주도적으로 서비스를 제공하고, 장애인은 본인 욕구를 고려하여 참여하게 되는 장애등급제 개편에 대하여 정책 효과를 기대하기 위해서는 등급에 의한 차별 해소와 함께 장애인에 대한 사각지대 해소 등 복지서비스 확충이 기본적으로 전제되어야 할 것이다(나운환 외 2020, 237-238).

③ 탈시설화 정책

거주 시설 이용 장애인은 2020년 기준 628개소(단기 거주 시설, 공동생활가정 제외) 24,980명으로 확인되고 있다.[9] 탈시설화 정책이란 "거주 시설 이용 장애인

---

8 "장애등급제 폐지", <대한민국 정책브리핑>, 2020.02.28., https://www.korea.kr/special/policyCurationView.do?newsId=148866962 (검색일: 2022.03.20.)

9 "장애인 거주 시설 입소 장애인의 생활실태 전수 조사 실시", <보건복지부 홈페이지>, 2020.09.09., https://www.mohw.go.kr/react/al/sal0301vw.jsp?PAR_MENU_ID=04&MENU_ID=0403&CONT_SEQ=359820 (검색일: 2022.03.25.)

이 거주공간을 시설에서 지역사회로 이전하고, 가정과 같은 보편적인 환경에서 거주 서비스를 제공하며, 제약을 최소화하고 거주인의 자율성을 보장하고, 사생활과 소유권을 보장하며, 사회적 관계와 심리적 회복을 통해 지역사회에 포함되어 인간답게 살아갈 수 있도록 지원하는 정책"을 의미한다(박숙경 2017, 15). 이러한 탈시설화 정책은 거주 시설에 수용된 장애인이 자기결정 없이 거주를 강요당하며 인권 침해, 성추행 등 각종 범죄 등에 빈번히 노출되고, 거주 시설이 장애인 개개인의 서비스 요구에 대응하기 어려운 현실적 문제 등으로 시민단체 등에 의해서 시설 거주 장애인의 지역사회로의 거주 전환 필요성이 꾸준히 제기되었다.

정부는 최근 5차 장애인정책종합계획(2018~2022) 수립 시 중점과제 중 하나로 "탈시설 및 주거지원 강화"를 채택하였으며, 세부 내용으로 '탈시설지원센터' 설치, 공공임대주택 제공, 자립정착금 지원, 중증장애인자립생활지원센터 지원 확대 추진 등 시설 거주 장애인의 자립생활 전환 지원체계를 마련하고, 아파트형 등 일반주택에 그룹홈 설치 등 새로운 거주 서비스 유형을 개발함과 동시에 공공임대주택 공급 확대, 주거급여 지원 대상 확대를 통한 재가 장애인에 대한 주택지원 강화를 추진하고 있다.

또한, 2021년 8월 제23차 장애인정책조정위원회 회의에서는 "탈시설 장애인 지역사회 자립지원 로드맵과 장애인권리보장법 제정 및 장애인복지법 전면 개정 추진방안"을 심의·확정하였다. 이는 장애인의 주거결정권 보장 및 지역사회에서 생활할 권리를 우선 고려해 탈시설 장애인이 독립생활 할 수 있도록 물리적 거주공간과 복지서비스를 결합해 지원하고, 거주 시설 신규개소 금지 및 거주인의 자립생활을 촉진할 수 있도록 거주 시설 변환을 지원해

2025년부터 단계적으로 매해 740여 명의 자립을 지원, 2041년에는 지역사회 전환이 마무리를 목표로 하고 있다.[10]

다만, 탈시설화 정책은 장애인이 거주 시설에서 나와 인간답게 살아갈 수 있도록 유도하는 정책임에도 불구하고 장애인 인권단체와 장애인 부모단체 간의 찬반 논란이 꾸준히 제기되고 있다. "거주 시설에서의 잠재적 인권 침해에 대하여 강력한 탈시설화 정책 추진이 필요하다."라는 인권단체와 "충분한 장애인 지원시스템이 갖춰지지 않은 상황에서의 탈시설화는 장애인 부모에게 고통을 가중할 것이다."[11]라는 일부 부모단체 간의 이견은 좁혀지지 않는 실정이다.

④ 장애인 이동권 보장

장애인의 이동권은 "장애인이 사회 전 분야에 걸쳐 기회의 균등과 적극적 사회참여를 목적으로 교육, 노동, 문화생활을 할 수 있는 근본적 권리로 정의하거나, 장애인이 인격을 발현하고 일상적인 정치 · 경제 · 사회 · 문화생활을 영위하기 위하여 비장애인과 동일하게 정보에 접근할 수 있으며 각종 공공시설 및 교통수단 등 일체의 서비스에 접근할 권리"로 정의된다(박창석 2021, 86).

장애인 이동권에 대한 사회적 관심은 지난 2001년 1월 장애인 부부가 경기

---

10 "탈시설 장애인 지역사회 자립지원 로드맵 나왔다", <대한민국 정책브리핑>, 2021.08.02., https://www.korea.kr/news/policyNewsView.do?newsId=148891069 (검색일: 2022.03.20.)

11 "장애인 탈시설화 그림자 … 가족들 하루만 살아봐", <경인일보>, 2021.07.27., http://www.kyeongin.com/main/view.php?key=20210726010004824 (검색일: 2022.03.25.)

도 시흥시 지하철 4호선 오이도역에서 장애인 리프트를 타고 1층 승강장으로 내려가다 추락하여 사망한 사고에서 출발한다. 당시 장애인과 가족들은 '장애인이동권연대'를 결성하여 "지하철 역사 엘리베이터를 설치, 저상버스 도입, 특별교통수단 도입" 등 장애인 이동권 보장을 요구하였다.[12]

이후 정부는 교통약자인 장애인의 이동권 보장을 위해 특별교통수단, 저상버스 등을 보급하고, 여객시설 및 보행환경의 이동 편의 개선을 위해 지속 노력하였으나, 수요자 증가, 여건 변화 등으로 인해 장애인들에게는 여전히 만족스러운 결과를 보이지 못하고 있다. 2022년 3월 엘리베이터가 없는 지하철역은 20곳이 넘고, 전국 저상버스 도입률은 20%대에 불과하다.[13] 이에 전국장애인차별철폐연대는 장애인의 완전한 이동권 보장을 위해 지하철역 승·하차 시위를 시작으로 출근길 지하철역 이동권 보장 촉구 시위를 지속 펼치고 있다.

장애인 이동권 보장은 단순히 장애인이 목적지로의 이동을 위한 편의 제공만을 의미하는 것이 아니라, 타인 및 환경과 상호작용하며 삶을 영위하는 사회 기능적인 요소이다(박창석 2021, 87). 따라서 장애인이 노동권, 교육권 등 다른 기본권을 보장받기 위해 이동권 보장은 선행되어야 하는 필수적 요소임을 고려하여, 장애인의 이동권 보장 요구에 귀 기울임과 동시에 지속적인 관심과 예산 확대가 필요한 실정이다.

12 "오이도역 장애인리프트 추락 참사 21주기 장애인권리예산 확보를 위한 지하철 여행 및 캠페인", <전국장애인차별철폐연대 홈페이지>, 2022.01.20., http://sadd.or.kr/data/16687 (검색일: 2022.03.20.)

13 "유명무실 장애인차별금지법..."장애인 이동, 배려 아닌 권리"", <YTN>, 2022.03.20., https://www.ytn.co.kr/_ln/0103_202203200528337275 (검색일: 2022.03.25.)

⑤ 장애인 재난 · 안전 지원

소방청에서 발행한 "2020년 화재통계연감"에 따르면 2020년 발화장소/사상 전 상태(인적)별 인명피해 현황에서 사망자 419명 중 정신 · 지체 장애인은 33명 7.9%를 차지하고 있다. 이는 수면 중 64명(15.3%), 음주 상태 45명(10.7%) 다음으로 높은 순위이다. 또한 2016년 국가화재통계에 따르면 화재 사상자 중 사망자 비율은 장애인 43.6%, 비장애인 13.7%로 각종 통계자료를 통해 장애인에 대한 재난 · 안전 취약성과 지원의 필요성을 확인할 수 있다.

김정은, 김경화, 조태흥(2019, 1728 재인용)에 따르면 "장애인은 재난 안전 상황 시 자신의 의지나 욕구에 따라 대피나 대응, 복구 등의 노력에 있어 통제 취약성과 다른 사람의 도움에 의존적일 가능성이 크고, 이러한 대처 능력의 어려움은 곧 심각한 사고로 이어질 위험성이 높으므로 대표적인 재난 안전 취약 집단으로 간주하고 있다."

따라서 장애인을 위한 안전 설비 설치, 재난 안전 교육 기회 제공 등 안전 인프라 구축은 과도하다 할 정도로 필요한 상황이다. 이에 정부는 5차 장애인정책종합계획(2018~2022) 수립 시 재난 · 안전 지원시스템 강화를 중점과제로 선정하여 장애인 재난 · 안전 지원 정책기반을 구축하고, 시청각 장애인을 위한 경보 · 피난 · 안전 설비 기준을 강화하며, 장애인 재난 · 안전 교육 및 대응 매뉴얼 개발 · 보급을 과제로 선정하여 추진하고 있다.

"자유, 평등/정의, 연대 관점에서의 장애인 정책 평가와 나아갈 방향"

우리나라의 장애인 정책은 사회민주주의의 기본가치 관점에서 살펴보면 장애인의 자유, 평등/정의의 보장과 장애인-비장애인의 연대 수준이 꾸준히 향상되고 있다고 할 수 있다. 특히, 탈시설화 정책은 과거 장애인과 비장애인 간 "대립적 연대"로 인해 장애인의 자유와 평등/정의의 가치가 비장애인에 의해 일부 부정됐던 것을 최근에는 장애인-비장애인 간 경계를 무너뜨리고 "진정한 연대"로 전환되고 있는 대표적 정책으로 평가할 수 있다. 또한 부양의무제 폐지, 장애등급제 폐지 등은 장애인 단체를 포함하여 많은 시민단체가 오랫동안 주장한 정책으로써 우리 사회가 결국은 장애인-비장애인의 "공동연대"로 가고 있다는 방향성을 보여주고 있는 대표적인 정책이라 할 수 있다. 또한 장애인 이동권 보장, 장애인 재난 · 안전 지원 등의 다양한 정책 실현은 장애인이 인간의 존엄성을 보장받음과 동시에 비장애인과 차별화되지 않도록 하는 자유와 평등이 강조된 정책으로써 평가된다.

다만, 이러한 상황 속에서도 더 나은 발전을 위해 장애인 관련 선진 정책 국가인 스웨덴을 참고할 필요가 있다. 신필균(2011, 158-159)에 따르면 "스웨덴의 장애인 정책은 모든 사람은 동등한 가치를 지니며, 동등한 권리가 보장된다는 원칙에서 출발한다. 장애가 있는 사람과 사회구조 및 환경 사이에서 발생하는 문제를 해결하기 위해 노력하며, 장애가 있는 개인을 돕는 것에 초점을 맞추는 것이 아니라 그를 둘러싼 환경과 조건 속에서 과연 이들이 정상적으로 생활할 수 있는지에 중점을 두고 있다." 이는 국가와 사회가 장애인이 비장애인과 결국 똑같은 삶을 누릴 수 있도록 보장하려 하는 것이다.

장애인 정책은 궁극적으로 장애인들이 일반시민들과 평등한 생활 조건 속에서 사회의 일원으로 참여할 수 있도록 하는 것이다. 이를 위해서 우리나라에서도 장애인과 비장애인의 공존이 더욱 공고할 수 있는 장애인 정책을 시행하도록 노력해야 하며, 이를 위해 장애인 정책을 수립 · 시행하는 과정 중 다음 사항들을 고려해야 할 것이다.

첫째, 장애인들에게 더 높은 수준의 자유와 평등/정의를 실현해 주고 장애인-비장애인 간 연대를 더욱 강화해 나가기 위해서 정책 전반의 수립 · 시행 과정에서 장애인과 장애인 가족의 참여와 공감을 기반으로 한 상향식(Bottom-up) 정책 수립이 지속해서 필요할 것이다. 계획수립 · 평가과정에서 장애인 단체 및 가족을 포함한 당사자의 직접적인 참여 기회가 적극적으로 보장되어야 한다.

둘째, 각종 문제 해결에 있어서 선택적 강요를 수반한 단일방안(Single alternative) 수립은 지양되어야 한다. 예를 들면 최근 추진 중인 탈시설화 정책에 대해 일부 장애인 가족은 어려운 가정형편과 인권 사각지대 발생 우려를 이유로 반대를 하는 실정이다. 따라서 새로운 정책을 수립하고 시행할 때는 단일방안으로 장애인과 장애인 가족에게 선택을 강요하기보다는 사안에 따라서 다양한 선택(Multiple choice)의 여지를 두는 등 정책 수요자가 상황에 맞춰 결정할 수 있는 여건을 함께 마련해야 할 것이다.

셋째, 이미 높은 수준의 복지국가로 발전한 여러 유럽 국가에서 보았듯이 선진 장애인 정책은 장기간 전 국민의 사회적 합의를 통해 실현했다. 따라서 특정 소수만이 만족하는 성과 중심의 급진적 변화보다는 전 국민이 공감할 수 있는 점진적 변화를 위해 노력해야 할 것이다. 장애인 정책은 정책의 신규 수립과 변화 이전에 다양한 홍보 등을 통한 전 국민의 공감대 형성이 선행되어야 할 것이다. 문석남(1993, 37)에 따르면 "스웨덴 장애인들은 일찍부터 조직화되기 시작하여 전국 규모로 조직을 확대해 갔으며, 이러한 조직망을 동원하여 장애인 문제와 정책에 대한 시민들의 관심을 환기하는 운동을 줄기차게 전개해 온 전통을 지니고 있다." 이러한 스웨덴의 장애인 정책 선진화 과정을 우리나라 장애인과 장애인 정책 관계자들은 늘 염두에 둘 필요성이 있다.

넷째, 장애인 정책 선진국으로 도약하기 위해서 장애인 정책 전반에 대하여 독립적으로 관리 · 감독할 수 있는 기구 또는 제도의 신규 설치를 고려해 볼 필요가 있다. 예를 들어 1994년 스웨덴은 유엔의 장애인 기준과 부합되는지를 감독하고 장애인의 사회 접근성을 확대 · 발전시키기 위해 장애인 옴부즈만 제도를 도입했다. 이 제도는 독립된 정부 기관으로, 장애인이 교육기관을 포함하여 일상적인 공간에서도 차별을 받지 않도록 감독하고, 차별 행위에 대해 직접 제지할 권한을 부여받고 있다(신필균 2011, 162). 관리 · 감독 · 제재 권한을 모두 가진 독립적인 기구 또는 제도의 도입은 장애인 정책을 수요자 중심으로 빠르게 재편할 수 있을 것으로 기대할 수 있다.

본 글을 통해 사회민주주의의 기본가치와 우리나라의 장애인 정책에 대해 살펴보고, 장애인 정책이 발전하기 위한 거시적 방향을 제시해 보았다. 방대한 영역인 장애인 정책을 섬세하게 다루지 못한 탐색 수준의 글이나, 사회민주주의 기본가치인 "자유, 평등/정의, 연대"를 우리나라 장애인 정책과 연계하여 살펴본 것에 의의를 둔다.

참고문헌

김성희. 2018. “장애인정책종합계획의 현황과 발전 방안.” 『보건복지포럼』, 62-71.

김정은 · 김경화 · 조태흥. 2019. “장애인의 재난안전 인식 수준과 영향 요인 탐색.” 『인문사회 21』10월 5호, 1727-1739.

나운환 · 권선진 · 박경순 · 남정휘 · 이혜경 · 송창근. 2020. 『장애정책의 이해』. 파주: 정민사.

문석남. 1993. “스웨덴 장애인정책의 이념과 지원시책.” 『현대사회과학연구』, 29-57.

박숙경. 2017. 『장애인 탈시설 방안 마련을 위한 실태조사』. 서울: 국가인권위원회

박창석. 2021. “기본권으로서의 장애인 이동권.” 『법학논총』 38권 4호, 77-110.

박한규. 2007. “지구화 시대에 있어서 안보 개념의 다차원적 분석: 인간안보를 중심으로” 『국제지역연구』, 11권 3호, 984-1,003

박혁. 2009. “정치 현상으로서의 자유: 한나 아렌트(Hannah Arendt)의 ‘정치적 자유’ 개념” 『사회와 철학』 18호, 417 - 456.

신필균. 2011. 『복지국가 스웨덴: 국민의 집으로 가는 길』. 서울: 후마니타스.

알렉산더 패트링 외 저 · 조혜경 역. 『복지국가와 사회민주주의』. 파주: 한울.

이상환. 2008. “전염병과 인간안보, 그리고 국가안보.” 『국제지역연구』, 12권 3호, 229-246

이소영. 2011. “OECD국가의 장애정책 패러다임 전환.” 『글로벌사회복지연구』 1권 1호, 31-52.
잉그바 카를손, 안네마리 린드그렌 저. 윤도현 역. 『사회민주주의란 무엇인가』. 서울: 논형.
전웅. 2004. “국가안보와 인간안보.” 『국제정치논총』 44집 1호, 25 - 49.
토마스 곰베르트 외 저 · 한상균 역. 『사회민주주의의 기초』. 파주: 한울.
홍석한. 2018. “국민기초생활 보장법상 수급요건으로서 부양의무자기준에 대한 고찰.” 『법학연구』 29권 1호, 1-26.

관계부터 합동. 2013. “제4차 장애인정책종합계획(2013~2017).”
관계부처 합동. 2018. “제5차 장애인정책종합계획(안)(2018~2022).”
관계부처 합동(보건복지부, 국토교통부, 교육부). 2020. “제2차 기초생활보장종합계획(2021~2023)(안).”
소방청. 2021. “2020년 화재통계연감.”
한국장애인개발원. 2021. “2021 장애통계연보.”
한국장애인개발원. 2021. “거주시설 장애인 복지환경 기초조사 연구.”

국가통계포털 https://kosis.kr/index/index.do
경인일보 http://www.kyeongin.com/main/index.php
대한민국 정책브리핑 https://www.korea.kr/main.do
보건복지부 홈페이지 http://www.mohw.go.kr/react/index.jsp
유엔개발계획 홈페이지 https://www.undp.org/
인간개발보고서 홈페이지 https://hdr.undp.org/
전국장애인차별철폐연대 홈페이지 http://sadd.or.kr/
YTN https://www.ytn.co.kr/

제5장

한국에서의 여성안보

정다빈 (한국외국어대학교)

들어가며

유엔개발계획(United Nations Development Programme, UNDP)은 인간개발보고서(The Human Development Report)를 통해 처음으로 인간안보를 제시하였다. 인간안보는 기존의 국가와 군사적인 안보의 차원을 넘어 인간의 생명과 존엄에 대한 염려로 질병, 기아와 같은 고질적인 위협 외에도 실업, 범죄, 사회적 갈등, 그리고 정치적 억압 등과 같은 갑작스러운 환경적 위험으로부터의 보호까지를 포함하여 의미하는 인류의 보편적인 관심사라 할 수 있다(UNDP 1994, 22). 이러한 인간안보는 경제안보(economic security), 식량안보(food security), 보건 안보(health security), 환경안보(environmental security), 개인안보(personal security), 공동체안보(community security), 그리고 정치적 안보(political security)로 크게 분류되고 비전통적이고 비군사적인 다양한 이슈들을 포괄적으로 다루며, 과거에는 배제되고 소외되었던 개인과 집단에 대한 관심의 확대로 이어지게 하였다.

특히나 인간안보는 전통적인 인권표준에서 배제되었던 '여성'에 대한 접근을 가능케 하였다. 유엔은 세계인권선언(Universal Declaration of Human Rights)에서 인간은 모두 태어날 때부터 자유롭고, 존엄성과 권리에 있어서 평등하며, 성별이 다를지라도 모두 평등함을 천명하였지만, 여성들의 자유와 존엄성 그리고 평등은 법과 제도, 관습과 사회구조 속에서 남성들과는 다르게 이루어졌음을 알 수 있다. 그리고 18세기 여성해방운동에서 20세기 여성 참정권 획득까지 여성들은 부당한 억압과 차별을 극복하기 위해 부단한 노력을 해왔음에도 불구하고 가정이라는 사적 영역과 직장 및 사회와 같은 공적 영역 내에서 여성들이 받는 비가시적이고 실질적인 불평등은 여전히 근절되고 있지 못한 것이 현실이다.

전 세계의 약 40억 명의 여성들은 단지 여성으로 태어났다는 이유만으로 가해지는 여러 형태의 공포와 폭력, 종속된 결혼생활, 성적 학대 및 착취 등 일상적이고 광범위한 폭력에 노출되고 있음에도 이에 대한 국가의 적절한 보호조치나 규제를 기대하기는 어려운 실정이기도 하며, 몇몇 국가에서는 남성 위주의 사적·공적 권력을 타파하려고 노력조차 하지 않고 있다(Ashworth 1995).

이처럼 인류의 절반이 여성임에도 불구하고 전 세계 다수의 여성은 차별과 학대의 대상으로 인간의 권리를 보장받지 못하고 있는 현실과 더불어 여성의 인권과 안전은 다른 인간안보 분야보다 상대적으로 주의 되지 못하고 있으므로 여성안보는 인간안보 중에서도 가장 시급한 사안이라고 할 수 있다. 더군다나 한국과 같이 유교나 여타종교에서 비롯된 가부장적 문화가 사회 전반에 뿌리 깊게 자리 잡은 국가에서는 여성 인권을 보호하고 증진하기 위한 여성

<그림 1> 2020년 국가별 여성 인구 비율

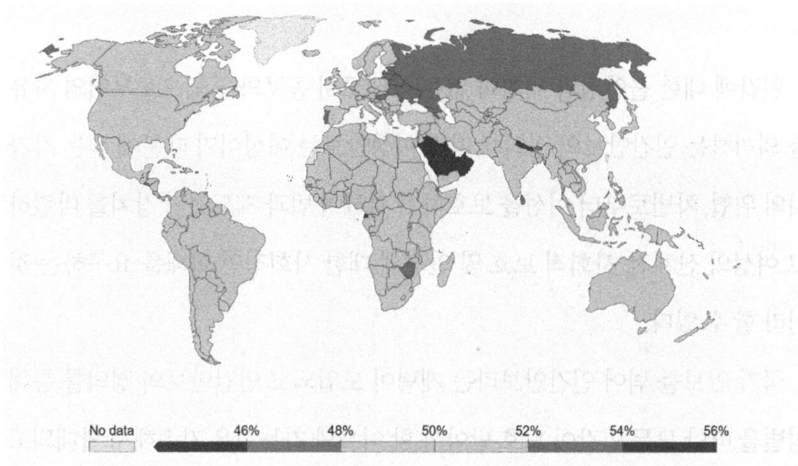

자료: World Bank
출처: Hannah Ritchie and Max Roser (2019) - “Gender Ratio”. Published online at OurWorldInData.org. Retrieved from: ‘https://ourworldindata.org/gender-ratio’ [Online Resource]

친화적이고 평등한 제도적 조치가 소극적이거나 매우 제한적으로 나타날 수밖에 없다. 결과적으로는 기울어진 운동장 내에서 현존하는 제도의 효율성을 확대하기 위해서는 남성우위의 사회문화적인 측면에서 근본적인 변화가 동시에 수반되어야만 여성의 인권 보호를 넘어 여성의 역량 강화와 국가 내에 평등의 확립이 이루어지게 될 것이다.

냉전을 거쳐 탈냉전까지 모든 역사 속에서 안보의 부재로 인한 주된 피해와 희생을 겪는 집단은 여성이었다는 사실을 부정하기 어렵다. 그렇기에 인간안보로서 여성안보의 개념과 성평등 및 여성의 발전을 위한 세계표준을 살펴보며 그동안 주목받지 못하였던 인간안보 내 여성에 대한 접근과 함께, 전 세계적인 여성안보 차원에 맞춰 한국에서의 여성안보 현황을 분석해보고자 한다.

여성과 인간안보

인간에 대한 불안정과 위협이 없는 상태로서 공포와 궁핍으로부터의 자유를 의미하는 인간안보의 정의에 따라 여성안보는 여성이기 때문에 겪는 각가지의 위협, 차별로부터 여성을 보호하기 위하여 법과 제도적인 장치를 마련하고 여성의 신체적, 사회적 보호 및 안전에 대한 사회적인 이해를 요구하는 것이라 할 수 있다.

국가 안보를 넘어 인간안보라는 개념이 도입되고 인간안보의 정의를 통해 성별을 떠나 모든 인간이 보호 받아야 할 이유와 가능성은 지속해서 확대되고 있다. 그런데도 여성은 가부장제에서 비롯되는 위협과 차별, 가족이라는 핑계로 발생하는 가정폭력, 성폭력, 인신매매 등과 같이 일반적이고 일상적으로 노출되고 있으며, 이러한 문제를 포함하여 질병, 기근과 같은 자연재해 및 전쟁과 난민 등의 특수한 위기 상황까지 인권 침해가 발생하였을 때는 여성이 남성보다 신체적으로나 사회적으로 약자이기 때문에 상대적으로 더 많은 고통과 피해를 겪게 될 가능성이 크다. 그렇지만 여성이기 때문에 당면하게 되는 다양한 문제들이 명백하게 존재하고 있음에도 사회 내에서 이를 무시하거나 간과하고 있으며, 성별을 떠나 인간이면 누구나 겪을 수 있는 문제에 대해서는 남성을 위주로 하여 해결하는 등, 여성에 대한 안전과 보호는 실질적인 측면에서 그 정도가 미흡하고 더딘 상황이 지속되고 있는 것이 현실이다. 또한 인간안보는 평균적이고 일반적인 개념이기 때문에 여성이기에 겪게 되는 다수의 문제, 즉, 개인의 문제로써 다루기에 앞서 그것들이 사회구조적인 부조리에서 비롯된 것임을 충분하게 반영하지 못하고 있다는 점에서 여성의 인권 및 문제에 대한 보다 근본적이고 생산적인 해결이 필요하며, 이를 위해 소외된 여성들에게 권력을 실어주는 차원으로 확대돼야 할 필요성이 충분히 있다.

그렇지만 특정한 그룹을 강조하게 될 때는 이에 대조되는 다른 그룹이 소외되거나 간과될 위험성이 존재하며, 특정된 타깃 그룹에 대한 보호가 결과적으로 자원의 배분문제나 집단 간의 경쟁 및 분쟁과 같은 심각한 사회적 문제로 이어지게 될 가능성도 크다. 결국 여성이라는 타깃 그룹을 보호하는 것은 타협의 문제로 치부될 수 있는데, '여성' 그룹에 어떠한 권한이나 기회가 부여될수록 대조 그룹인 '남성' 그룹에서 상대적인 박탈감을 표출할 수 있으며, 새로운 권한을 갖게 된 여성과 기존의 기득권인 남성 간의 갈등이 표면화될 심각한 우려가 존재한다(이신화 2004, 127). 그렇지만 과거에서부터 여성들은 사회구조적으로 소외되거나 배제되어왔으며, 역사상으로 여성의 지위나 역할이 두드러지거나 강조된 경험이 전무하기 때문에 여성안보를 통하여 인간안보를 젠더링(gendering)하고자 하는 시도는 여성을 강조하여 남성을 배제하는 것이 아니라 인간사의 저변에 깔린 불평등함을 정상상태(normal state)로 복귀하는 것을 그 목적이라고 볼 수 있다(Chun 2003).

또한 여성안보는 여성만을 절대적으로 타깃 하는 것이 아니다. 유엔 사무총장인 안토니우 구테흐스(Antonio Guterres)는 "남성이 지배하는 세계와 남성이 지배하는 문화 속에서 우리는 살고 있다. 우리가 여성의 권리를 모두의 공동목표이자 만인을 이롭게 하는 중요한 변화의 길로 생각할 때, 비로소 우리는 균형을 바로 잡을 수 있을 것이다"라고 언급하였다.[14] 이처럼 여성안보에서는

---

14 차미례. 2019. "구테흐스, '세계여성의 날' 맞아 여성의 권리 보호 강조." https://newsis.com/view/?id=NISX20190307_0000579482&cID=10101&pID=10100.(검색일: 2022년 3월 10일).

기존의 남성중심적이고 지배적이며, 통제적이었던 권력을 상호협력으로 이어지게 할 수 있는 능력으로 정의하기 때문에 결과적으로 여성안보를 넘어 공동체안보까지 성별과 관계없이 인간이 협력하는 방법을 도모하여 전 세계에 공통적인 문제 해결과 공동체발전에 기여할 수 있게 된다(Tickner 1988). 따라서 여성안보에 있어서 정상상태로의 회복은 최우선의 과제이며, 이것이 선행되어야지만 여성의 인권회복과 안보가 보장될 수 있을 것이다. 이에 더 나아가 여성을 약자나 소수자로만 간주하여 여성이 보호받는 수혜적인 측면을 넘어서 여성이 정책 또는 제도의 구축계획이나 의사결정과정에 적극적인 주도자로서 참여가 이루어진다면 성별을 떠나 개인과 개인 간의 공동체로서의 진정한 상호협력까지 확대될 수 있을 것이다.

과거부터 현재까지 여성의 권리와 안보를 위하여 수많은 노력이 진행되고 있다. 특히 유엔헌장에서부터 세계인권선언을 포함하여 여성에 대한 모든 형태의 차별 철폐 협약(Convention of the Elimination of All Forms of Discrimination against Women, CEDAW), 1993년 빈 세계인권회의, 1995년 제4차 베이징 세계여성회의 등을 통하여 다양한 국제협약과 국제규범이 성립되었으며, 유엔을 비롯한 국제기구들은 여성안보의 틀을 구성하기 위해 주력하여 젠더 평등성(gender equality), 젠더 주류화(gender mainstreaming), 그리고 여성 세력화(women's empowerment)라는 주요 개념을 정립하였다.

먼저 젠더 평등성(gender equality)은 개인이 지닌 권리 및 의무, 그리고 기회는 타고난 성별과는 전혀 관계가 없음을 의미한다. 다시 말하면, 모든 계획과 의사결정과정에서 여성과 남성의 인식, 이익, 필요 및 우선권이 동등한 비중을 지녀야 하고 이를 보장한다는 것으로 정량적, 정성적인 측면을 모두 지니고 있다. 즉, 남성과 여성이 똑같아야 한다는 뜻의 일반적인 평등과는 조금은 다른 개념이라 할 수 있다. 이러한 젠더 평등성이 확대되어야 하는 이유는 첫째, 여성과 남성 간의 동등한 권리와 기회, 그리고 의무를 지녀야 한다는 평등성의 문제는 인권과 사회적인 정의의 문제이며, 둘째, 남녀 간의 평등이 보장되어야지만 인간 중심적이고 지속 가능한 발전을 이룩할 수 있기 때문이다. 마지막으로 젠더 평등성은 하나의 지표로써 더 발전된 국가 또는 사회임을 나타내고 구분할 수 있는 효과적인 수단으로 사용되고 있다(전재성 2000, 93).

다음으로 젠더 주류화(gender mainstreaming)는 1985년 나이로비 세계여성회의에서 처음 소개되었으며, 이는 1995년 베이징에서 열린 제4차 유엔세계여성회의에서 행동강령으로 채택되어 국가 간 행동강령으로 처음 성립되었다. 1990년 중반 이후 유엔 회원국들은 젠더 주류화에 대한 정부 간 논의를 지속하였고, 1996년 유엔총회를 통하여 젠더 주류화를 공식적인 정책으로 도입하도록 하는 결의안을 채택하여 유엔 회원국은 물론이며, EU 회원국, 북유럽각료회의, OECD 등 다수의 국가와 국제기구에서 젠더 평등성을 증진하는 전지구적 전략의 일환으로 수용되고 확산하였다(마경희 2007).

전 세계적으로 여성은 남성보다 권력, 자원, 그리고 인권 및 제도에 대해서 평등하지 못한 접근과 통제가 이루어지고 있으며, 성차에 따라 젠더 주류화에 대한 필요성과 더불어 생활 조건 및 환경 역시 상이한 것이 현실이다. 여성과 남성의 상황적 차이는 국가, 지역, 연령, 민족(혹은 혈통) 또는 기타 요인에 따라서도 다르게 나타난다. 그러므로 정책 및 제도를 설계, 실행 및 평가할 때 이러한 성차를 고려하며 여성과 남성 모두에게 혜택을 주는, 즉, 불평등을 증가시키지 않고 양성평등을 향상하는 것을 목표로 해야 한다. 이에 따라 젠더 주류화의 정의는 정책 결정 과정 내에서 모든 정책의 수준과 단계에서 양성평등의 관점이 흡수되게 하는 것이다.[15] 그러나 현실적으로 여전히 양성평등은 이루어지지 않은 상태이기 때문에, 젠더 주류화는 여성이 중심이 되고 여성을 중점으로 하여 진행하고 확산시켜야 하는 시도가 더욱 시급하다고 할 수 있다.

마지막으로 여성 세력화(women's empowerment)는 여성들에게 정치적인 힘과 권력을 주어 인간으로서 자신의 삶을 주체적으로 꾸려나갈 수 있게 하는 것이다. 여기서 말하는 세력화는 여성의 힘 그 자체에서부터 실현되는 것으로, 여성의 이익과 권력을 증진하기 위해 여성들이 사회 전반에서 더욱더 능동적이고 적극적으로 참여해야 함을 강조한다. 특히 여성에게 권력이 부여되는 세력화라는 개념을 이해하는 데에 주의해야 할 것은 여성의 권력과 남성의 권력이 상충관계가 아니라는 점이다. 여기서 말하는 권력은 기존의 권력을 능가하거나 통제할 수 있는 권력을 가진다는 것이 아니며, 약자로서 지배당하지 않고 평등과 같은 공동의 목적을 이루기 위하여 개인 또는 집단의 힘을 사용하는 것을 뜻하기 때문에 남성의 권력을 빼앗아서 그것을 여성에게 주는 것이라고 이해하는 것은 올바르지 않다.

결국 양성평등은 여성이 자기의 삶에 직·간접적으로 영향을 주는 결정이나 정책에 유의미한 권력을 보유하고 있을 때 진정한 진전이 실현될 수 있을 것이며, 이렇게 권력을 소유한 여성들의 노력과 더불어 이러한 변화에 대한 남성의 충분한 이해와 동참이 수반된다면 여성안보는 자연스럽게 사회의 저변으로 자리 잡게 될 것이다(전재성 2000, 94).

---

15 https://www.coe.int/en/web/genderequality/what-is-gender-mainstreaming(검색일: 2022년 3월 20일).

정리하자면 여성을 주요 타깃으로 한 인간안보로서 여성안보는 먼저 여성이기 때문에 겪고 있는 억압과 차별 등 실질적인 어려움을 정확하게 인지하고, 여성이 당면하고 있는 여러 가지의 문제를 개인적인 차원으로 인식하는 것이 아니라 성차별적인 사회 · 정치적인 차원으로 바라보며, 이러한 불평등 해소를 위해 제도나 정책 개발 및 결정 과정에 여성 역시 남성과 동등하게 관여할 수 있도록 하여 실질적인 평등을 실현하게 해야 함을 의미한다. 따라서 여성안보는 여성 친화적인 법, 제도적인 지원과 더불어 여성에게 부조리하게 작용하고 있는 가부장적 문화와 관습을 근절하고 개선하여 여성과 남성이 인간으로서 동등한 권리를 부여 받고 이를 더욱 증대시켜나가는 과정이라고 할 수 있다.

<그림 2> 여성안보의 주요 개념

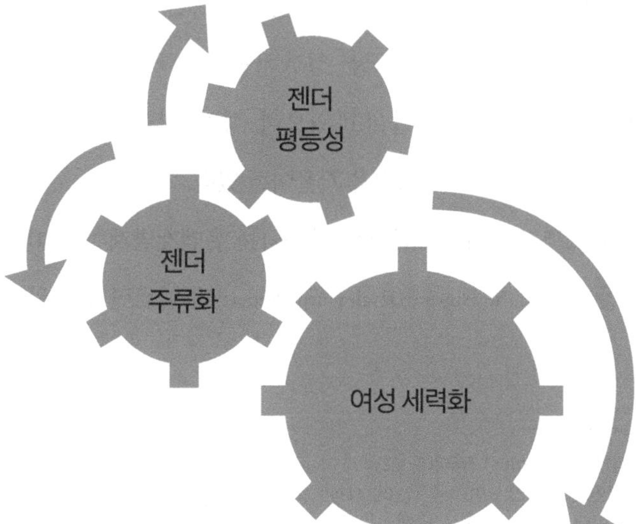

한국에서의 여성안보

주지하다시피 한국의 경우는 유교문화권에 속해 있어 가부장제하에서 남성중심적 문화가 사회 전반에 뿌리 깊게 자리 잡은 것이 현실이다. 그렇기에 오래전부터 여성은 언제나 주변부에 위치하였으며, 1990년대에 이르러서야 여아의 생존과 여성들의 교육, 사회진출, 경제활동 등에 대한 인식이 자연스럽고 당연하게 여겨지는 분위기가 조성되기 시작하였다. 이러한 변화는 소외되고 배제되는 여성과 이들이 겪고 있는 문제들을 해결하기 위하여 국가기구로써 여성가족부[16]가 도입된 시기와 맞물린다고 할 수 있다. 이와 같은 국가기구를 통해 여성들에게 안전한 사회와 더불어 여성들의 평등한 참여와 공정한 사회를 구성하기 위하여 노력하고 있으며, 더 나아가 여성의 대표성을 확장할 수 있도록 조력하고 여성 인적 자원의 개발과 활용을 위하여 여성의 경쟁력 확대에 주력하고 있다. 이처럼 한국은 정부 차원에서 국가부처를 설립하고 다양한 국제협약과 규범을 받아들이고 있으며, 정치 · 사회적 영역에서의 여성안보를 증진하고자 지속적인 노력을 기울이고 있다.

선진화 정도 평가의 세계표준으로 활용되는 유엔개발계획(UNDP)의 2020년 인간개발보고서(The Human Development Report)에 따르면 한국의 인간개발

16 지금의 여성가족부는 1988년 정무장관(제2)실로 여성 분야에만 중점을 두어 전반적인 여성정책에 대한 총괄·조정의 역할로 출발하였으며, 이후 1998년 대통령 소속 여성특별위원회로 새롭게 설치되고 여성부를 거쳐 급변하는 시대 상황에 맞춰 여성가족부로 발전하였다. 현 여성가족부의 주요 업무 대상은 여성 외에도 아동과 청소년, 그리고 다문화를 포함한 가족이며, 설립 목적은 여성정책의 기획·종합 및 여성의 권익 증진, 청소년의 육성·복직 및 보호, 가족과 다문화 가족정책의 수립·조정·지원, 여성·아동·청소년에 대한 폭력피해 예방 및 보호이다.

지수(Human Development Index, HDI)[17]는 총 0.916[18]으로 전체 189개국 중 23위로 상위권에 위치하는 것으로 나타났다. 이 외에도 <그림 3>에 나타난 바와 같이 성불평등지수(Gender Inequlity Index, GII)의 경우에는 0.064로 세계 평균보다 현저히 작은 값을 가지며 높은 인간안보 수준을 확보하고 있음이 확인되었다. 그러나 젠더개발지수(Gender Development Index, GDI)는 0.936으로 세계 평균값과 비교하였을 때 그 수준에 약간 미치지 못한 것으로 드러났다.[19] 이러한 결과는 한국의 인간안보가 세계적으로 선진화 추세에 이른 것을 확인할 수 있으며, 성평등과 불평등완화에도 큰 성과를 보여주고 있는 것으로 해석할 수 있다.

이러한 결과 값 중에 여성안보와 관련성이 있는 지표를 조금 더 자세히 살펴보자. 먼저 성불평등지수(GII)를 보면, 0.064로 세계 평균인 0.436에 보다 월등한 수준인 것으로 나타나고 있다. 이러한 성불평등지수는 모성 사망비[20], 청소년 출산율[21], 여성 의원 비율, 중등 이상 교육받은 인구 비율, 경제활동참가율 등 총 5개의 지표를 크게 생식건강(reproductive health), 여성의 권한(empowerment), 노동 참여(labour market)로 구분하여 측정한다. <표 1>에 제시된 바와 같이 한국의 성불평등지수는 꾸준히 낮아지고 있으며, 여성과 남성의 격차가 점차 줄어들고 있는 양상을 보이며, 특히 생식건강의 지수는 과거와

17 지수의 값이 1이면 완전한 평등(no inequality), 0이면 완전 불평등(inequality)을 의미하지만. 성불평등지수(GII)의 경우에는 0이면 완전한 평등, 1이 완전 불평등을 나타낸다.

18 여성의 인간개발지수는 0.881, 남성의 경우는 0.941로 여성보다 남성의 값이 더 큰 것으로 확인된다.

19 이외에 불평등조정개발지수(Inequality-adjusted Human Development Index. IHDI)는 인구 전반에 걸친 다양한 차원의 불평등 수준을 기반으로 하여 인간개발지수를 조정한 값을 나타낸다.

20 여성이 임신, 분만 및 이와 관련된 합병증으로 인하여 출생 10만 명당 사망하는 여성의 수를 나타낸 값이다.

21 15세부터 19세까지의 여성 청소년 1,000명당 출산한 청소년의 수를 나타낸다.

<그림 3> 한국의 인간개발지표(Human Development Index)

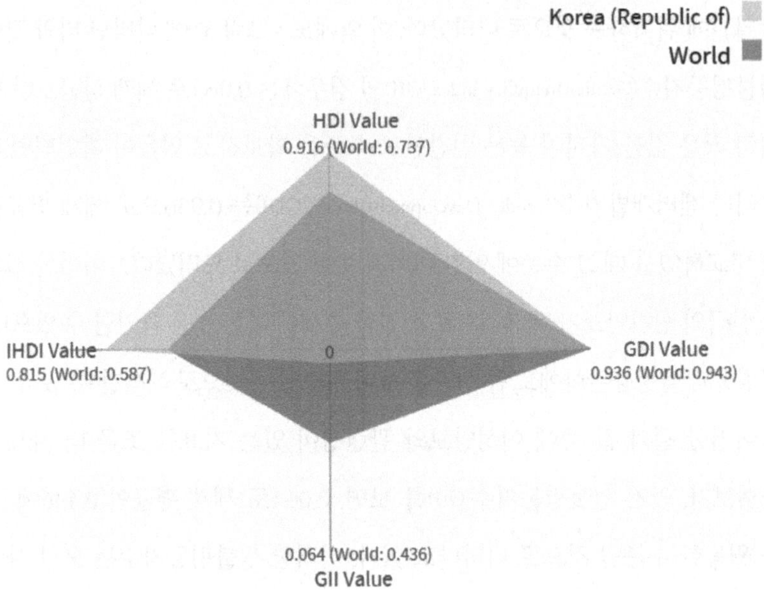

출처: https://hdr.undp.org/en/countries/profiles/KOR

비교해 확연히 감소한 것으로 확인된다.

그렇지만 젠더 주류화 및 여성 세력화와 가장 밀접하게 연관된 여성 권한의 지표를 살펴보면 교육 수준은 80% 이상으로 상당히 높은 수준임이 명백하게 확인되지만, 여성의 비율이 남성보다 약 15% 낮았고, 여성 의원 비율[22]의 경우에는 10여 년 동안 여전히 20%를 넘지 못하는 것으로 나타났다. 또한 노동 참여에서는 약 21%의 간극을 통해 경제활동 참가에서의 그 성차가 뚜렷하

22 추후 제시되겠지만 국제의회연맹(Inter-Parliamentary Union, IPU)의 2020년 6월 기준으로 회원국의 여성 의원 비율 평균은 25.1%이며, 한국은 2020년 4월에 실시된 제21대 총선을 통해 총 57명의 여성 의원이 당선되어 역대 최대 비율인 19%로 총 190개국 중 119위인 것으로 확인된다.

게 드러나고 있으며, 여전히 여성의 절반 정도는 경제활동에 참여하지 못하고 있음을 확인할 수 있었다. 즉, 성불평등지수에 따르면 한국은 여성의 보건과 관련하여 높은 안보 수준을 나타내고 중등교육 이상의 높은 수준의 교육이 이루어지고 그 성차도 좁혀지고 있지만, 여성의 사회진출과 관련되어서는 여전히 여성과 남성 간에 격차가 크게 존재하고 있는 것을 알 수 있다.

<표 1> 연도별 한국의 성불평등지수(GII)

년도		2010	2013	2015	2019
순위		20/138	17/152	10/188	11/162
점수		0.310	0.101	0.067	0.064
생식 건강	모성 사망비(%)	14.0	16.0	11.0	11.0
	청소년 출산율(%)	5.5	2.2	1.6	1.4
여성 권한	여성 의원 비율(%)	13.7	15.7	16.3	16.7
	중등교육 이상을 받은 여성 비율(%)	79.4	77.0	88.8	80.4
	중등교육 이상을 받은 남성 비율(%)	91.7	89.1	94.6	95.5
노동 참여	여성 경제활동 참가율(%)	54.5	49.9	50.0	52.9
	남성 경제활동 참가율(%)	75.6	72.0	71.8	73.1

자료: https://hdr.undp.org/en/countries/profiles/KOR

다음으로 젠더개발지수(GDI)로, 인간개발지수(HDI)의 기대수명과 교육 수준, 1인당 국민 소득(Gross National Income per capita, GNI Index) 등을 여성과 남성으로 각각 측정 또는 추정하여 그 값을 비교한 것이다. 한국은 0.936으로 세계 평균인 0.943에 근접한 수준이었으나 평균을 넘지는 못하였다. <표 2>를 통해 자세히 살펴보면, 세계 평균보다 기대수명(여성:75.0세, 남성:70.6세)과 교육 연수[23]가 훨씬 높은 수준이었으며 기대수명은 남성보다 여성이 약 6세로 약간 높으나, 교육 연수는 기댓값과 평균값 모두에서 여성(15.9년, 11.4년)이 남성(17.0년, 12.9년)보다 대략 1년 정도 낮은 것으로 나타나 이 지표 간에 성별 차이는 두드러지지 않았다.

그러나 구매력 평가 지수(purchasing power parity, PPP)를 나타내는 GNI 계수의 경우에는 2019년을 기준[24]으로 여성은 27,734달러인 것에 반하여 남성은 58,309달러로 추정되었으며, 이 역시 전체평균(여성:12,063달러, 남성:21,323달러)보다 큰 값을 갖고 있긴 하지만 남성이 여성보다 약 2배 이상의 소득을 나타내고 있으며, 평균값의 성차보다도 큰 차이인 것을 알 수 있다. 결국 이처럼 한국의 GDI 수준이 낮은 이유는 경제 수준에서의 성별 격차가 크게 나타났기 때문이라고 할 수 있다. 이 역시 성불평등지수에서 언급한 바와 같이 결과적으로 여성들의 경제활동 및 사회진출에서 커다란 불평등의 문제가 존재하고 있음을 유추할 수 있게 한다.

한국의 인간개발지표를 종합해보면, 한국에서는 여성의 보건과 교육에 관한 안보가 선진국 수준으로 진행되고 있고 이를 통하여 보건 및 교육에서의 젠더 평등성은 충분히 보장되고 있음을 확인하였다. 그렇지만 의회 내 여성의 비율과

23 기대 교육 연수는 여성과 남성 모두 12.7세, 평균 교육 연수는 여성 8.1세, 남성 9.2세다.

24 성별에 따른 GNI 지수는 정확하게 측정된 데이터 값이 아니라 GNI를 통해 추정된 값을 사용하고 있다.

<표 2> 연도별 한국의 젠더개발지수(GDI)

년도		2010	2013	2015	2019
순위		100/163	105/164	106/165	111/167
점수		0.927	0.931	0.932	0.936
기대 수명 (세)	여성	83.6	84.6	85.1	86.0
	남성	77.0	78.1	78.8	79.9
기대 교육 연수 (세)	여성	16.0	15.8	15.9	15.9
	남성	17.6	17.3	17.1	17.0
평균 교육 연수 (세)	여성	10.9	11.2	11.4	11.4
	남성	12.5	12.7	12.9	12.9
1인당 GNI (달러)	여성	21,227	23,249	24,066	27,734
	남성	47,678	51,268	53,850	58,309

자료: https://hdr.undp.org/en/countries/profiles/KOR

경제활동 참가 및 GNI 지수에서의 뚜렷한 성차는 정치, 경제, 사회적으로 여성들의 진출에서 남성과는 현격한 차이가 존재하고, 여전히 젠더 주류화와 여성 세력화가 충분히 이루어지지 않고 있는 것이 명백하게 드러났기 때문에 현실적으로 한국에서는 여성안보가 경시되는 실정이라 볼 수 있다.

실제로 성불평등지수에서 나타난 바와 같이 한국에서 여성의 정치적 대표성은 상당히 낮은 수준인 것은 자명하다. 이러한 대표성 문제는 입법부 외에 행정부, 그리고 사법부에서도 확인되는데 단적으로 역대 대통령 중 여성은 단 1명인 것처럼 국가의 권력 기관들은 여전히 남성 중심의 구조로 구성되어 있다. 약 10여 년 전과 여러 지표를 비교하였을 때는 제도권으로의 여성들의 진출이 꾸준히 확대되고 있는 추세이나 <그림 4>에 제시된 것처럼 국가 내 의사결정과 관련된 모든 권력 부처에서는 여성의 비율이 30%에도 미치지 못한 수준인 것으로 나타난다.

먼저 입법부인 국회 내 여성 의원의 비율은 19%(총 57명)로 역대 국회 중에 가장 높은 수치이지만, 이 역시 여성공천할당제(이하 할당제)라는 제도를 통하여 여성안보를 위한 국가의 노력이 투영되었다고 할 수 있다. 이러한 할당제는 다수의 국가에서 젠더 주류화와 더불어 여성 세력화의 측면에서 가장 효율적인 제도 중에 하나로 시행되고 있지만, 한국의 경우에는 할당제의 강제성이 비교적 약하기 때문에 실제로는 그 효율성을 보장하기 상당히 어려운 실정이다.[25]

그리고 행정부의 성비를 살펴보면 2019년도를 기준으로 행정부 소속 일반직 4급 이상 국가공무원 중 여성의 비율은 16.2%(총 8,235명)[26]인 것으로 나타났으며, 동일 연도 기준 여성 법조인의 비율은 27.7%(총 28,184명)[27]로 권력 기관 중에서는 그나마 사법부의 여성 비율이 제일 높은 것으로 확인된다. 이처럼 한국의 권력 기관 내 여성의 젠더 주류화는 이루어지지 못하고 있으며, 결과적으로 정책 및 의사결정과정에서 여성의 권리와 이해가 충분히 반영되기 어려운 구조가 지속되고 있음을 알 수 있다.

---

25 한국에서 할당제는 『공직선거법』을 통하여 비례대표 50% 여성 후보자 공천 및 남녀교호순번제 의무, 지역구 30% 이상 여성 후보자 추천을 권고하고 있음에도 불구하고 다수의 정당들은 해당 규정을 제대로 준수하지 않는 경우가 태반이다(정다빈·이재묵 2020). 그런데도 지속해서 여성 의원의 비율이 높아지는 것은 할당제 외에도 권력을 증진하기 위한 여성들의 자체적인 노력이 크게 작용하였다고 판단한다.

26 4급, 3급 그리고 고위직 공무원으로 더욱 세분화하였을 때는 4급 18.6%(6,334명), 3급 10.9%(819명), 그리고 고위공무원은 단 5.5%(1,082명)에 머무르고 있는 것으로 확인되었다.

27 판사 30.5%(2,914명), 검사 31.0%(2,130명), 변호사 27.1%(23,140명)

<그림 4> 입법부·행정부·사법부 내 여성 대표성

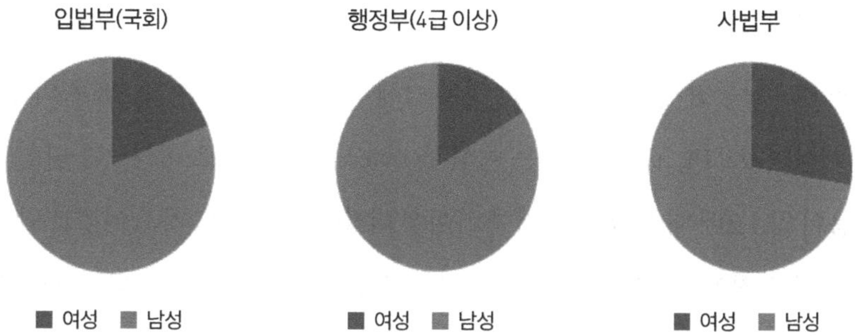

자료: 중앙선거관리위원회 통계시스템 및 통계청. 2020.『2020 통계로 보는 여성의 삶』

다음으로 경제와 관련하여 살펴보면, 절반을 겨우 넘는 수준의 여성 경제활동 참가율이 내포하는 의미는 바로 경제 및 사회활동에서 여성이 겪는 제약이나 차별이 만연하다는 것이다. 이러한 젠더 평등성의 문제를 해소하기 위해 정부는 공공기관 및 민간기업을 대상으로 고용에서의 성차별을 해소하고 평등을 추구하고자 2006년부터 『남녀고용평등과 일·가정 양립 지원에 관한 법률』을 통해 적극적 고용개선조치(Affirmative Action, AA)[28]를 시행하고 있다. 고용노동부는 이러한 조치를 통해 공공기관 및 민간기업의 여성 관리자의 비율이 19.8%로 지난 10년간 꾸준하게 확대되고 있다고 밝혔지만, 그런데도 고위관리직의 여성 비율은 20%를 채 넘기지 못하는 수준에 머무르고 있다.

그 외에 일반 근로자의 경제활동 및 고용과 관련해서는 통계청에 따르면 2022년 2월을 기준으로 15세 이상의 경제활동참가율은 62.7%, 15세부터 64

28 고용 과정에서의 성차별 금지 및 평등을 촉진하기 위해 특정한 성(性)을 잠정적으로 우대하는 조치이며, 공공기관 및 500인 이상의 사업장을 대상으로 여성 근로자 및 관리자의 비율이 평균 70%를 이행하도록 점검하는 제도이다.

세까지 고용률은 67.4%로 각각 전년 동월과 비교해 상승하였고 성별에 따라서도 전년 같은 달보다 그 수치는 모두 상승한 것으로 나타났다. 그렇지만 여성의 경제활동참가율은 53.2%인 것에 반해 남성의 경우에는 72.5%로 약 1.4배 이상이었으며, 고용률에서는 여성 58.7%, 남성 75.8%로 여성보다 남성의 고용이 약 1.2배 더 높았다. 이러한 차이에 더하여 2020년도 기준 여성과 남성 간의 임금 격차도 상당한 수준임을 알 수 있는데, 남성보다 여성이 31.5% 정도 임금을 덜 받는 것으로 확인되며, OECD 주요회원국들 가운데에서 그 차이가 가장 큰 것으로 나타났다.

이처럼 여성의 경제활동 및 사회진출에 대한 정부 부처의 노력에 힘입어 여성들의 적극적인 참여가 꾸준하게 확대되고 있다는 긍정적인 측면이 있지만, 고용과 노동 그리고 임금에서 나타나는 여성과 남성의 명백한 차이는 경제 분야에서의 젠더 불평등성이 변함없이 잔존하고 있음을 부정하기 어렵게 하고 있다.[29] 끝으로 이러한 지표들을 정리하여 <그림 5>로 나타냈으며, 인간개발지수(HDI)의 지표에서 드러난 바와 같이 이미 한국에서의 여성의 보건과 교육 분야는 상당히 높은 수준에 이르렀음을 보여주고 있으나 정치와 경제와 같이 여성안보에서 중요한 영역에서는 평등 수준이 현저하게 낮다는 것을 다시 한번 확인할 수 있다.

29 이 외에도 2021년을 기준으로 15세부터 54세까지의 기혼여성 중 약 20%가 경력단절인 것으로 확인되고 있으며, 이들 가운데 다수가 3~40대라는 점에서 경제 분야 내 여성안보가 취약함을 유추할 수 있다.

<그림 5> 여성 및 성평등과 관련된 세부 지표 현황

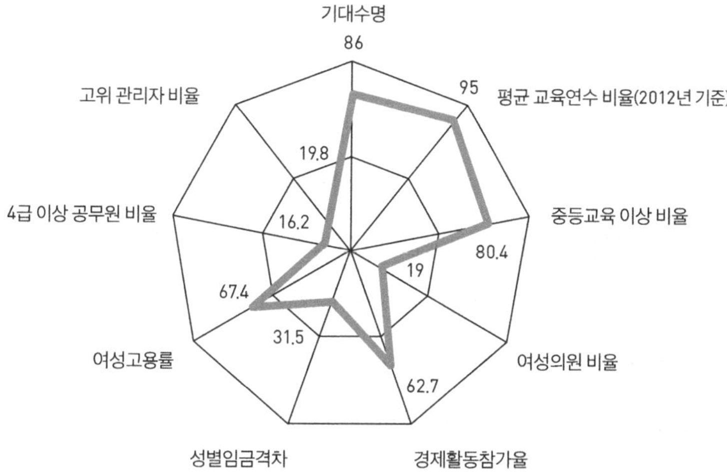

소결

여성안보는 여성의 인권 보호라는 소극적 수준을 포함하여 개인으로서 여성이 자신의 삶을 자주적으로 영위할 기회와 능력에 대한 자유를 적극적으로 성취할 때 비로소 유지되고 확장될 수 있다(이신화 2004, 146). 또한 여성의 문제는 단순히 개인적인 차원에서 비롯된 문제보다는 성차별적인 문화와 불평등한 구조 속에서 발생하기 때문에 사회, 정치, 경제 분야에서의 여성안보가 기본적으로 확보되어야 할 필요성이 있다.

이러한 인식을 바탕으로 한국에서의 여성안보의 현황을 분석하고자 국제표준지수인 유엔개발계획(UNDP)의 인간개발지수(HDI) 내에 성불평등지수(GII) 및 젠더개발지수(GDI)를 활용하여 한국의 젠더 평등성을 파악하고자 하였다. 누구나가 인정하다시피 한국은 선진국 반열에 올랐으며, 보건, 교육 분야의 우수성에 대해서는 부가적인 설명이 필요 없을 정도로 월등한 수준에 있음이 명백하게 드러났다. 그러나 이를 제외한 경제, 정치 분야에서는 세계 평균의 수준에 미치지도 못하거나 최하위에 위치하는 것으로 확인되었다. 특히 주요 권력 기관인 입법부와 행정부 등에 여성의 비율이 현저하게 낮아 정책이나 제도 구축 또는 의사결정과정에서 여성의 소외 및 배제가 발생할 가능성이 농후하였다. 이 외에도 공공기업 및 민간기업에서의 여성 고위 관리자를 찾아보기 어려운 실정이었다. 결국 권력이 집중되어 있는 국가의 고위공직자 및 기업의 고위 관리자에 대한 여성의 주류화가 절실한 상황이라고 할 수 있으며, 이에 관련하여 현재 도입되고 있는 여성할당제에 더하여 더욱더 적극적이고 강력한 제도 또는 지원이 수반되어야 할 필요성이 있다.

또한 경제활동 및 고용, 그리고 임금과 같은 경제 분야에서 여성과 남성 간 불평등성의 정도가 심각한 것으로 나타났다. 이는 인권과 사회적인 정의에 입각하여 여성과 남성은 모두 동등한 권리와 기회, 그리고 의무를 질 수 있도록 하는 경제 영역에서의 젠더 평등성 개선이 우선으로 필요함을 의미한다고 본다. 이를 위해 특정한 성에 대한 차별을 금지하고 모두에게 동일한 기회가 제공되어야 함이 보장되어야 하며, 능력에 따라 권한이 주어지는 합리적인 노동환경으로의 변화가 필요하다. 특히 여성과 남성의 임금 격차와 관련해서는 단순히 여성이기 때문에 받는 금전적인 차별 외에도 노동시장 내 여성들이 직면하고 있는 문제점으로써 경력단절 및 유리천장, 낮은 수준의 일자리 및 지위 등에 대한 개선이 진행되어야 하고 이를 위한 각기 각층의 다양하고 적극적인 노력이 기울여져야 할 것이다.

끝으로 유엔여성개발기금(United Nations Development Fund for Women, UNIFEM)의 보고서에 제시된 중등교육 이상 진학률과 문맹률, 취업 및 임금수준 등과 같은 지표들을 살펴보면 젠더 평등성과 소득수준 간에 매우 높은 연관성을 보이며, 소득수준과 교육 수준 역시 상관성이 존재하는 것으로 나타났다(UNIFEM 2003). 결국 어렸을 때부터의 교육이 전제되어야지만 추후 성인이 되었을 때 사회 및 경제활동에 큰 어려움이 없으며, 결과적으로 젠더 평등에도 긍정적인 영향력을 행사한다는 것이다. 따라서 젠더 주류화를 위해서는 무엇보다도 여성의 교육이 가장 중요한 요인으로 꼽을 수 있다. 이에 한국의 교육은 성별과 관계없이 최상위 수준에 자리 잡고 있으므로 지금의 청소년들이 밝혀나갈 한국의 모습에 대해서는 낙관적인 기대를 하면서 마무리하고자 한다.

한국은 여성 인권과 관련하여 더욱 적극적인 활동과 계속하여 지원하고 있다. 2022년 상반기에 아시아 최초로 서울에 유엔여성기구 성평등센터(UN Women Centre of Excellence for Gender Equality)가 설립될 예정이다. 여성가족부는 유엔여성기구 성평등센터를 통해 국제사회의 성평등 실현에 기여하고자 하는 한국의 의지를 표명하고, 한국의 여성 인권 관련 우수 정책사례를 통해 아시아와 태평양 지역의 성평등 정책과 역량을 강화하고 성평등 문화 확산에도 기여할 것이라 기대한다.[30] 이러한 점에서 한국 여성안보의 미래는 긍정적인 방향으로 향하고 있다고 사료된다.

그리고 한국의 절반, 그리고 전 세계의 절반이 여성이라는 사실과 아직도 많은 국가에서는 여전히 인간다운 삶과 권리를 누리지 못하고 있는 더욱 수많

30 http://www.womennews.co.kr/news/articleView.html?idxno=220457(검색일:2022년 2월 20일).

은 여성이 존재한다는 점을 항상 간과하지 않고 여성안보에 대한 관심과 강화를 늦추지 말아야 할 것이다.

<부록 1> 연도별 한국의 인간개발지수(HDI) 및 불평등조정개발지수(IHDI)

년도		2010	2013	2015	2019
HDI	순위	12/187	12/187	17/188	23/189
	점수	0.889	0.901	0.907	0.916
	기대 수명 (세)	79.8	80.7	81.9	83.0
	기대 교육 연수 (세)	16.8	17.2	16.9	16.5
	평균 교육 연수 (세)	11.6	11.6	11.9	12.2
	1인당 GNI (달러)	29,518	28,231	33,890	43,044
IHDI	순위	29/139	36/145	36/151	24/152
	점수	0.741	0.745	0.759	0.815
	조정된 기대수명 지수	0.885	0.909	0.920	0.941
	조정된 교육 연수	0.638	0.622	0.645	0.789
	조정된 소득 수준	0.720	0.730	0.735	0.731

자료: https://hdr.undp.org/en/countries/profiles/KOR

참고문헌

마경희. 2007. "성주류화(gender mainstraming)에 대한 비판적 성찰: 여성정책의 새로운 패러다임인가? 함정인가?" 『한국여성학』 23권 1호, 39-66.

전재성. 2000. "인간안보와 여성안보: 동아시아에서의 여성안보 논의." 『국제관계연구』 11권 2호. 87-117.

정다빈 · 이재묵. 2020. "한국 정치의 성별 격차 완화를 위한 제도적 방안 모색." 『정치정보연구』 23권 3호. 241-273.

이신화. 2004. "인간안보와 여성: 인도적 위기상황 및 개발문제를 중심으로." 『국가전략』 10권 2호. 121-157.

통계청. 2020. 『2020 통계로 보는 여성의 삶』. 대전: 통계청.

통계청. 2022. 『2022년 2월 고용동향』. 대전: 통계청.

여성가족부. 2020. 『2020 국가성평등보고서』. 서울: 여성가족부.

Chun, Chaesung. 2003. "Human Security and Women's Insecurity: Debating the Feminist Approach to Women's Security in East Asia." paper presented in the International Conference on Human Security in East Asia. (June 16-17).

Georgina Ashworth. 1995. A Diplomacy of the Oppressed: New Directions in

International Feminism. London: Zed Books Ltd.

Tickner, J. Ann. 1988. "Hans Morgenthau's principles of political realism: A feminist reformulation." Millennium. 17(3): 429-440.

United Nations Development Programme. 1994. Human Development Report 1994. New York: Oxford University Press.

United Nations Development Fund for Women. 2003. Biennial Report. New York: UNIFEM.

참고 홈페이지

국가통계포털 https://kosis.kr/index/index.do

국제의회연맹 홈페이지 https://www.ipu.org/

여성가족부 홈페이지 http://www.mogef.go.kr/index.do

유엔개발계획 홈페이지 https://www.undp.org/

인간개발보고서 홈페이지https://hdr.undp.org/

중앙선거관리위원회 통계시스템 http://info.nec.go.kr/

e-나라지표 홈페이지 https://www.index.go.kr/

World Bank 데이터베이스 https://databank.worldbank.org/home.aspx

4
난민의 인간안보

제6장

시리아 난민과 인간안보

- 3RP 지원 현황을 중심으로

조영준

제7장

북한 주민의 인간안보와 난민으로서의 북한이탈주민

송샘

제6장

시리아 난민과 인간안보
-3RP 지원 현황을 중심으로

조영준 (한국외국어대학교)

"인류 역사상 최대의 스캔들"

2021년 12월 29일, 프란치스코 교황은 바티칸 바오로 6세 홀에서 열린 수요 일반알현 때 이주민 문제에 대해 "현재 진행 중인 이주민 위기는 우리가 무시할 수 없는 '인류의 스캔들'"이라고 말하였다(조선일보 22/12/31). 그는 "전쟁으로 희생된 이들, 고향을 떠나고 싶지만 그럴 수 없는 이들, 자유를 찾아 나섰으나 결국은 거리에서, 바다에서 목숨을 잃은 이들을 생각하자"라고 말하며 박해받거나 역경 속에 희생된 모든 이들을 위해 기도하자고 하였다. 교황의 이와 같은 발언은 최근 지중해에서 유럽으로 향하던 이주민 보트가 침몰하는 사고가 잇달아 발생하는 가운데 나온 것이다. 가디언지에 따르면 지난 12월 24일에 이주민 수십 명을 태운 채 터키에서 이탈리아로 향하던 보트가 뒤집혀 16명이 사망하는 사고가 발생했다(The Guardians 21/12/24). 그 전날인 23일에도 그리스 안티키테라섬 인근을 항해하던 난민 보트가 암초에 부딪혀 침몰하면서 11명이 숨졌으며, 21일 밤에는 그리스 폴레간드로스섬 인근 해상에서 이주민 보트가 엔진 고장 이후 가라앉아 3명이 목숨을 잃고 수십 명이 실종됐다(조선일보 22/12/31). 미국의 소리(Voice of America)에 따르면 유엔 관계자들은 지난 2021년 한 해에만 1,600명 이상이 유럽으로 가려다 지중해에서 익사하거나 실종된 것으로 추산했다(VOA 21/11/25).

이처럼 수많은 난민이 삶의 터전을 잃고 새로운 정착지를 찾아가는 과정에서 목숨을 잃고 있다. 유엔난민기구(UNHCR, United Nations High Commissioner for Refugees)는 이러한 난민을 비롯한 이주민들이 수천만 명에 이른다고 보고 있다(UNHCR Global Report 2020). 아울러, 현재 러시아와 우크라이나 간 군사적 긴장이 고조되고 있는 가운데, 미국은 러시아가 우크라이나를 침공할 시 약 100만에서 500만 명의 난민이 발생할 것으로 전망하고 있다(뉴시스 22/02/10). 현재 국제사회는 난민이 지속해서 추가 발생하고 있으며, 이들 난민은 안전과 목숨을 위협받고 있다. 유럽을 중심으로 반이민 · 반난민 정서가 확산하면서 이들 난민의 인간안보에 대한 우려의 목소리는 더욱 높아지고 있다. 이에 본 글은 난민 문제는 일국이 해결할 수 없는 성격의 문제인 만큼 현재 난민들의 인간안보 문제 해결을 위해 국제사회는 어떠한 노력을 기울이고 있는지 그 현황을 살펴보고자 한다. 그에 앞서, 난민과 인간안보에 대한 관련된 문헌을 살펴본 후, 시리아 난민을 가장 많이 수용하고 있는 인접국인 터키, 레바논, 요르단, 이라크, 이집트를 중심으로 해당 국가들의 지원 현황을 살펴보고자 한다.

난민, 그리고 인간안보

상당 기간 국제정치에서 난민, 더 넓게는 국제이주는 핵심 의제로 집중 받지 못했다. 국경통제나 난민수용, 이주자 통합정책 등과 관련된 정치학적 논의가 없었던 것은 아니지만 국제이주에 대한 연구는 주로 경제학과 사회학이 비국가적인 측면에서 접근 및 담당했기 때문이다(이용승 2014, 139). 하지만 탈냉전 이후 국가 안보 중심의 국제정치 연구는 1990년대 초중반 인간안보(human security)란 개념의 부상과 이에 대한 지속적인 연구와 관심으로 인해 국가 중심성이 상대적으로 약화하고 안보의 의미를 더욱 넓게 포괄하게 되었다(이용승 2014, 140). 이러한 흐름과 인간안보 개념의 발전과 함께 국제이주, 그리고 난민에 대한 관심이 높아지게 된 것이다.

그렇다면, 본 글에서 다루고자 하는 난민은 정확히 무엇을 의미하는가? 유엔난민기구(UNHCR: United Nations High Commissioner for Refugees)에 따르면 UNHCR 설립의 근거가 되는 1951년 난민협약에 난민을 다음과 같이 정의하고 있다:

난민이란 "인종, 종교, 국적, 특정 사회집단의 구성원 신분 또는 정치적 의견을 이유로 박해를 받을 우려가 있다는 합리적인 근거가 있는 공포로 인하여, 자신의 국적국 밖에 있는 자로서, 국적국의 보호를 받을 수 없거나, 또는 그러한 공포로 인하여 국적국의 보호를 받는 것을 원하지 아니하는 자"를 의미한다.[1]

1 난민, 비호신청자, 국내실향민, 귀한민 등 보호대상자로 분류되는 다양한 집단에 대한 추가적인 정보는 다음 사이트를 참조. https://www.unhcr.or.kr/unhcr/html/001/001001001002.html (검색일: 2022. 02. 10).

이상환(2017)은 최근 중동과 아프리카로부터의 대규모 난민 유입으로 유럽 국가들 내에서 반이민 정서와 이슬람 혐오증이 커지고 있는 가운데, 단순히 난민을 외면하는 것은 단기적으로는 국가의 사회 안정을 도모할지언정 장기적으로는 더 복잡하고 위험한 상황을 초래할 수 있다고 지적한다.[2] 난민 문제 해결은 국제사회의 평화와 안정을 이루는 데 매우 중요한 과제이며, 그런 의미에서 한국을 비롯한 중견국(middle powers)들이 주도권을 행사할 수 있는 영역이자 이슈인 인도주의 및 윤리적 사안으로서의 난민 문제 해결에 더욱 적극적인 기여를 해야 할 것으로 보인다(이상환 2017, 118).

인간안보는 무엇이며, 인간안보는 왜 중요한가? 인간안보란 개념은 1994년 유엔개발계획(UNDP) 인간개발보고서에 처음 등장하였다. 당시 탈냉전에 돌입하면서 좁은 의미의 안보에서 벗어나 보통 사람들의 일상적인 측면을 아우르는 개념 필요성이 주장되었고, 그러한 필요성에 의해 인간안보란 개념이 등장하게 된 것이다. '인간안보'는 배고픔이나 질병, 억압과 같은 만성적인 위협부터 가정, 직장, 공동체에서의 일상으로부터 갑작스럽게 벗어나게 되는 상황으로부터 보호됨을 의미하며, 이러한 인간안보는 총 7가지 요소로 이루어져 있다.

---

2 유럽연합(EU, European Union)은 오랜 시간 동안 유럽 내 국경을 없애고 하나의 통합된 유럽을 만들기 위해 노력해왔고, 쉥겐 조약(Schengen agreement)은 그러한 노력의 대표적인 예시이다. 하지만 2010년 아랍의 봄 이후 발생한 대규모 난민 유입으로 인해 유럽인들은 현 상황을 유럽 고유의 사회질서를 저해하는 요인으로 여기는 등 난민들을 사회 안보적 관점에서 바라보게 되었고, 이는 제노포비아(Xenophobia)와 반이민정서의 확대로 이어지는 등 유럽 내 난민 안보화는 더욱 심해지고 있다. 난민 안보와 EU 공동체 위기와 관련해서 다음 논문을 참조하였다: 황기식·김현정. 2018. "난민 안보와 EU 공동체 위기." 『한국동북아논총』 23(3).

<표 1> UNDP가 제시한 인간안보의 7가지 요소

	인간안보 요소	예시
(1)	경제안보 (economic security)	빈곤으로부터의 자유
(2)	식량안보 (food security)	식량에 대한 접근
(3)	보건 안보 (health security)	의료에 대한 접근과 각종 전염병으로부터 보호
(4)	환경안보 (environmental security)	환경오염과 자연 고갈로부터 보호
(5)	개인안보 (personal security)	고문, 전쟁, 범죄, 가정폭력, 자살, 마약, 교통사고 등으로부터 물리적인 보호
(6)	공동체안보 (community security)	전통문화와 민족 공동체의 생존과 물리적 안보
(7)	정치적 안보 (political security)	시민적, 정치적 권리 행사의 자유와 억압으로부터 자유로움

출처: Paris, 2001. p. 90에 있는 내용을 표로 재구성.

하지만 UNDP가 초창기 제시한 인간안보 개념은 매우 포괄적이어서 해당 개념 안에 포함되는 것이 없을 정도였다. 이러한 인간안보의 개념이 정책 결정자들 그리고 학자들 모두에게 실질적인 도움을 주지 못하였는데, 학계에서는 이러한 인간안보 개념 특유의 확장성과 모호성의 문제를 해결하기 위해 해당 개념을 보다 좁히고 정밀하게 수정하려는 노력을 거듭해왔다(Bajpai, 2000; King and Murray, 2001; Paris, 2001). 물론, 이러한 노력조차 특정 가치를 다른 가치보다 우선하는 문제, 인간안보란 개념의 모호성이 오히려 네트워크 형성에 도움이 되어 개념의 모호성을 그대로 유지하길 원하는 단체들도 존재한다는 문제 등에 부딪히게 된다.

이렇듯 인간안보란 개념에 대해선 아직 명확하게 합의된 바는 없다. 그러나 인간안보가 전통적인 국가의 안보 시점에서는 다루지 않는 개별 구성원들의 인간다운 삶을 살 권리를 다루고 있는 보다 포괄적인 안보적 개념이라는 것에는 대부분 동의하고 있는 것 또한 사실이고 인간안보를 위협받는 여러 집단이 실재하기 때문에 인간안보가 그 개념의 모호성에도 불구하고 국제사회와 학계의 아젠다로서 지속해서 등장하고 있다. 이러한 사실은 인간안보의 중요성을 방증한다. 이상환(2012)은 미래에 큰 분쟁이 발생한다면 에너지, 환경, 바이오 분쟁 등 인간안보를 위협하는 지속가능성(sustainability)과 관련된 여러 의제가 중심이 될 것이라고 말하고 있다(이상환 2012, 358). 인간안보를 위협하는 요소들은 갈수록 심화하고 있으므로, 인간안보의 보장은 국제사회의 평화를 위해 매우 중요한 사안이라고 할 수 있을 것이다.

이러한 인간안보적 위협의 최전선에 놓여 있는 사회적 집단이 바로 난민이다. 난민들은 분쟁이나 박해로 인해 기존의 소속 국가로부터 기본적인 권리와 안전을 보장받지 못한 채 인도적 위기 상황에 몰려 있기 때문이다. 그리고 그러한 난민 중 지난 10년간 가장 많은 국제정치적 관심을 받는 난민들이 바로 시리아 난민들이다. 이에 본 글에서도 시리아 난민에게 초점을 맞추어 난민의 인간안보 문제를 조명하고자 한다. 본 글에서 시리아 난민에게 초점을 두고자 하는 이유는 현재 시리아 난민의 비율이 압도적으로 높기 때문이기도 하며,[3] 국제사회의 대응 또한 시리아 난민에게 초점이 맞추어져 있기 때문이다.[4]

시리아 난민 사태는 지난 2010년 말 발생한 중동 민주화 시위인 아랍의 봄(Arab Spring)을 배경으로 촉발된 2011년 3월 시리아 내전에서 출발한다.[5] 민주화 바람에 힘입어 지난 2대 세습을 통해 장기집권 체제를 구축한 아사드 정권에 대해 시리아 국민이 반정부 시위를 단행하였고, 이는 곧 전국적인 시위로 확대되었다. 아사드 정권의 강경 진압이 계속되면서 이에 대한 반군 세력의 저항도 격화되었고, 이에 더해 주변국이 개입하면서 시리아 내전은 국제화된 내전의 양상으로 전개되고 있다. 시리아 사태는 수많은 인명피해를 발생시키고 있고, 단일 사례로는 전 세계적으로 가장 높은 수치의 국제적 난민을 야기시키자 당시 유엔 사무총장이었던 반기문 사무총장은 시리아 내전을 "우리 시대의 가장 큰 난민 위기"로 규정한 바 있다(연합뉴스 16/03/30). <그림 1>에서 볼 수 있듯이 시리아 내전을 기점으로 국제사회의 공적개발원조(ODA, Official

3 UNHCR에 따르면 2021년 중반 기준 UNHCR에 등록된 데이터 기준으로 봤을 때 전 시리아 난민이 약 680만 명, 베네수엘라가 410만 명, 아프가니스탄이 260만 명, 남수단이 220만 명, 미얀마가 110만 명에 이른다. 이들 다섯 국가로부터 발생한 난민이 전체 난민의 무려 68%에 이르며, 시리아 난민은 베네수엘라와 아프가니스탄 난민 수를 합한 것과 같을 정도로 시리아 난민의 비율이 압도적임을 알 수 있다. 나아가 해당 통계에는 집계되지 않았지만, 현재 러시아의 우크라이나 침공으로 인해 우크라이나 난민이 300만 명을 넘어서고 있다. 관련 내용은 다음 기사를 참조. "우크라이나 난민 300만 명 넘어…주변국들 수용 한계" https://www.edaily.co.kr/news/read?newsId=02519046632263976&mediaCodeNo=257&OutLnkChk=Y (검색일: 2022. 03. 20).

4 시리아가 가장 많은 공적개발원조를 받으며 국제사회의 지원을 받고 있으며 그 규모(약 104억 달러)가 2위 국가인 에티오피아(약 49억 달러)보다 2배 이상 많다는 것은 시리아 사태에 대한 국제사회의 지대한 관심을 보여준다.

5 시리아 내전 발발 배경과 전개 과정에 대해서는 한국국방연구원(KIDA, Korea Institute for Defense Analyses)의 시리아 내전 관련된 지역별 분쟁 분석자료를 참고하고 있다. 해당 자료는 다음 사이트에서 찾을 수 있다: https://www.kida.re.kr/frt/board/frtNormalBoardDetail.do?sidx=2166&idx=130&depth=3 (검색일: 2022. 03. 20).

Development Assistance)[6]가 시리아에 집중되고 있다는 점은 시리아 사태에 대한 국제사회의 지대한 관심과 해당 사태가 초래하는 여러 가지 문제의 심각성을 방증한다.

<그림 1> 공적개발원조 수원국 TOP 5

(Constant 2018 US$)

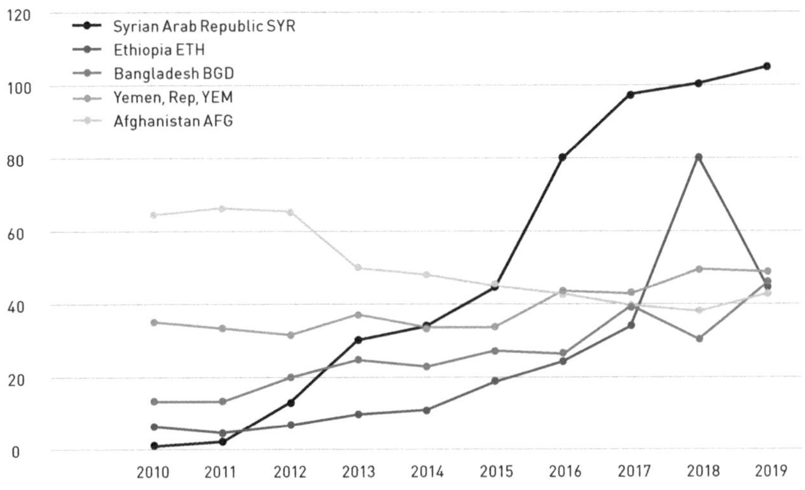

출처: data.worldbank.org/indicator

시리아를 탈출하는 난민 행렬이 격화되자 국제사회는 유럽을 중심으로 시리아 난민을 수용에 대한 방안을 내놓기 시작했다. 2015년 유럽연합은 회원국들이 난민을 분산 수용하도록 난민 강제 할당제 도입을 시도했으나, 폴란드를 비롯해 헝가리와 루마니아 등 많은 국가가 이를 거부하는 등 내부적인 저항에 부딪혔다. 이에 유럽연합은 사실상 유럽으로의 대규모 난민 유입을 막기

6 공적개발원조는 개발도상국의 경제발전과 사회발전, 그리고 복지증진 등을 주목적으로 하는 원조이다.

위해 유럽과 중동을 잇는 교두보인 터키에 난민 수용을 전적으로 맡기고 있으며 그 대가로 돈을 지불하고 있다(조선일보 21/06/28).

<표 2> 망명 국가별 시리아 난민 수

장소	난민 수(%)	데이터 날짜	데이터 출처
터키	3,750,462 (65.8%)	2022. 3. 10	터키 정부
레바논	839,788 (14.7%)	2022. 1. 31	UNHCR
요르단	673,957 (11.8%)	2022. 2. 28	UNHCR
이라크	256,861 (4.5%)	2022. 2. 28	UNHCR
이집트	138,853 (2.4%)	2022. 2. 28	UNHCR
기타 (북아프리카)	42,578 (0.7%)	2020. 12. 31	UNHCR
총계	5,702,499		

출처: https://data2.unhcr.org/en/situations/syria

<표 2>에도 나와 있듯이 시리아 난민의 과반을 터키가 수용하고 있으며, 나머지는 시리아 인접국들이 대부분 수용하고 있다.[7] 이와 같은 현상은 유럽국가들이 시리아 난민을 사실상 거부하고 있는 가운데, 물리적으로 가까운 곳에 안착할 수밖에 없는 현실이 반영된 것으로 보인다. 이에 본 글에서는 시리아

7 유럽연합 국가들이 수용하고 있는 전체 시리아 난민 수는 레바논과 비슷한 규모로 추산된다.

난민 수용 TOP 5 인접 국가인 터키, 레바논, 요르단, 이라크, 이집트를 중심으로 이들 국가의 시리아 난민에 대한 지원과 시리아 난민들의 인간안보 현황을 살펴보고자 한다.

시리아 인접국들의 시리아 난민 대응 노력

'지역 난민·복원력 계획(3RP, Regional Refugee and Resilience Plan)'은 시리아 위기에 대응하는 통합 인도주의 및 개발 계획이다.[8] 현재 터키, 레바논, 요르단, 이라크, 이집트를 포괄하는 5개의 국가 단위(country chapters)와 함께 하나의 통합적인 지역 계획으로 구성되어 있다. 3RP는 2015년에 국제사회가 시리아 난민을 관대하게 수용하는 국가와 지역사회가 직면한 고유한 문제를 인식하고 이에 대응하기 위해 도입되었다. 단발적이고 근시안적인 긴급 지원(emergency assistance)을 넘어 전략적이고 유기적인 접근 방식인 3RP는 UNHCR과 UNDP의 공동 주도하에 국가 계획 및 우선순위에 따라 시리아 위기에 대한 인도적 및 개발 대응을 결합한 일관된 단일 계획이다. 해당 프로젝트에는 270여 개의 유엔 에이전시와 국제·국내 비정부기구, 그리고 여러 국가가 파트너 국가로 참여하고 있다(3RP brochure 2021, 2).

이러한 3RP에는 두 개의 상호 연결된 구성 요소가 있다. 첫째, 난민 구성 요

8 3RP의 맥락에서 복원력(탄력성)은 '충격과 스트레스를 견디고 그러한 스트레스로부터 회복하며 국가 및 지방정부 기관과 협력하여 지속가능성을 위한 변혁적 변화를 달성하는 개인, 가정, 지역사회 및 사회의 능력'을 의미한다.

소는 난민의 보호 및 인도적 지원 요구 사항을 해결한다. 둘째, 회복력 구성 요소는 국가의 역량 강화를 목표로 하며 나아가 개인, 공동체 및 기관의 회복력, 안정화 및 개발 요구 사항을 해결한다. 추가로, 3RP는 '난민 글로벌 콤팩트(Global Compact on Refugees)'[9] 및 UN 2030 지속 가능한 개발 의제 및 지속 가능한 개발 목표(SDGs)와 같은 현재 진행 중인 글로벌 프로세스를 포함하여 인도적 지원과 개발 프로세스와의 시너지 효과를 모색하고 있다.[10]

이러한 지역적 공동 대응에 힘입어 2021년 5월 기준 총 약 250억 달러에 달하는 자금을 조성하는 데 성공하였다. 2020년도 보고서에 따르면 한 해 동안 시리아 난민 중 약 24만 명이 성·젠더 폭력 관련 대응 서비스 혜택을 받았고, 약 236만 명이 현금이나 바우처 등의 형태로 식량 지원을 받았으며, 약 120만 명의 5세~17세 아이들이 정식 교육 과정을 밟고 있고, 약 185만 명이 안정적인 식수 보급과 위생 관련 혜택을 받고 있다. 해당 4개 분야에서는 목표치에 거의 근접한 성과를 이루거나 초과 달성한 것으로 보고된다. 한편, 기본적인 보건 혜택 문제, 주거 문제, 고용 문제에서는 목표한 바의 절반 혹은 그보다 한참 밑도는 정도의 성과를 기록하는 등 여전히 많은 문제가 국제사회의

---

9 2018년 12월 17일 유엔 총회에서 채택된 난민 글로벌 콤팩트는 난민 문제를 지속 가능한 방법으로 해결하기 위해서는 국제적인 협력이 필요하다는 인식에 따라 각국이 난민 보호 책임을 공유할 수 있도록 하는 내용을 담고 있다. 나아가 난민을 수용하는 국가 그리고 지역공동체가 필요로 하는 지원을 보장받도록 각국 정부, 국제기구 및 기타 관련 기관에 청사진을 제공하는 역할을 담당한다. 이러한 난민 글로벌 콤팩트는 난민 수용국의 부담을 경감하고, 난민의 경제적 자립을 증진하며, 제3국으로의 정착 방안에 대한 접근을 확대하고, 안전과 존엄성이 보장된 상태에서 난민의 본국 귀환이 가능하도록 본국의 상황 개선 지원이라는 4가지 핵심 목표를 지향하고 있다. 난민 글로벌 콤팩트에 대한 보다 자세한 내용은 유엔난민기구 홈페이지 참조: https://www.unhcr.or.kr/unhcr/html/001/001001004005.html (검색일: 2022. 02. 14).

10 이상 3RP에 대한 개요는 공식 홈페이지를 참조하였다. https://www.3rpsyriacrisis.org/ (검색일: 2022. 02. 14.).

관심이 필요하다.[11]

3RP 보고서는 크게 8가지 항목에서 자금 조달 현황과 해당 항목에 대한 터키, 레바논, 이라크, 요르단, 이집트 5개국의 대응을 기술하고 있다(3RP Progress Report 2021).[12] 8가지 항목 모두 인간안보의 다양한 측면을 구성하는 요소들로, 구체적으로는 안전(protection), 식량안보(food security), 교육(education), 보건 및 영양(health & nutrition), 기본수요(basic needs), 거처(shelter), 물 및 위생(WASH), 그리고 생계(livelihoods)가 있다. 한편, 가장 최근 보고서인 2021년도 상반기 현황 보고서에 따르면 8가지 항목에서 모두 30% 미만으로 문제 해결에 필요한 자금을 충분히 조달하고 있지 못한 상황이다.

이러한 자금난은 2013년부터 지속되어왔던 문제로, 3RP 계획을 온전히 실행하는 데 필요한 자금은 매해 증가하고 있지만 자금 조달 비율은 지속해서 줄어들어 2013년도에는 71% 조달률을 기록했지만 2020년도에는 53%밖에 조달하지 못했다. 자금 부족은 3RP 국가가 난민들에게 중요한 서비스를 제대로 보장하지 못하게끔 하는 가장 큰 요인 중 하나로 작용하고 있으며, 이러한 자금 미달 및 감축 현상은 2022년도에도 지속될 것으로 전망되고 있다(3RP Regional Strategic Overview 2022, 8).

11 2020년도 3RP 대응 관련 정확한 수치는 (3RP brochure 2021, 3)을 참조.

12 한편, 큰 맥락에서의 3RP의 전략적 방향은 총 4가지로 인민 안전(protecting people), 지속 가능한 해결책 추구(pursuing durable solutions), 존엄한 삶 지원(supporting dignified lives), 지역 및 국가 능력 강화(enhancing local & national capacities)가 있다.

<표 3> 2013~2020 3RP 필요 자금 규모 및 조달률

연도	필요 자금 (billion US dollar)	조달률	전년 대비 증감률
2013	2.98 (약 29억 달러)	71%	
2014	3.74 (약 37억 달러)	61%	-10%
2015	4.32 (약 43억 달러)	62%	+1%
2016	4.54 (약 45억 달러)	63%	+1%
2017	5.58 (약 55억 달러)	61%	-2%
2018	5.6 (약 56억 달러)	62%	+1%
2019	5.4 (약 54억 달러)	57%	-5%
2020	5.996 (약 59억 달러)	53%	-4%

출처: 3RP Progress Report 2021, p. 4 내용을 기반으로 재구성.

한편, 3RP 5개국의 어려움은 단순히 국제사회로부터 자금 조달이 원활하지 못하다는 점에서만 비롯되지 않는다. 먼저, 수용국가들 대부분이 경제적으로 어려움을 겪고 있으며, 높아진 실업률과 빈곤율을 감당해야 하는 상황에 있다. 레바논의 경우 채무 불이행과 재정 적자로 인해 혼란스러운 가운데 물가 상승과 실업률 증가로 역사상 가장 심한 경제난을 겪고 있다(3RP Lebanon Crisis Response Plan 2021, 55).[13] 2021년 기준 레바논 가구의 41%가 식량과 기본 수요에 접근하는 데 어려움을 겪고 있다고 보고되고 있다(3RP Progress Report

13 레바논의 대응 계획 및 현황에 대한 보다 자세한 내용은 Lebanon Crisis Response Plan 2017-2021을 참조.

2021, 3). 나아가 레바논은 2019년 10월 이후 반정부 시위가 본격화되고 있으며, 2020년 8월 수도 베이루트 항구 대규모 폭발 참사로 인해 디아브 내각이 총사퇴하면서 국정 공백이 지속되는 등 정치적인 혼란 또한 겪고 있다(한국국방연구원 2021). 이와 같은 3RP 국가들의 내부적 상황은 제한된 일자리 기회와 기본 서비스 제공을 두고 수용국 국민과 수용국 내 난민 사이에 사회적인 긴장감을 격화시키는 요인으로 작용하고 있다(3RP Regional Strategic Overview 2022, 8).

나아가 COVID-19는 기존의 악조건들을 더욱 심화시키고 있다. 3RP 국가들 모두 예외 없이 COVID-19로 인해 경제·사회적 타격을 입거나, 이미 존재하던 문제들이 더욱 악화하고 있음을 보고서를 통해 밝히고 있다. 이라크의 경우 2003년 이래 가장 큰 경제난을 겪고 있는 상황으로, 이에 빈곤율이 가파르게 상승하고 있다. COVID-19 전염병으로 인해 난민들을 수용 중인 이라크 내 쿠르디스탄 지역(KR-I, Kurdistan Region of Iraq)의 상점 및 비필수적인 사업체들을 임시 폐쇄하게 되었고, 전염병 확산을 막기 위한 이동 제한은 식량안보와 기본적인 필요를 충족시키는 능력에 악영향을 미치고 있다(3RP Iraq Country Chapter 2021, 3). 결과적으로, 식량 및 현금 지원, 난민들의 생계유지를 위해 개입에 대한 필요성이 지속해서 증가하고 있다고 평가하고 있다(3RP Iraq Country Chapter 2021, 3). 요르단의 경우 원격 교육으로의 전환, 의료 부문에 대한 압박, 실업률 증가로 인한 생활 환경 악화 등 COVID-19가 난민과 지역사회에 심각한 사회·경제적 영향을 미치고 있음을 호소하고 있다(3RP Jordan Response Plan 2021, 3). 나아가, 3RP 보고서는 COVID-19가 국가 불문하고 여자와 아이들의 상황을 악화시키는 등 젠더 불평등을 격화시키고 있으며, 취약

계층과 장애인들의 상황 또한 더욱 악화시키고 있다고 평가하고 있다.[14] 지속되는 COVID-19 상황으로 인해 3RP 5개국 모두 전국적으로 학교와 직장 등 사회적 공간이 폐쇄되고 공공부문 서비스 또한 제한되는 상황에 직면해 있다.

시리아 난민들의 생각을 묻다

지금까지는 철저하게 시리아 난민 수용국들이 어떠한 대응을 하고 있으며, 어떤 난관에 봉착에 있는지, 그리고 그러한 상황이 시리아 난민들에게는 어떠한 영향을 미치고 있는지를 간략하게 살펴보았다. 한편, 유엔난민기구를 비롯하여 많은 국가가 난민의 본국으로의 자발적 귀환을 가장 최우선시되어야 하는 최종해결책으로 보는 만큼, 난민들의 현 실태 그리고 앞으로의 미래와 관련해서 시리아 난민들의 의견이 어떠한지 또한 살펴볼 필요가 있다. 유엔난민기구는 난민 남성, 여성, 소녀, 소년의 말에 귀를 기울이고 영구적인 해결책을 확보하는 데 있어 그들의 희망, 의도, 선택에 따라야 한다고 강조하고 있다.

유엔난민기구는 시리아 난민들을 대상으로 향후 본국으로 귀환하는 것에 대한 그들의 인식과 의도를 파악하고자 2017년부터 매년 이집트, 이라크, 레바논, 요르단 내 시리아 난민들을 인터뷰해오고 있다.[15] 본 글에서는 가장 최근

---

14 3RP Regional Strategic Overview 2022에 따르면 COVID-19로 인한 여러 사회·경제적 어려움의 악화로 인해 여성은 가정 내 간병인 역할을 도맡게 되고 여자아이들은 조혼을 강요받는 상황에 직면하고 있다고 판단하고 있다.

15 유엔난민기구는 해당 자료가 난민들의 생각과 의도에 관련한 통찰을 제공할 수 있다고 보지만, 한편으로는 그들의 의도와 생각은 서베이가 이루어진 시점 이후로 다양한 요인에 의해 바뀔 수 있으므로 서베이 내용을 신중하게 참고할 것을 당부하고 있다.

<표 4> 시리아 귀환에 대한 3RP 국가 내 시리아 난민들의 의견

서베이 질문	선택지	비율
Do you plan to return to Syria within the next 12 months?	Yes	2.4%
	Undecided	7.6%
	No	90%
(If answered "No" or "Undecided") Plans of those who do not wish to return to Syria within the next 12 months	I will stay in the host country for now	69%
	I will move to a third country	19%
	Do not know / undecided	7%
	None of the above	3%
	I will eventually return to Syria	2%
Hope to go back to Syria one day	Yes	70%
	No	20%
	Don't Know	10%

출처: Sixth Regional Survey on Syrian Refugees' Perceptions & Intentions on Return to Syria (2021) p. 4 내용을 표로 재구성.

자료인 2021년 3월에 발간된 제6차 인식 조사 자료만 참고하고자 한다.[16]

해당 자료에 따르면 "향후 12개월 안에 시리아로 돌아갈 계획이 있는가?(Do you plan to return to Syria within the next 12 months)"란 질문에 대해 3,201명의 응답자 중 "그렇다(Yes)"라고 대답한 비율은 2.4%에 그쳤다. 응답자 중 7.6%는

16 해당 자료의 정확한 명칭은 "Sixth Regional Survey on Syrian Refugees' Perceptions & Intentions on Return to Syria"이며, 해당 자료는 마찬가지로 3RP 공식 홈페이지에서 확인할 수 있다.

<표 5> 시리아 복귀 희망 이유 및 미복귀 희망 이유[17]

시리아 복귀 희망 이유 (Main reasons for returning)	1. The security situation has improved
	2. Other[18]
	3. I have work/found livelihood opportunities in Syria
	4. Me and my family are missing home
	5. I feel pressure from/in my current host country
시리아 미복귀 희망 이유 (Main reasons for not returning)	1. Lack of livelihood/work opportunities
	2. Lack of safety and security
	3. Lack of adequate housing and or concerns
	4. To avoid military service
	5. Inadequate basic services

출처: Sixth Regional Survey on Syrian Refugees' Perceptions & Intentions on Return to Syria (2021) p. 4 내용을 표로 재구성.

"아직 정해진 바 없다(Undecided)"라고 답했으며, 무려 90%가 "그럴 생각이 없다(No)"고 답했다. 12개월 안에 시리아로 돌아갈 생각이 없거나 미정이라고 답한 응답자 중 69%가 현재 머무는 수용국에서 좀 더 있겠다고 했으며, 19%는 제3국으로 갈 계획이라고 답했다. 추가로, 12개월 안에 시리아로 돌아가겠다고 답한 2.4%를 제외한 응답자 중 70%는 언젠가는 시리아로 돌아가고 싶

17 해당 자료에는 복귀 희망 이유와 미복귀 희망 이유에 대한 우선순위만 막대그래프로 나타내고 있을 뿐, 정확한 수치는 제공하지 않았다.

18 기타(Other)에는 난민들의 개인적인 상황, 가족 상황, 그리고 기타 경제적인 이유와 같은 다양한 범위의 요인들이 포함돼 있다.

다고 대답하였다.

UNHCR이 단행한 서베이는 결과는 크게 5가지로 압축할 수 있다.[19] 첫째, 해당 서베이는 약 90%의 난민들이 자신들이 현재 머무는 수용국에서 기본수요조차 충족되고 있지 못한 시점에서 자행되었다. 인터뷰 응답자의 약 89%가 현재 머무는 국가에서 기본수요가 충족되고 있지 않다고 답하였는데, 이는 최근에 3RP 국가들을 대상으로 자행된 취약성 평가와 일치하는 결과였으며, 응답자들은 특히 식량, 주거, 의료와 교육 관련 지출, 그리고 기초 생필품 영역에서 큰 고충을 느끼고 있는 것으로 파악됐다. 둘째, 대부분의 시리아 난민들은 당장은 아니더라도 언젠가는 본국으로 돌아가고 싶어 하는 것으로 밝혀졌다. 셋째, 응답자 중 극히 소수인 2.4%만이 12개월 이내 시리아로 돌아갈 계획인 것으로 확인되었다. 그중 89%는 자신의 고향으로 돌아갈 계획임이 밝혀졌다. 넷째, 응답자들은 안전과 안보(safety and security), 생계(livelihoods), 주거(housing), 그리고 기본적인 공공 서비스(basic services)를 그들이 귀환하고자 하는 결정에 영향을 미치는 핵심 요소로 꼽았다. 본국으로 귀환을 희망한다고 답한 2.4%의 응답자들은 시리아 내 안전과 안보 상황의 개선을 가장 주요한 이유로 꼽았으며, 생계 기회와 주거 환경에 대한 긍정적인 평가가 그 뒤를 잇고 있다. 해당 인터뷰 결과는 본국으로 귀환을 희망하든 안 하든 그 배경에는 경제안보, 식량안보, 보건 안보, 개인안보 등 인간안보의 제 요소에 대한 직접적이고 실질적인 고려가 반영되어 있음을 여실히 보여준다.

한편, 대부분의 인터뷰 응답자들은 COVID-19가 자신들의 복귀 의도

19 해당 내용은 Sixth Regional Survey on Syrian Refugees' Perceptions & Intentions on Return to Syria (2021) p. 5의 내용을 요약 정리한 것이다.

에 영향을 거의 미치지 않았다고 설명했다. 구체적으로는 응답자의 85%가 COVID-19 관련된 진척 사항은 시리아 복귀 의도와 전혀 무관하다고 답하였고, 응답자의 6%는 COVID-19가 자신들의 시리아 복귀 의사에 영향을 주었다고 답하였다. COVID-19의 여파를 인정한 응답자들은 시리아 내 COVID-19 여파에 따른 감염 위험, 보건 서비스의 질 저하, 그리고 부족해진 생계 기회 등을 자신들의 복귀 의사에 영향을 미친 요인들로 선정했다.

근본적인 문제 해결과 난민 수용에 대한 장기적인 계획이 필요하다

이상 살펴본 바와 같이 시리아 난민에 대한 국제사회의 지원이 다방면으로 이루어지고 있으나, 여전히 시리아 난민들의 인간안보 상황이 근본적으로 크게 개선됐다고 보기는 어려운 것이 사실이다. 물론, 시리아 난민의 인간안보적 상황이 현상 유지에 머무는 것의 가장 근본적인 문제는 시리아 내전의 장기화일 것이다. 하지만 시리아 내전은 미국, 러시아, 이란, 터키 등 강대국들과 이웃 국가들이 개입한 상태로 국제화된 내전인 만큼 이른 시일 안에 상황이 종결되는 것은 요원해 보인다. 그중에서도 터키는 시리아 난민을 가장 많이 수용하고 있고 대시리아 공적개발원조 또한 국제사회 전체를 합친 것보다 많이 하고 있지만, 동시에 시리아 내전에 깊숙이 개입하고 있는 국가 중 하나이다. 터키는 오늘날까지도 시리아 정부군에 대항하는 반군에 군사 무기를 지원하는 실정이며, 시리아 북부 지역에는 군사적으로 개입하고 있다. EU를 비롯한 국제사회는 터키의 이러한 행위가 수많은 난민을 추가로 발생시키며 개발 협력 등 시리아 사태를 진정시키기 위한 여러 국제사회의 노력을 저지하는 것이라고 비판해왔다. 이러한 국제사회의 비판에도 불구하고 터키의 에르도안은 자국의 시리아 내 군사적 개입을 공격적(Offensive)이고 침략(invasion)이라고 규정하려고 할 시 국경을 개방하여 수백만 명의 시리아 난민을 유럽으로 향하게 하겠다고 한 바 있다(Vox Media, 2019).

이와 같은 상황은 시리아 난민에 대한 각종 지원이 단발성에 그치지 않고 보다 장기적인 관점에서 이루어질 필요가 있음을 시사한다. 3RP 대응은 그러한 장기적인 계획의 출발이었으나, 여전히 많이 아쉬운 것이 사실이다. 대부분의 국가들은 시리아 내전이 아직 진행 중이고 장기화가 되고 있음에도 불구하고 우선으로 시리아 난민을 본국으로 되돌려보내는 것을 최종적인 방안으로 생각하고 있기 때문이다. 하지만 이는 실질적인 생활 터전을 잃은 난민들을 다시금 혹은 지금보다 더욱 심하게 인간안보가 위협받는 상황으로 몰아넣는 행위일 수 있다. 그런 의미에서 3RP 소속 국가들과 더불어 국제사회는 시리아 난민들을 단순히 본국으로 송환하는 것에 그치지 않고 그들을 장기적으로 수용하는 방안에 대해 진지하게 고민해 보아야 할 것이다.

예를 들어, 이집트 정부는 유엔난민기구에 등록된 난민과 망명 신청자들에게 계속해서 그들의 이집트 거주를 승인하고 6개월 추가 갱신이 가능한 허가서를 부여해왔고, 2019년 7월에는 거주 허가 처리 과정을 개선하기 위해 새로운 이민 및 국적 관리 사무소로 이전하는 등의 난민 수용에 대한 제도적 · 행정적 개선에 힘쓰고 있다(3RP Egypt 2021, 5). 완벽한 대안이 될 수는 없겠지만 난민 수용국들은 당국의 노동시장에 유입되는 난민에 대한 체계적인 교육훈련을 통해 노동시장에 연착륙시킴으로써 경제성장 잠재력 확충에 기여하도록 하는 것(김중관 2016, 42)도 보다 장기적인 관점에서 난민들의 인간안보 문제를 해결하는 방법일 것이다.

나아가, 난민정책과 이주 정책의 적절한 조화에 대한 고민 또한 필요하다. 임시 보호라는 정책적 절충은 대규모 난민의 급속한 이동을 수용하는 과정에서 완충적 기능을 수행하고 있으나, 이는 사법적 판단이나 행정심판의 증가로 이어지고 있어 수용국 입장에서는 이들 보호에 부담이 되고 있을 뿐만 아니라, 이들의 송환 문제를 둘러싸고 수용국 내부적으로 사회적 갈등이 촉발될 가능성이 크다(김성진 2020, 32). 그러므로 무엇보다 현실에 맞는 정책을 개발·추진하기 위해 긍정적·부정적인 현실에 대한 자료와 분석을 축적하고, 기존 정책에 대한 평가와 현장의 보호 경험을 공유하기 위한 논의가 더욱 본격적으로 활성화될 필요가 있을 것이다(김성진 2020, 32).

난민 문제 해결과 그들의 인간안보 문제는 단순히 난민들을 수용하고 있는 국가들만이 떠안아야 하는 문제가 아닌, 국제사회의 긴밀한 공조와 대응이 필요한 문제임을 국제사회가 지속해서 상기할 필요가 있다. 시리아 난민 문제가 유럽에서 중대한 안보 문제로 떠오른 가운데 미국을 비롯하여 독일, 영국 등의 대표적인 유럽 국가가 시리아 난민들에 대한 지원이나 수용을 늘려왔지만, 여전히 시리아 인접국들이 짊어지고 있는 부담에 비하면 미미한 수준인 것이 사실이다(이신화 2016, 21). 이처럼 불균형적인 난민 쏠림현상 및 유럽 내 난민수용에 대한 동서 간 분열 현상 등의 갈등을 줄이기 위해서는 서구 유럽 국가가 중동과 아프리카 분쟁지역의 인접 국가 및 유럽 변방 국가에 대한 적극적인 재정적 지원과 인프라 구축에 힘을 쏟을 필요가 있다(이신화 2016, 21).

그런 의미에서, UNHCR이 2017년부터 진행해 오고 있는 시리아 난민들에 대한 인터뷰를 지속하여 난민들이 실질적으로 필요로 하는 부분이 무엇인지를 파악하는 작업은 매우 중요하다고 할 수 있다. 3RP 대응 계획에서 두드러진 가장 큰 문제점 중 하나는 결국 자금이 충분하지 않다는 것이었다. 자금을 완전히 조달할 방법이 있다면 당연히 그것이 최선이겠지만 현실적으로 어렵다는 점을 감안한다면, 제한된 펀딩 및 자원을 더욱 효과적이고 효율적으로 써야 할 것이다. 이를 위해서라도 정확한 수요를 파악하기 위한 인터뷰 작업은 지속될 필요가 있으며, 이는 결과적으로 난민의 인간안보 상황을 개선하는 데 큰 도움이 될 것으로 보인다.

참고문헌

김성진. 2020. "'혼합이동'과 유럽 난민정책: 프랑스, 독일, 스웨덴, 영국 사례." 『정치정보연구』 23(2).

김중관. 2016. "시리아 난민의 이주문제에 대한 분석: EU 의 수용정책을 중심으로." 『한국중동학회논총』 37(2).

이상환. 2012. "지속가능성 분쟁과 인간안보: 보건 안보를 중심으로." 『정치정보연구』 15(2).

이상환. 2017. "시리아 난민문제와 국제사회: 중견국의 역할을 중심으로." 『아시아연구』 20(1).

이신화. 2016. "시리아 난민사태: 인도적 위기의 안보적 접근과 분열된 정치적 대응." 『한국과 국제정치』 32(1).

이용승. 2014. "국제이주와 인간안보." 『국제관계연구』 19(2).

황기식 · 김현정. 2018. "난민안보와 EU 공동체 위기." 『한국동북아논총』 23(3).

Bajpai, Kanti P. 2000. Human security: concept and measurement (pp. 1-64). Notre Dame: Joan B. Kroc Institute for International Peace Studies, University of Notre Dame.

King, Gary, and Christopher JL Murray. 2001. Rethinking human security. Political science quarterly, pp. 585-610.

Paris, Roland. 2001. "Human security: paradigm shift or hot air?" International security, 26(2).

신문기사

뉴시스, 2022, "美 "러, 우크라 침공시 100만~500만 난민 발생"…英 "병력 1000명 배치"" 『뉴시스』 (2월 10일) https://newsis.com/view/?id=NISX20220210_0001753729&cID=10101&pID=10100 (검색일: 2022. 02 11).

방성훈, 2022. "우크라 난민 300만명 넘어…주변국들 수용 한계" 『이데일리』 (3월 16일) https://www.edaily.co.kr/news/read?newsId=02519046632263976&mediaCodeNo=257&OutLnkChk=Y (검색일: 2022. 03. 20).

서유근, 2021, "교황 "이주민·난민 문제는 인류의 스캔들, 외면말아야"" 『조선일보』 (12월 31일) https://www.chosun.com/international/2021/12/31/TYS7HJ7CHFFJNPUMFGGD5S5SHU/ (검색일: 2022. 02. 10).

손진석, 2021. "EU, 시리아 난민 수용하는 터키에 4조원 주기로" 『조선일보』 (6월 28일) https://www.chosun.com/international/europe/2021/06/28/RXVCOXUAWNBLTIDP4Q45R3HV2Y/?utm_source=naver&utm_medium=referral&utm_campaign=naver-news (검색일: 2022. 03. 20).

연합뉴스, 2016. "반기문 "국제사회 단합으로 시리아 난민위기 해결해야"" 『연합뉴스』 (3월 30일) https://www.yna.co.kr/view/AKR20160330180600088?input=1195m (검색일: 2022. 03. 20).

The Guardians, 2021. "At least 16 dead after third migrant boat in three days sinks in Greek waters." The Guardians (Dec 24) https://www.theguardian.com/

world/2021/dec/24/at-least-six-dead-after-third-migrant-boat-in-three-days-sinks-in-greek-waters (검색일: 2022. 02. 10).

VOA, 2021. "1,600 Migrants Lost at Sea in Mediterranean This Year." Voice of America(Nov 25) https://www.voanews.com/a/migrants-lost-at-sea-in-mediterranean-this-year/6328210.html#:~:text=officials%20estimate%20that%201%2C600%20people,the%20help%20of%20human%20smugglers. (검색일: 2022. 02. 10).

Vox Media, 2019. "Turkey's invasion in Syria is creating even more refugees — just as the US shuts the door" Vox Media(Oct 11) https://www.vox.com/policy-and-politics/2019/10/11/20908160/turkey-invasion-syria-refugee-crisis-trump (검색일: 2022. 1. 01).

인터넷 자료

한국국방연구원, 2021. "지역별 분쟁 분석자료: 시리아 내전" https://www.kida.re.kr/frt/board/frtNormalBoardDetail.do?sidx=2166&idx=130&depth=3 (검색일: 2022. 03. 20).

한국국방연구원, 2021. "지역별 분쟁 분석자료: 레바논 분쟁" https://www.kida.re.kr/frt/board/frtNormalBoardDetail.do?sidx=2166&idx=132&depth=3&searchCondition=&searchKeyword=&pageIndex=1&lang=kr (검색일: 2022. 03. 20).

3RP, 2021. "3RP brochure 2021: An introduction to The Regional Refugee and Resilience Plan (3RP)." https://www.3rpsyriacrisis.org/wp-content/uploads/2021/08/3RP_brochure_jun2021.pdf (검색일: 2022.02.13.).

3RP, 2021. "Lebanon Crisis Response Plan: 2017-2021(2021 update)" https://www.3rpsyriacrisis.org/wp-content/uploads/2021/06/LCRP_2021.pdf (검색일:

2022. 02. 14).

3RP, 2021. "Iraq Country Chapter 2021-2022." https://www.3rpsyriacrisis.org/wp-content/uploads/2021/04/Iraq_2021.pdf (검색일: 2022. 02. 14).

3RP, 2021. "Jordan Response Plan for the Syria Crisis 2021." https://www.3rpsyriacrisis.org/wp-content/uploads/2021/03/NewNarrat.pdf (검색일: 2022. 02. 14).

3RP, 2021. "2020-2021 Regional Refugee & Resilience Plan - Egypt." https://www.3rpsyriacrisis.org/wp-content/uploads/2020/10/3RP2021EN.pdf (검색일: 2022. 02. 14).

3RP, 2021. "Progress Report 2021" https://www.3rpsyriacrisis.org/wp-content/uploads/2021/09/2021_3RP_Progress_Report.pdf (검색일: 2022. 02. 14).

3RP, 2021. "Sixth Regional Survey on Syrian Refugees' Perceptions & Intentions on Return to Syria: Egypt, Iraq, Lebanon, Jordan." https://www.3rpsyriacrisis.org/wp-content/uploads/2021/03/6th_Regional_Intention_Survey.pdf (검색일: 2022. 02. 14).

3RP, 2022. "In Response to the Syria Crisis: Regional Refugee & Resilience Plan" https://www.3rpsyriacrisis.org/ (검색일: 2022. 02. 14).

3RP, 2022. "Regional Strategic Overview 2022" https://www.3rpsyriacrisis.org/wp-content/uploads/2022/02/RSO2022.pdf (검색일: 2022. 02. 14).

The World Bank, 2022. "Net official development assistance received (constant 2018 US$) - Syrian Arab Republic, Ethiopia, Bangladesh, Yemen, Rep., Afghanistan." https://data.worldbank.org/indicator/DT.ODA.ODAT.KD?locations=SY-ET-BD-YE-AF&most_recent_value_desc=true (검색일: 2022. 02. 10).

UNHCR, 2020. "Global Report 2020." https://www.unhcr.org/flagship-reports/

globalreport/ (검색일: 2022. 02. 10).

UNHCR, 2021 "Syrian Refugee Regional Resilience Plan: An integrated humanitarian and development plan in response to the Syria Crisis." https://globalcompactrefugees.org/article/syrian-refugee-regional-resilience-plan#:~:text=The%20Regional%20Refugee%20and%20Resilience,of%20impacted%20people%20and%20institutions

UNHCR, 2022. "난민" https://www.unhcr.or.kr/unhcr/html/001/001001001002.html (검색일: 2022. 02. 10).

UNHCR, 2022. "Operational Data Portal: Syria Regional Refugee Response." https://data2.unhcr.org/en/situations/syria (검색일: 2022. 02. 20).

제7장

북한 주민의 인간안보와 난민으로서의 북한이탈주민

송샘 (한국외국어대학교)

난민이 된 북한 주민

북한 주민은 인권유린과 생존 위협에 시달리고 있다. 이들은 경제적 어려움과 식량 문제, 정치적 처형 등 생존의 위기를 피해 탈북을 시도하지만 탈출 경로에도 위협은 이어져 있다. 탈북에 실패할 경우, 각종 고문과 처형이 기다리고 있고 북한 탈출에 성공하더라도 북한이탈주민은 새로운 인간안보 위협 상황에 놓이게 된다. 제3국 경유지에서 발생하는 인권 침해, 범죄피해 문제가 바로 그것이다. 북한 주민은 탈북하는 순간 난민이 되지만, 한국에서 북한이탈주민 지위를 인정받거나 유럽, 북미 몇 개국에서 망명에 성공했을 때 비로소 난민의 지위를 인정받는다. 경유지에서 북한이탈주민은 불법체류자 취급을 받는다. 심지어 북한과 관계가 가까운 나라에서는 북송위협에도 시달린다.

한국에서 북한이탈주민은 같은 민족이라는 특수성으로 인해 난민으로 인식되지 않는다. 하지만 난민의 특수성을 인정하지 않을 경우, 북한에서의 인권 문제와 인간안보 위협, 탈북 과정에서 겪게 되는 각종 위험을 제대로 파악하기 어렵다. 북한이탈주민 역시 난민으로 규정되는 것을 거부하고 부정적으로 받아들이지만 난민 문제에 공동 대응하고 다른 나라의 협조를 구하기 위해서는 난민으로서의 북한이탈주민의 문제를 인식하는 과정이 필요하다.

북한 주민이 직면한 인권탄압과 인간안보 위협 문제, 북한이탈주민이 겪게 되는 각종 위험을 파악하고 북한이탈주민을 난민으로 인식하기 위해 이 글을 썼다. 이를 위해 북한 주민이 북한에서 겪는 인간안보 위협 실태와 탈북 과정, 제3국에서의 인간안보 위협 상황을 다루었다. 유엔북한인권조사위원회 보고서, 미국 국무부의 인신매매 실태 보고서를 통해 북한 주민의 인간안보 문제를 살펴보고 그것을 유엔개발계획(UNDP: United Nations Development Programme)이 제시한 일곱 가지 인간안보 유형을 기준으로 정리하였다. 북한 당국에 의해 조직적으로 자행되는 각종 처형과 인권범죄를 추적하고 기록하는 시민단체의 활동을 통해 정치적 처형 실태와 북한이탈주민의 증언을 살펴보았다. 심층면접을 통해, 경유지인 제3국, 특히 중국에서 북한이탈주민을 대상으로 벌어지는 인신매매, 강제결혼의 실태와 그것이 미친 영향을 조사하였다. 마지막으로 북한이탈주민의 인간안보 인식과 북한에서의 위협에 대한 평가, 한국에서의 위협에 대한 인식에 대해 심층면접 조사를 진행하였다.

북한 주민의 인간안보 문제

유엔개발계획이 1994년 인간개발보고서(Human Development Report)에서 규정한 인간안보 개념과 구성 요소를 바탕으로 북한 주민의 경제안보, 식량안보, 건강안보, 환경안보, 개인안보, 공동체안보, 정치안보 위협 상황을 분석하였다.

UN 북한인권조사위원회

북한 주민에 대한 인권 침해 문제가 지속해서 제기되면서 유엔은 2004년 북한 인권 특별보고관을 임명하였다. 하지만 북한의 비협조로 제대로 조사하기 어려웠다. 2012년 북한이탈주민 179명이 각국 외무부를 대상으로 북한 인권 실태에 대한 조사를 촉구하며 적극적으로 문제를 제기하자, 2013년 유엔 인권이사회는 결의안 22/13호를 통해 북한인권조사위원회를 설립하고 대대적인 조사를 진행하였다.

2014년 유엔인권이사회 북한인권조사위원회 최종보고서

2014년 발표된 보고서에 따르면, 북한 최고위층이 결정하고 주도한 반인도적인 범죄 행위가 확인되었다. 보고서는 사상, 표현 및 종교 자유 침해 문제, 차별, 이동 및 거주 자유 침해 문제, 식량권 및 생명권 침해 문제, 자의적인 구금, 고문, 처형, 정치범 수용 문제, 외국인 납치 및 강제 실종 문제 등 6개 항목으로 나누어 결과를 발표했다(UNHRC 2014).

이를 인간안보 유형에 적용해 정리하면, 노동당 집권과 장악력 유지를 위해

주민에게 식량을 차별적으로 제공하는 등 고의적으로 장기간 기아를 유발한 혐의가 확인되었다. 이러한 기아 유발은 경제안보와 식량안보에 심각한 위협이 되었다. 여성과 아동에 대한 강제노동과 성차별, 각종 범죄 노출과 이에 대한 방치, 의도적인 범죄 행위 조성 등 개인안보 위협도 존재한다. 성분과 종교에 따른 차별과 박해행위가 발견되는 등 공동체안보 또한 심각한 위협을 받는 것이 드러났다. 각종 차별 행위는 건강관리에도 영향을 미쳐 건강안보를 위협하고 있다. 노동당과 고위 간부 등 북한 최고위층에 의한 조직적인 정치안보 위협 상황도 확인되었다. 신체구속과 고문, 구금, 수용소 수용, 강제노동으로 인해 주민의 생존이 위협받고 있다(UNHRC 2014).

북한 지역에 거주 중인 주민을 대상으로 한 인간안보 위협뿐 아니라 외국인을 대상으로 한 납치 등 범죄 행위, 중국과 러시아 등 해외에 거주 중인 북한 노동자에 대한 착취행위, 중국에서 일어난 북한 여성에 대한 인신매매와 강제결혼을 묵인한 행위가 드러났다. 당시 중국에는 북한 여성이 출산한 아이 2만여 명이 거주 중인 것으로 추산되고 있다(UNHRC 2014).

2022년 퀸타나 보고관 보고서

퀸타나(Thomas Ohea Quintana) 보고관은 북한의 인권 상황이 지난 6년간 더 악화되었다고 평가했다. 그는 북한 당국이 신종 코로나바이러스가 확산하는 상황에도 국방 예산을 과도하게 편성해 북한 주민의 건강을 심각하게 위협하였다고 본다. 적대적인 시장 규제 정책으로 인해 경제 상황이 악화되었으며 국경봉쇄의 장기화 조치가 주민의 생필품 접근을 제한한다고 보았다. 국경통제를 명목으로 국경을 오가는 주민을 사살하는 것은 인권유린에 해당한다고 비판했다.

이 보고서에 따르면, 북한에서는 백신 접종이 어려워 건강안보가 위협을 받고 있으며 식량 수급마저 원활하지 않아 경제안보와 식량안보도 문제인 상황이다. 임의적인 체포와 구금, 구금시설의 열악한 상태와 수용된 사람들에 대한 처우 문제도 정치안보를 위협하고 있다. 국경통제를 목적으로 공개처형과 사살을 공공연하게 진행하고 있다는 점도 큰 위협이 되고 있다.

2020년, 미 국무부 국가별 인권보고서

미국 국무부가 발표한 국가별 인권보고서는 북한 주민이 인간의 기본적인 권리를 보장 받지 못하고 있다고 평가했다. 보고서 내용을 인간안보 유형으로 정리해보면, 북한 주민은 정부에 의한 부당한 체포와 기소, 검열, 불법적 혹은 임의적 처형과 강제 실종, 고문, 정치범 수용소에서의 인권 침해 문제 등 정치안보가 심각하게 위협 받고 있다. 해외에 있는 북한 주민에 대한 통제와 보복 행위도 심각한 상황이다. 탈북을 시도하다 북한으로 송환되면 고문과 강제 낙태가 기다리고 있다.

아동과 여성에 대한 개인안보 위협도 심각한데, 2019년 노동당의 아편 농장에서 14~15세 청소년이 강제 동원된 것이 확인되었고 여성에 대한 차별과 성적 학대 상황도 드러났다. 농장과 공장에서 강제노동이 자행되고 있고 사회 취약계층에 대한 보호가 이루어지지 않아 이들이 범죄와 마약, 폭력에 노출되어 있다. 공동체안보 위협 문제도 심각한 상황인데 특히 기독교인들과 지하교회에 대한 박해가 진행 중이다(U.S. Department of State 2021).

2021년 통일연구원 북한인권백서

통일연구원은 한국에 입국한 북한이탈주민의 인구학적 특성과 사회적 배경을 고려해, 최근까지 북한에 머물렀던 50명에 대한 심층면접 조사를 통해 북한 인권 상황을 분석한다.

백서의 내용을 인간안보 유형으로 정리하면, 북한은 강화된 대북 제재 영향으로 주민에 대한 배급을 중단하거나 양을 줄이고 있으며, 뇌물수수 등 식량권 위기가 부정부패와 연계되고 있어 식량안보를 위협하고 있다. 무상치료제도를 표방하지만 실제로는 환자가 비용을 부담하며, 계층에 따라 의료서비스 접근에 대한 차별이 존재해 건강안보도 위협 받고 있다. 사회보장제도가 법적으로는 마련되어 있으나 실상은 제대로 운영되지 않아 경제적 어려움을 겪는 경우가 많고 경제안보에 취약한 상황이다. 연로연금도 매우 적은 금액만 지급하고 있으며 이전보다 교육환경이 개선되었다고 하지만 학부모와 학생이 교육비를 부담하기 때문에 경제적 이유로 학교를 그만두는 경우도 많다. 여전히 강제 구금, 실종, 고문, 살인 및 처형이 진행되고 있어 정치안보가 매우 취약한 상황이며 생명권이 제대로 보호받지 못하고 있다. 한국과 통화하거나 문화콘텐츠를 시청하는 경우, 정치 수용소에 수감되는 사례가 수집되었고, 해외 파견 노동자의 이탈을 막기 위해 통제와 처벌을 강화하고 있는 것으로 드러났다(통일연구원 2021).

2021년 미 국무부 인신매매 실태 보고서, 개인안보와 정치안보 위협 상황

미국 국무부 인신매매 실태 보고서는 특히 북한의 개인안보와 정치안보 위협 실태가 잘 드러나 있다. 북한은 2003년 최하위인 3등급(Tier 3)을 받은 이래

2021년까지 19년 연속 최하등급을 유지하고 있다.

북한정부는 주민들에게 강제노동을 강요하고 인신매매를 자행하고 있다. 북한 정부 관리가 인신매매 가해자에 포함되어 있으며, 외국에 거주 중인 북한 주민을 대상으로 한 인신매매도 심각한 상황이다. 인신매매를 통해 강제노동을 시키고 있으며 심지어 북한에서는 강제노동이 주요 경제 축으로 활용되고 있다(U.S. Department of State 2021, 331-332).

정식 기소 등 공정한 사법 절차 없이 8만 명에서 12만 명의 주민이 정치범수용소에 수감되어 있다. 수용된 북한 주민은 농사와 제조, 벌목에 동원되어 강제노동을 수행 중이며, 이러한 강제노동행위에 아동도 포함되어 있다(U.S. Department of State, 2021, 331-332). 이 보고서는 북한 주민이 심각한 정치안보 위협에 시달리고 있음을 보여준다.

여성과 아동은 성매매 위험에 노출되어 있으며, 특히 학비가 부족한 북한 내 여학생과 중국에 있는 탈북 여성이 성매매 위험에 놓여 있다. 성인 남성이 아닌 16~17세 사이 아동이 군대에 징집돼 10년 동안 고된 일에 시달리며 강제노동 당하고 있다(U.S. Department of State 2021, 331-332). 개인안보 위협 상황도 심각하다는 것을 보여준다.

모든 유형의 인간안보가 위협 받는 상황

국제기구와 미국 국무부, 통일연구원의 보고서에 따르면 북한 주민은 인간안보 7개 유형 모두에서 안보 위협 상황에 놓여 있다. 핵 개발에 의한 경제제재 상황으로 인해 가난과 식량난, 에너지 부족에 시달리고 있으며 인간의 기본권을 보장받지 못한 채, 정권의 일방적인 정치적 처형과 구금 위협에도 노출되어 있다. 의료체계가 붕괴한 상황에 신종 코로나바이러스까지 확산하면서 건강안보 위협도 받고 있다. 기본적인 사회 인프라가 제대로 갖춰지지 않아 수질오염 문제, 에너지난에 따른 공기오염에도 시달리고 있다. 또한 폭력과 범죄에 대한 사법 절차가 제대로 작동하지 않아 인신매매, 성매매, 아동 노동착취, 강제노동 등 개인안보 문제도 존재한다. 종교 활동을 금지함에 따라 공동체안보도 문제가 되고 있다.

인권범죄를 추적하고 기록하는 사람들

북한 노동당 차원에서, 최고위층에 의해 조직적으로 자행되는 인권범죄를 기록하고 추적하는 사람들이 있다. 이들은 반인도적 범죄 행위를 처벌하기 위해 대량의 인권참상을 추적해 실종과 정치적 처형을 기록하고 이를 국제사회에 보고하고 있다. 북한인권정보센터(NKDB: Database Center for North Korean Human Rights)는 북한의 인권범죄 상황에 대한 진술을 수집하고 있으며 전환기정의워킹그룹(TJWG: Transitional Justice Working Group)은 매핑(mapping) 프로젝트를 통해 처형장소와 암매장 등 시체 처리장소, 인권 침해 관련 문서나 증거가 있을 장소를 파악해 지도에 표기한다. 침해 관련 위치를 공간지리정보(GIS)를 적용하여 매핑하고 서술 증언으로 드러나지 않는 정보와 패턴을 포착해 시각화하는 프로젝트를 진행 중이다(전환기정의워킹그룹 2021, 8).

처형과 암매장 장소 매핑 프로젝트

<그림 1> 수집된 지역별 처형 횟수 기록

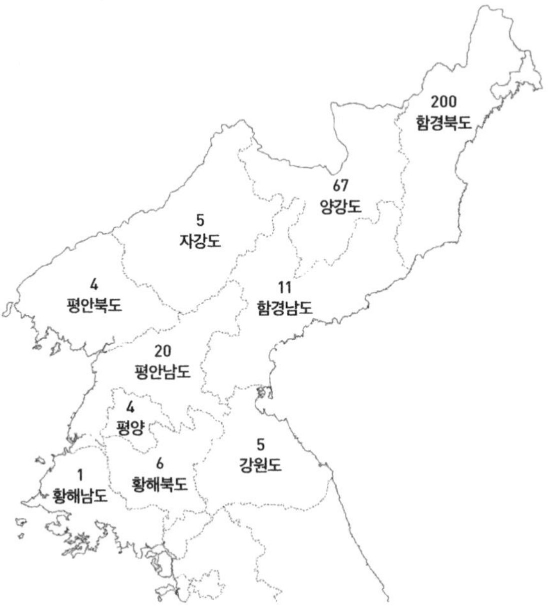

전환기정의워킹그룹 『MAPPINGTHE FATE OF THE DEADMAPPING Korea, PROGRESS REPORT』(2019), p.29에서 재작성

2019년 보고서에 따르면 처형장소가 함경도와 평안도 지역에 집중되어 있다. 이러한 조사결과는 두 가지 가설을 검증해야 한다. 첫째, 증언자가 함경도, 평안도 출신에 집중되어 있기 때문에 이 지역에 대한 처형 기록이 과다 수집된 것이라는 가설이다. 증언자 총 610명 중 함경북도 출신 348명, 양강도 출신 115명으로 응답자의 76%가 해당 지역 출신이기 때문에 이 지역의 기록이 가장 많을 수밖에 없다. 실제 북한이탈주민의 59%가 함경도 출신, 17%가 양강도 출신이다. 두 지역은 국경 지역으로, 다른 지역에 비해 용이한 탈출 루트를

가지고 있어 이 지역 출신이 탈북민의 대부분을 차지한다. 처형은 탈북민의 증언을 통해 수집되고 교차 검증을 거쳐 기록된다. 증언자가 이 지역에 집중되어 있으니 처형기록도 집중될 수밖에 없다.

둘째, 실제로 다른 지역에 비해 이 지역에서 정치적 처형이 많이 일어난다는 가설이다. 국경 지역이다 보니 탈북시도가 많이 이루어져 다른 지역보다 실제로 더 많은 정치적 처형이 자행되었다는 가설이다. 북한인권단체 간담회에서 국제공화주의연구소(IRI: International Republican Institute) 이소연 연구원은 다른 지역에 비해 차별적으로 더 많이 처형당하고 있다면 이것은 특정 지역에 대한 차별과 일종의 제노사이드로 분류될 수 있다고 주장했다. 이후 특정 지역에 대한 증언뿐 아니라 북한 전 지역의 수집 사례가 누적되면 두 번째 가설이 검증될 수 있을 것이다.

사적 복수와 정치적 처형을 구분하는 것도 문제가 된다. 정치적 처형으로 처리되었지만 사적 복수나 범죄를 은폐하는 수단으로 활용한 경우가 있을 수 있다. 정치적 처형이 만연하고 일상적이라면, 이것을 집행하는 중간계층의 개인적인 범죄도 쉽게 가려질 수 있을 것이다. 이들이 사적인 목적으로 살인을 저지르고 정치적 처형 피해자들과 함께 처리한다면 해당 범죄는 정치적 처형으로 쉽게 조작될 수 있다. 이것을 구별하여 기록하기 위해 각 증언을 대조하고 확인한다. 하지만 처형 사건별로 증언을 기록하고 수집하기에는 어려움이 많다. 이 문제에 대해, 단체 관계자는 좀 더 많은 데이터가 수집되면 구별하여 기록할 수 있을 것이라고 답변하였다.

<그림 2> 북한 내 처형 장소에 대한 진술

(1956년~2018년)

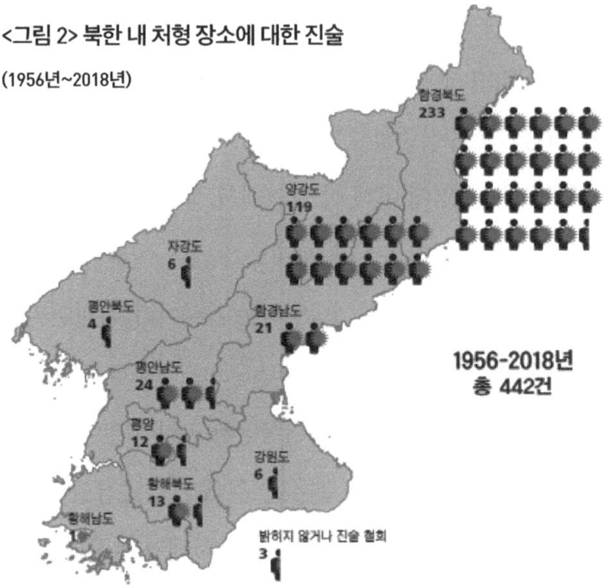

<그림 3> 김정은 시기 처형 장소 진술

(2011년 12월 이후~2018년)

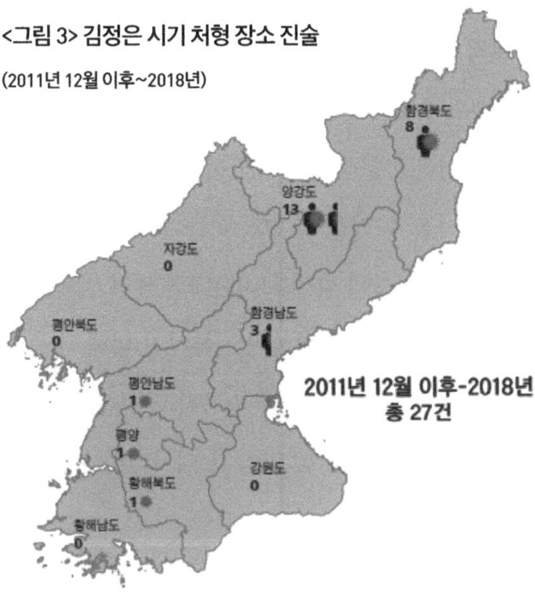

출처: 전환기정의워킹그룹『김정은 시기의 처형 매핑: 국제적 압력에 대한 북한의 반응』(2021), p.19.

김정은 시기, 처형보고서

김정은 집권 이후에도 정치적 처형 사례는 계속 수집되었다. 처형 장소에 관해 27건의 진술 기록을 수집하였으며 그 중 공개처형은 23건이었다. 공개처형 중 21건은 총살, 2건은 교수형에 대한 진술이었다.

공개처형 장소는 개활지와 들판, 비행장 일대, 강둑, 언덕, 산[20] 순으로 나타났다. 공개처형 사유와 혐의로는 남한 영상 시청 및 배포 혐의 7건, 마약 관련 혐의 5건, 성매매 혐의 5건, 인신매매 혐의 4건, 살인 및 살인미수 혐의 3건, 음란행위 혐의 3건으로 나타났다. 하지만 북한이 적법한 사법체계를 거치지 않고 임의로 구속, 구금, 처형하는 것을 고려하면 집행 전에 북한 당국이 공표한 죄가 실제 피고인들이 행한 것인지 확인하기 어렵다. 인신매매의 경우, 탈북을 도운 사람들에게 적용될 수 있고 다른 것도 조작 가능하기 때문이다(전환기정의 2021, 21).

김정은을 자비로운 지도자로 선전하기 위해 피고인을 용서한 사례도 수집되었다. 2012년부터 2013년 사이 평양에서 16명의 공개재판을 목격한 증언자는 6명이 사형선고를 받았지만 10명은 최고지도자(김정은)의 용서로 처벌받지 않았다고 증언했다. 2013년, 인신매매 공판에서도 피고가 무죄여서가 아니라 김정은의 관대함 덕분에 용서한다는 공개 발언이 있었다는 진술이 수집되었다. 이러한 진술은 2012년부터 2015년 사이에 발견되는데, 이는 2013년에 유엔 북한인권조사위원회가 설립되고 2014년 보고서 공개 및 국제형사재

20 한국어에서 '산'은 영어에서보다 더 넓은 의미로 쓰여서 산으로 이어지는 언덕이나 비탈 같은 낮은 곳을 지칭할 때도 흔히 쓰인다. 공개처형이 자주 집행된 장소 중 '비행장 일대'의 비행장은 구체적으로 혜산 비행장을 뜻한다 (전환기정의워킹그룹 2021, 18).

판소 회부를 촉구하던 시기와 일치한다(전환기정의 2021, 22-23).

반대로 처형 집행 직전 피고인을 비인도적으로 취급하거나 처형 순간을 그 가족이 보게 만들어 공포심을 조장하는 사례도 수집되었다. 처형이 끝난 뒤 사람을 일렬로 세워 한 명씩 죽은 사람의 얼굴을 보게 만들었다. 처형과 공포를 연계해 통치 수단으로 사용하는 것이 김정은 시기에도 지속되고 있음이 확인되었다(전환기정의 2021, 20, 24).

공개처형에 동원한 관중을 통제한 사례에 대한 진술도 수집되었다. 2014년 6월 혜산시 공개처형 하루 전날, 인민반장이 휴대전화 소지를 금지했고 공개처형 현장에서 여러 대의 군용 차량에 부착된 막대기가 회전하는 것을 본 진술자가 있었다. 진술자는 북한 당국이 공개처형 사진이 외국으로 유출되는 것이 두려워, 공개처형을 보는 군중을 통제하기 위해 휴대전화 탐지 장치를 사용한 것이라고 언급했다.

북한의 반인도적 차원의 공개처형에 대한 외부의 압박이 심해지자 최고지도자의 용서와 관용으로 처형을 중단한다고 선전하거나, 공개처형 시 군중의 전자기기를 통제하는 방식을 동원하였다. 의도적으로 처형을 중단하기도 했지만 반대로 개천에서 진행했던 공개처형을 스포츠 경기장에서 진행하고 입구에서부터 군중의 휴대전화를 압수하기도 했다(임순희 외 2018, 115).

난민으로서의 북한이탈주민

앞에서 살펴보았듯 북한에서는 생존의 위협을 상시로 경험한다. 오랫동안 진행된 경제제재, 식량과 에너지 부족 문제로 경제안보와 식량안보의 위협에 놓여 있다. 조직적인 정치적 처형과 실종이 만연한 상황이라 개인의 안전을 보호 받지 못하는 정치안보 위협에도 시달리고 있다. 북한 주민은 이러한 생존 위협 속에서 살기 위해 탈북을 시도한다.

탈북하는 순간, 북한 주민은 난민이 된다. 하지만 탈북해서 도착한 제3국에서 바로 난민 지위를 인정받는 것이 아니기 때문에 북한에서와 마찬가지로 생존 위협은 계속된다. 특히 중국과 러시아에서 한국으로 바로 입국하거나 한국 대사관에 진입하기 어렵다 보니 제3국 현지에서 범죄의 대상이 되는 경우가 많고 인권 침해 문제도 많이 발생한다. 특히 브로커나 남한에 미리 정착한 가족의 도움 없이 홀로 탈북한 경우, 중국에서 인신매매와 성매매, 강제결혼을 당하게 될 위험이 매우 크다. 탈북민은 중국이나 러시아 등 북한 인접국에 거주하며 한국 입국을 모색하거나 현지에서 일하며 이동 경비를 마련한다. 아직 북한에 거주 중인 가족을 탈출시키기 위해 지원하거나 이미 한국에 정착한 가족에게 연락하는 등 각종 위협 속에서도 가족을 찾고 유지하기 위해 노력한다.

난민에 대한 북한이탈주민의 인식

북한이탈주민은 자신을 난민으로 인식하거나 규정하지 않는다. 난민이 아닌, 북한이탈주민이라는 구별된 정체성을 강조한다. 북한이탈주민은 난민에 대해 자신이 살고 있던 나라에 전쟁이나 테러, 극도의 빈곤, 자연재해, 박해와 차별이 발생해 이를 피해 다른 나라로 망명한 사람들, 자신이 살던 나라를 떠난 사람으로 정의하고 인식한다. 하지만 자신의 경우, 다른 나라가 아닌 같은 민족의 나라(한국)에 정착했기 때문에 난민이라 볼 수 없다고 생각한다. 제3국에 머무는 동안에도 한국 입국 전에 잠시 머무르는 것이기 때문에 난민이 아니라 일종의 외국인노동자라고 자신을 규정한다. 불법체류자라는 단어보다 난민이라는 단어를 더 불편해하는 경우도 많았다. 난민은 중동이나 아프리카 등 특정 지역에서 발생하는 사례에만 해당된다고 생각하는 경우도 있었다. 난민을 일종의 지역적, 인종적 개념으로 파악하기도 했다.

난민뿐 아니라 이주민, 다문화에 대한 인식도 이와 유사했다. 특정 지역 출신 외국인이 한국에 거주하는 것, 한국인과 결혼해 살아가는 것이라고 인식하고 있는 경우가 많았다. 난민 개념과 마찬가지로 북한이탈주민을 다문화 구성원이나 이주민으로 인식하는 것에 대해 부정적으로 생각하고 북한이탈주민은 같은 민족이기 때문에 다문화 사례라 보기 어렵다는 입장이 많았다.

북한이탈주민의 특성

북한이탈주민의 72%가 여성이다(2021년 3월 통일부 북한이탈주민 통계 기준). 여성 탈북민 비율이 높은 이유는 크게 두 가지다. 첫째, 북한에서 남성의 의무복무 기간이 10년이기 때문에 남성은 탈북하기 어렵다. 탈북 의지가 강한 젊은 세대 중 남성은 이미 군대에 있으므로 탈북민 중 젊은 여성의 비중이 높다. 둘째, 중국에서 숨어 지내거나 경제활동을 할 때, 남성보다 여성이 더 유리하다. 북한은 남성 탈북자에 대한 송환 의지가 강하기 때문에 중국도 여성 탈북민보다 남성 탈북민을 좀 더 엄격하게 단속한다. 그리고 여성이 남성보다 비교적 적응이 빠르고 현지에서도 더 쉽게 받아들여진다.

연령별로 살펴보면 30대 28.8%, 20대 28.4%, 40대 17.7%, 10대 11.3% 순이다. 세대별로 보면 비교적 탈북을 시도하기 쉬운 젊은 2030 세대가 많다. 탈북 이후 제3국 거주 기간이 늘어나면서 탈북 당시 연령대보다 입국 연령대가 더 올라간다. 제3국 거주 여부와 거주 기간은 한국에서의 정착에도 영향을 미친다. 북한이탈주민을 대상으로 한 심층면접 조사 결과, 제3국 거주가 길수록 시장경제에 대한 이해도가 높고 한국 정착에 대해 과도하게 기대하거나 실망을 하는 경우가 적었다. 전수 조사 혹은 확률 표본 추출이 아닌 스노우볼 방식의 조사다 보니 대표성을 갖는다고 보기 어렵지만 심층면접을 진행한 피면접자들 역시 이에 대해 유사한 의견을 밝혔다.

탈북 과정과 탈북 경로

탈북 과정은 브로커를 통한 탈북과 계획 없는 탈북으로 나뉜다. 한 집안의 최초 탈북자라면 그는 성공하기 매우 어렵다. 먼저 탈북해서 중국 등지에 머물러 있거나 한국까지 안착한 가족이 있는 경우, 가족이 브로커를 통해 북한에 남아 있는 가족을 지원한다. 이 경우, 브로커가 탈북 경로와 한국으로 입국하는 방법을 안내하고 때로는 동행하기 때문에 홀로 탈북하거나 계획 없이 탈북한 경우보다 성공확률이 높다.

경유지인 제3국에서의 각종 범죄 위험과 인권 침해 상황도 브로커 여부에 따라, 먼저 탈북한 가족이 조력하고 있는지에 따라 탈북민마다 차이를 보인다. 하지만 브로커나 현지 조력자가 인권 침해 가해자가 되는 사례도 있다.

탈북 경로는 중국으로 가는 것이 대부분이다. 북에서 한국으로 바로 입국하는 경우도 있지만 매우 드물다. 북한의 국경통제 수준과 지형적 특성으로 인해 북에서 러시아로 가는 경우는 드문 편이고 중국으로 가는 루트가 대부분이다. 중국에서 바로 주중 한국대사관을 통해 입국한 사례도 있었지만, 중국이

주중한국대사관과 영사관에 대한 경계를 강화하면서 제3국을 경유해 한국으로 입국하는 사례가 더 많아졌다. 중국에서 태국, 캄보디아 등 동남아로 이동하는 경로와 몽골로 이동하는 경로로 나뉜다.

북한이탈주민 단체나 북한인권단체의 전문가에 의하면 탈북 경로는 탈북 브로커나 제3국에서 만난 북한이탈주민의 정보에 따라 결정된다고 한다. 탈북민은 브로커가 안내하는 경로를 따라 이동하거나, 제3국에서 알게 된 북한이탈주민의 정보를 바탕으로 이동 경로를 결정한다. 탈북 경로에 따라 이동거리와 이동시간, 한국 입국 성공률이 달라지기 때문에 이러한 정보는 고가에 거래된다. 가족 동반 탈북이 아닌 홀로 탈북한 경우, 정보를 구하기도 어렵고 브로커와 연락하고 계약하기 수월하지 않아 중국 거주 기간과 이동시간이 증가하고 이동 경로가 복잡해진다는 답변이 많았다.

코로나가 탈북에 미친 영향

신종 코로나바이러스가 확산으로 각 나라의 국경 통제가 강화되었다. 중국이 국경을 강화했지만, 방역 시스템과 의료체계를 제대로 갖추고 있지 못한 북한의 경우, 더 심하게 내부를 통제하고 국경통제도 강화했다. 북한에서는 전염병 확산을 이유로 공개총살이 늘어나고 있다. 중국 정부가 북송하려고 억류한 북한이탈주민의 북한 송환을 거절하기도 했다.

탈북한 사람의 수도 줄고 있지만, 실제 한국에 입국하는 북한이탈주민 숫자 역시 큰 폭으로 줄었다. 2014년부터 2019년까지 매년 1,100명에서 1,300명씩 입국하였지만 2020년 기준 입국자는 229명이며 2021년에는 6월까지 36

명이 입국했다(통일부 2021).[21] 각 나라의 국경 통제뿐 아니라 나라 간 이동 비용이 증가하면서 제3국에서 한국으로의 입국도 어려운 상황이다. 북한이탈주민에게는 코로나 확산으로 탈북단계, 제3국에서의 거주단계, 한국으로의 입국단계 등 모든 이동 과정에서 더 큰 위험에 놓이게 되었다.

제3국에서의 인권 문제, 인신매매와 강제결혼

탈북한 북한이탈주민은 한국으로 입국하기까지 제3국에서 북송 위협과 인권 침해, 범죄 위협에 시달린다. 특히 여성은 성범죄와 인신매매, 강제결혼의 위험에 놓여 있다. 한국에 거주하는 북한이탈주민의 70% 이상 여성으로, 대부분의 북한이탈주민이 제3국에서 인권 침해의 문제를 겪었다.

브로커 없이 홀로 탈북 한 여성들은 중국 공안에 잡히지 않기 위해 숨어 지내다 강제결혼 당하는 경우가 많다. 강제결혼은 강제 출산으로 이어지며 가정 내 구금과 구속으로 인해 자유로운 이동을 제한 받는다. 한국으로 탈출하려는 시도는 강제결혼한 중국인 배우자의 반대로 저지당하는 경우가 많다.

중국은 베이징올림픽이 진행되는 동안 자국에서 일어난 인신매매와 강제결혼 사건을 은폐해왔다. 폐막식 이후, 강제결혼 사건이 드러나며 중국 내외에 큰 충격을 주었지만, 일거에 해결하기 어려운 상황이다. 중국은 오랫동안 진행된 성비 불균형 문제가 누적되어 있다. 2019년 중국의 15세 이상 미혼 남

21 통일부 2021."북한이탈주민 정책 현황"https://www.unikorea.go.kr/unikorea/business/NKDefectorsPolicy/status/lately (검색일: 2022.03.20.).

녀 성비는 152.95로 유엔이 설정한 정상적인 성비 기준인 103-107을 크게 벗어나 있다. 이런 상황에 북한이탈주민뿐 아니라 중국 국민도 인신매매와 강제결혼 범죄의 대상이 되고 있다. 중국이 자국민 피해자도 구제하지 않고 대응하지 못하는 상황이기 때문에 외국인에 대한 인신매매와 강제결혼 위험은 더욱 심각한 상황이다.

미 국무부의 2021 인신매매 실태 보고서 역시, 중국에서 진행되는 인신매매, 강제결혼 문제를 비판한다. 중국은 북한과 마찬가지로 미얀마, 시리아, 이란, 아프가니스탄, 러시아, 쿠바, 베네수엘라 등 17개 나라와 함께 3등급을 받았다. 해당 보고서는 중국에서 북한이탈주민을 대상으로 한 인신매매, 성매매, 강제결혼 위험과 북송 문제를 비판한다. 북한이탈주민은 강제로 북송된 뒤, 북한에서 강제노동, 고문, 낙태, 처형 등 처벌을 받기 때문에 미 국무부는 보고서를 통해 그 위험을 지적하고 강제송환 하지 말 것을 권고했다. 북한이탈주민, 외국인 노동자, 중국 국적 여성과 어린이를 대상으로 한 성매매, 노동강요, 인신매매 피해를 방지하기 위한 예방적 절차를 마련해야 한다고 권고했다. 범죄 발생 시 가해자 처벌과 피해자 보호 시스템도 필요하다고 보았다(U.S. Department of State 2021, 174-180). 최근 신종 코로나바이러스 확산의 여파로 중국에 억류되어 있는 200여 명의 탈북자를 북한 당국이 받아들이지 않았지만, 북한으로 강제송환 뒤 진행되는 인신구속과 고문, 강제노동이 언제든 재개될 수 있다는 점에서 문제다.

중국에서 진행되는 인신매매와 강제결혼 등 인권유린과 범죄 실태를 제대로 알아보기 위해 여성 북한이탈주민 여성을 대상으로 3개월 동안 심층면접을 진행하였다. 피면접자는 IRI 청년기금 북한이탈주민 대상 프로그램을 통해 알게 된 사람들에게 지인을 소개 받아 모집하였다. 스노우볼 방식으로 피면접자를 모집했기 때문에 북한이탈주민 여성에 대한 전수 조사 연구가 아님을 밝힌다. 피면접자는 해당 주제로 진행되는 인터뷰를 기피하는 경우가 많았다. 이미 한국에 정착해 새로운 가정을 꾸린 경우가 많아 본인의 사례에 대해 말하기보다 주변의 유사한 사례를 전달하려고 했다.

탈북 과정에서 겪은 범죄 관련 면접은 진행하기 어렵다. 라포(rapport) 형성의 문제를 떠나 일단 심층면접의 주제가 매우 개인적이며, 피해자 입장에서는 일종의 2차 가해가 될 수 있기 때문이다. 질문하는 상대방에 대한 신뢰가 선행되어야 하지만, 라포가 형성된 뒤 오히려 인터뷰 진행이 어려운 경우도 많았다. 질문자와 답변자 모두에게.

"저는 아이가 아파서 한국에 오게 됐어요. 아이가 아픈데 치료할 돈은 없고 한국 가면 의료보험으로 치료 가능하다는 이야기를 건너 듣고 겨우 설득해서 빠져나올 수 있었어요. 아이가 아픈데도 보내주지 않으려 해서 9개월을 울고불고 별짓 다 했어요."

탈북 후 중국인과 강제결혼하고 자녀를 출산한 뒤 한국에 입국한 32세 여성, K 씨

"전 북에서부터 딸을 데리고 탈북했는데, 둘이 다니니 얼마나 위험했는지 몰라요. 내 딸 지키려고 노력 많이 했어요. 중국에서도 북한 근처 지역이 위험하긴 가장 위험해요. 신고하는 조선족과 공안도 많고. 근데 중국 내륙으로 팔려 가면 답이 없어요. 돌아올 수도, 한국으로 갈 수도 없어요. 거기 끌려가면 정

보고 뭐고 말도 안 통하는 곳에서 갇혀 살며 애만 낳다 끝나는 거예요. 일단 한국에 도착한 사람들은 복 받은 거예요. 아직도 중국에서 집 안에 갇혀 사는 사람 많아요. 한국, 북한과 먼 지역으로 끌려간 사람들은 이렇게 한국으로 올 수 있다는 걸 모르기도 하고, 거기에 있는 사람 구출해 올 브로커도 없어요."

딸과 탈북 후 중국에서 4년 거주 후 한국에 정착한 44세 여성, K 씨

"내가 인신매매나 매매혼을 겪지 않아서 말을 할 수 있는 거지, 그렇지 않았다면 나도 인터뷰하지 않았을 거예요. 누가 자신의 가장 아픈 이야기를 질문받으면 쉽게 이야기할 수 있겠어. 어떻게 솔직하게 답변할 수 있겠어. 당장 나도 중국에서 몇 년 있었다니까, 같은 탈북민들도 그렇게들 의심해. 중국에서 한 번 결혼한 거 아니냐고."

한국에 정착해 한국인과 결혼한 39세 여성, L 씨

인터뷰를 진행하며 북한이탈주민 여성이 제3국에서 겪은 인신매매와 강제결혼 실태의 특징을 정리할 수 있었다. 첫째, 인신매매는 가임기 여성만이 아니라 10대부터 50대까지 거의 대부분의 여성을 대상으로 진행된다. 가임기가 지난 여성이라 할지라도 출산 경험이 있는 여성은 재출산이 가능하다고 보아 강제결혼 당하는 사례가 있고, 출산을 목적으로 하지 않더라도 장년층과 노년층 남성과 강제결혼 당하는 경우가 있다. 여성은 나이를 가리지 않고 피해자가 될 수 있다. 어린이나 청소년도 대상이 되기 때문에, 어린 딸과 함께 탈북한 여성들은 자신의 딸을 보호하기 위해 노력하고 딸 대신 본인이 범죄의 피해자가 되는 경우도 많았다.

둘째, 지역적 특성이 나타났다. 북한과 가까운 지역의 경우 감시가 심해 북송의 위협에 시달리며 그 지역에 거주하는 조선족에게 피해를 보는 경우가 있다. 접경지에서 벗어나 중국 대도시로 이동하면 이러한 위험은 줄어들지만, 중국어에 익숙하지 않으면 인신매매의 표적이 되기 쉽다. 북한 근처 지역이나 대도시에서 강제결혼 당한 경우, 북한이탈주민이나 탈북 브로커, 조선족을 통해 한국으로 입국할 수 있다는 정보 취득이 일부 가능하다. 하지만 중국 내륙 지역이나 한국인, 북한이탈주민, 조선족이 거의 살지 않는 지역 혹은 한국으로 입국하는 탈북 루트에 벗어난 지역으로 강제 이동된 경우 정보 취득이 불가능해 탈출과 한국 입국이 어렵다. 이런 지역에 구금되어 있는 피해자들에 대한 실태조사는 현재 거의 불가능한 상황이다.

셋째, 강제결혼 상대방이나 자녀의 한국 입국을 조건으로 탈출한 경우가 많다. 한국으로 탈출하려는 시도는 강제결혼한 중국인 배우자의 반대로 저지당하는 경우가 대부분이다. 북한이탈주민 여성은 한국국적 취득 후 한국에서 공동 거주할 수 있다고 상대방을 설득해 겨우 가정에서 탈출한다. 이 경우, 자녀와 동행하길 강요받기도 하는데, 대부분 자녀의 교육과 의료문제 때문이다. 경제적으로 어려워 아픈 자녀를 치료하기 힘들어 한국으로 동반 입국하는 경우가 있다. 탈북민이 제3국 거주 중 제3국 국민(외국인)과 결혼해서 낳은 자녀는 북한이탈주민 지위를 인정하지 않는다.

넷째, 개인에 따라 제3국에서의 인신매매와 강제결혼 등 인권유린으로 출생한 자녀에 대한 인식의 차이가 존재해 한다. 각자 상황과 이에 대한 인식의 차이가 존재해 단일한 입장으로 접근하고 대처하기 어렵다. 강제결혼으로 태어난 자녀에 대한 북한이탈주민 여성의 인식은 개인적인 것이다. 강제결혼이었지만 자신의 자녀로 인식하는 사람이 있는 반면, 인신매매와 성폭행, 강제 결혼에 의한 강제 출산이기 때문에 자신의 자녀로 인식하지 않는 경우도 많다. 이 문제는 바라보는 시각을 결정하는 것부터 어려움에 봉착한다. 단 하나의 시선으로 기준을 정해 대응할 수 없다. 강제결혼이라 할지라도 이미 태어난 아이들이고 자녀니, 이들을 보호해야 한다거나 가정을 지키라고 할 수 없다. 반대로, 범죄로 만들어진 가정이니 당장 그 가정을 해체하라고 할 수도 없다. 강제결혼 가정에서 태어난 자녀를 자신의 자녀로 받아들이든 아니든 그것은 온전히 개인의 선택이다. 북한이탈주민에게 모성애를 강요할 수 없듯, 이미 형성된 모성애를 부정할 수도 없다. 엄마와 동행 입국한 자녀에게 북한이탈주민의 지위를 부여하는 문제에 대해 여러 입장이 있지만, 단순히 이상적이고 시혜적인 시각으로 이 문제에 접근해서는 안 된다. 동행 자녀에 대한 지위 인정 문제는 중국 현지에서의 더 많은 협박과 강제 수단으로 활용될 수 있다는 점을 고려해야 한다. 그리고 당사자가 그것을 원하지 않는 경우가 많기 때문에 일관된 기준을 적용해서는 안 된다.

한국에 정착한 북한이탈주민의 인간안보 인식

인간안보에 대한 인식

북한이탈주민의 경우, 인간안보 개념에 익숙하지 않다. 인간이 마땅히 가지고 누려야 할 권리, 인권에 대한 개념은 북한이탈주민마다 이해와 인식의 차이가 있다. 탈북 이후 한국에 정착해 인권단체와 교류하며 인권의 개념을 이해한 뒤에야 북한에서 자신의 권리가 침해되었음을 자각하는 경우도 있다(전환기정의워킹그룹 2019).

인권에 대한 인식은 탈북과 정착 과정에서 학습되는 반면, 인간안보 개념은 생경하므로 북한이탈주민은 전통적인 안보 개념에 머물러 있다. 영토방어와 국가주권을 수호하기 위한 전통적인 개념의 안보 개념에만 익숙하기 때문에 인권의 문제, 기본적인 생존의 문제 역시 안보 개념에 속한다는 것을 받아들이기 어려워했다.

"내가 북한 출신이라 이렇게 말하는 것이 아니라, 북한은 그래도 안보는 스스로 지켰다니까요. 사실 중국이나 러시아 지원 끊긴 지 오래라 스스로 살아남고 있는 거예요. 주민들 굶기며 핵 개발해서 그렇지. 그건 안보가 아니라 인권의 문제라니까."

한국에 정착한 지 4년 된 39세 남성, M씨

북한이탈주민은 전통적인 안보 개념을 바탕으로 북한이 국가 주권을 수호하고 있다고 평가한다. 핵 개발을 통해 영토방어에 성공했다고 인식한다. 그래서 북한이탈주민은 북한에서의 정치적 처벌의 위험, 식량난과 경제위기의 어려움이 인권 침해의 문제일 뿐 안보 위협의 문제라고 생각하지 않는다. 인권 침해는 있었지만 안보상의 위협은 없었다고 생각하기 때문에, 인권 침해와 생존 위협 자체가 일종의 인간안보 위협이라고 설명하면 혼란스러워한다.

북한에서의 인간안보 위협과 한국에 거주하면서 느끼는 인간안보 위협을 비교하기 위해 인간안보와 인권의 개념에 대해 설명하고 심층면접을 진행했다.

북한에서의 인간안보 위협에 대한 인식

7개의 인간안보 개념과 기준을 바탕으로 북한에서 느낀 가장 큰 인간안보 위협이 무엇인지 질문하였다. 가족이 처형되거나 정치수용소에 갇혀, 탈북을 결심한 사례도 있었고 가난과 식량, 에너지 부족의 어려움 때문에 탈북했다는 답변도 많았다. 탈북 시기에 따라 답변이 달라졌지만 공통으로 식량안보와 경제안보, 정치안보의 문제를 가장 큰 위협으로 답변했다.

식량안보와 경제안보 위협 인식

고난의 행군 시기를 지나 탈북한 사람과 회복기에 탈북한 사람, 핵 개발 후 경제제재 강화기에 식량난을 겪은 사람 모두 정도의 차이는 있지만, 식량과 에너지 부족을 가장 큰 인간안보 위협으로 답변했다. 배고픔과 추위를 참기 어려웠고 특히 겨울에 난방을 하지 못해 집 안에서 동사하는 경우도 많으므로 에너지난도 식량난처럼 큰 위협이라고 답변했다.

정치안보 위협 인식

"한 번이라도 내 가족이나 지인이 처형당하면 탈북할 수밖에 없어요. 사실 주변 사람들이 처형당하고 수용소 가면 얼마 안 가 내 차례라는 걸 다 알고 있기도 하고… 내가 살던 동네는 국경과 가까워 중국을 왔다 갔다 하는 사람들도 꽤 있었는데, 언제는 그냥 넘어가고 다른 때는 이유 붙여서 잡아가고. 어디 사람이 살겠어요? 저는 친척이 먼저 잡혀가서 탈북했어요. 탈북과정이 위험하다 보니 엄마와 여동생은 함께 못 나왔는데 아직도 그게 한이에요."

한국에 정착한 지 8년 된 32살 남성, S 씨

정치안보 위협을 첫 번째 위협으로 꼽는 경우가 식량안보와 경제안보 다음으로 많았다. 가족과 지인이 처형당하거나 같은 마을 사람들이 수용소로 끌려가는 모습을 보면서 탈북할 수밖에 없었다는 답변이 많았다. 반면, 당시 북한 당국의 말을 그대로 믿어 범죄자가 당연한 처벌을 받는 것이라 생각해 공개처형을 본 것이 트라우마로 남지 않았다는 진술이 수집된 보고서도 존재한다(전환기정의워킹그룹 2021, 21).

건강안보 위협 인식

"아내가 둘째 낳고 탈북을 결심했습니다. 북한에서는 안전하게 애를 낳기 힘들어요. 한국에서 요즘 저출산이 문제다 그러는데 북한은 애를 낳으려 해도 받아줄 의사도 없고 제대로 된 병원도 없어요. 제 아내가 애 낳고 아이도 제대로 싸매지도 못하고 포장도 안 된 도로에서 덜그럭거리며 집으로 왔어요. 여기서 말하는 리어카 같은 걸로. 거기는 병 걸리면 스스로 알아서 처리해야 해요. 평양에 사는 고위 간부나 병원에서 치료 받지 우리는 그런 거 받지 못하고 살았습니다. 나까지는 괜찮아. 근데 내 자식들까지 그렇게 사는 건 못 참지."

한국에 정착한 지 5년 된 44세 남성, P 씨

자녀가 있는 경우 출산과 육아 과정에서 느낀 위험, 의료시스템의 문제를 답변했다. 특히 자녀가 어릴수록 그런 답변이 많았다. 예방접종이 제대로 시행될 당시 성장한 80년대 생보다 90년대, 2000년대 생이 더 질병에 취약하다는 답변도 있었다.

개인안보 위협 인식

"북한에서는 성범죄가 일어나도 강하게 처벌하지 않아요. 아예 개념이 없다고 해야 하나? 자신이 피해자인데 오히려 피해자들이 쉬쉬해야 하고 좋지 않은 소문이 나니까요. 남자들이 군대에 오래 가 있다 와서 그렇다고 말하는 사람도 있었는데, 그게 말이 되나요? 한국에 와서야 성차별, 성인지 감수성 이런 걸 제대로 배우고 알게 됐어요. 당시에는 잘 몰랐는데, 한국에 살며 북에서 살던 시절을 되돌아보면 이 점이 제일 끔찍해요. 당시에 잘 몰랐다는 것도 억울해요."

한국에 정착한 지 3년 된 25살 여성, J 씨

여성 북한이탈주민의 경우, 북한에서는 여성으로서 성범죄와 폭력에 노출될 위험이 커 개인안보의 문제도 심각하다고 지적했다. 탈북 과정에서 제3국에 거주하며 겪은 인신매매, 강제결혼의 위험도 컸지만, 북한에서는 성추행, 성폭행을 엄벌하지 않고 이에 대한 문제의식도 약해 위험을 많이 느꼈다고 답변하였다.

환경안보 위협 인식

"한국보다 북한이 겨울에 더 추워요. 기름이나 가스 이런 건 없지. 나중에는 너무 추워서 모든 걸 다 태웁니다. 집 안에서 별 걸 다 태워요. 타이어도 태우고. 타이어 있는 사람이 부자지. 그래도 살려면 어쩔 수 없죠. 북한이 공기가 좋았다 이렇게 말씀하시는 어른들 있어요. 근데 그거 사실 아니에요. 중국과 더 가까워서 미세먼지도 더 많았고, 상하수도 시설 정비가 안돼서 물도 깨끗하지 않

았어요. 집에서 별 걸 다 태우고 그 공기 다 우리가 마셨는데. 건강했겠어요?"

한국에 정착한 지 4년 된 21세 여성, L 씨

에너지난과 경제안보의 위협이 환경안보의 위협으로 돌아왔다는 답변도 있었다. 현재 북한은 추위를 이겨내기 위해 산에서 나무를 해와 땔감으로 쓰는 단계를 지나 각종 쓰레기를 집에서 태우는 상황이기 때문에 공기 오염이 심각하다고 답변했다. 특히 젊은 층일수록 환경안보 위협을 더 민감하게 인식했다.

공동체안보 위협 인식

종교에 대한 차별과 탄압, 박해를 위협으로 인식하는 경우도 있었다. 북한은 종교 활동을 금지하고 있으므로 지하교회에서 예배하고 집합할 경우 처벌하고 있다. 이러한 처벌행위와 종교를 가진 사람에 대한 차별이 공동체안보 위협의 하나라고 답변했다.

한국에서의 인간안보 위협 인식

한국에서의 인간안보 위협에 대한 질문에 대해 피면접자 대부분 답변하기 곤란해 했다. 북한에서의 인간안보 위협에 대해 답변한 난 뒤라 더 어렵다고 했다.

정부에서 북한이탈주민을 대상으로 임대아파트를 지원하고 차상위 계층의 경우 지원금을 제공하기 때문에 북한에서 겪었던 경제안보, 식량안보의 위협을 한국에서 느끼지는 않지만, 대신 빈부격차가 심하고 그것을 바로 알아챌 수 있어 힘들다고 답변했다. 건강안보나 개인안보의 위협은 크지 않지만, 미세면지 등 환경안보의 위협을 느낀다는 답변도 있었다. 북한이탈주민에 대한 선입견과 차별이 일종의 북한이탈주민이라는 공동체에 대한 일종의 인간안보 위협이 아니냐고 면접자에게 질문을 던지기도 했다. 한국에서 대학을 다니는 북한이탈주민일수록 공동체안보에 대한 위협을 느낀다고 답했다.

공통으로 북한에서보다 인간안보 위협이 줄었다고 답변했지만 여전히 인권과 인간안보 개념에 대해 혼란스러워하기도 했다.

마무리하며

북한 주민에 대한 인권 탄압 문제는 2000년대 초반부터 여러 차례 제기되었다. 북한인권조사위원회 설립이 결정되기까지 북한이탈주민의 적극적인 사태 조사와 해결 촉구 요구가 있었다. 2012년, 북한이탈주민은 그동안 북한 주민의 인권 문제에 적극적이지 않던 국제기구와 각국 외교부에 북한 인권 실태조사를 직접 요청하고 북한의 인권유린 현황을 공개하였다. 그 결과 2013년 유엔인권위원회에 북한인권조사위원회가 설치되고 본격적인 조사가 진행돼 2014년 총보고서가 발표됐다.

유엔 인권위의 보고서뿐 아니라 미국 국무부, 한국 연구소와 시민단체도 북한 인권 실태를 조사하고 이를 발표하고 있다. 여기서 드러난 북한의 반인도적인 범죄 행위와 인권유린, 인간안보 위협 상황은 매우 심각하다. 북한 주민은 북한에서 모든 유형의 인간안보 위협에 시달린다. 해외에 거주하는 북한 주민이라 할지라도 북한 정권의 탄압과 통제 아래 있으므로 북한정권에서 탈출하지 않는 한, 위협은 계속된다.

탈북한 즉시, 북한 주민은 난민이 되지만 북한 접경 국가인 중국과 러시아에서 북송 위협에 시달린다. 탈북민의 대부분이 여성이기 때문에 중국에 머무르는 동안 인신매매와 강제결혼 등 범죄 위협에 노출되는 경우가 많다. 한국으로 입국하거나 서구 국가에 망명하여 난민 지위를 인정받으면 비로소 이러한 인간안보 위협에서 벗어나지만, 난민으로서, 북한이탈주민으로서 차별의 대상이 되기도 해 공동체안보의 범위에서는 여전히 위협 받고 있다.

북한에서의 인간안보 위협 상황, 탈북과 한국 입국 경로에서 경험한 각종 위험, 한국에 입국한 뒤 정착 과정에서의 재사회화와 인식의 변화가 인간안보 인식에 영향을 미친다. 북한의 반인도적 범죄 행위에 가족이 희생당하고 스스로 인간안보 위협을 느껴 생존을 위해 탈출한 경우가 많으므로 인간안보 개념을 알게 되면 유형별 인간안보 위협에 민감하게 반응하거나 뒤늦게 북한에서 경험한 인간안보 위협을 자각하기도 한다.

하지만 제3국에서 경험한 인권유린과 범죄피해에 대해서는 증언을 회피하는 경우가 많았다. 피해가 여성을 대상으로 피해가 장기간 지속되었다는 점, 강제결혼과 강제 출산으로 트라우마가 크고 피해를 진술해도 가해자를 처벌하거나 규탄하기 어렵다는 점, 강제결혼으로 태어난 자녀에 대한 입장이 각기 다르다는 점 때문에 경유지 국가에서의 피해를 공론화하기 어렵다. 북한 내부의 인간안보 위협에 대한 실태조사와 함께 탈북 과정에서 경험한 범죄와 인간안보 위협도 조사하고 기록하여 피해를 줄이기 위해 노력해야 한다. 북한 주민의 탈북과 이동 과정에 다른 나라의 협조가 필요하다는 점을 고려해 난민으로서의 북한이탈주민의 실태를 공유하고 해결책을 함께 모색할 수 있도록 국제기구와 각국에 협조와 관심을 요청해야 한다.

북한이탈주민이 북한에서 거주 당시 겪은 인권 탄압 문제와 탈북 과정에서 경험한 상처를 극복하기 위해 이를 지원하는 정책이 필요하다. 그리고 인권과 인간안보 개념을 인식하고 변화를 촉구해 나갈 수 있도록 정책을 정비하는 것도 필요하다.

참고문헌

전환기정의워킹그룹. 2019. 『MAPPINGTHE FATE OF THE DEADMAPPING Korea, PROGRESS REPORT』. 서울: 전환기정의워킹그룹.

_____. 2021. 『김정은 시기의 처형 매핑: 국제적 압력에 대한 북한의 반응』. 서울: 전환기정의워킹그룹.

임순희 외. 2018. 『2018 북한인권백서』. 서울: 북한인권정보센터 부설 북한인권기록보존소.

통일부. 2021. "북한이탈주민 정책 현황." https://www.unikorea.go.kr/unikorea/business/NKDefectorsPolicy/status/lately (검색일: 2022.03.20.).

통일연구원. 2021. 『북한인권백서 2021』. 서울: 통일연구원.

UNHRC. 2014. "Report of the commission of inquiry on human rights in the Democratic People's Republic of Korea." A/HRC/25/63 (7 February 2014).

U.S. Department of State. 2021. "2020 Country Reports on Human Rights Practices: Democratic People's Republic of Korea." BUREAU OF DEMOCRACY, HUMAN RIGHTS, AND LABOR. (30 MARCH 2021) . 2021. "Trafficking in Persons Report."

*북한이탈주민 심층면접조사 기간: 2021년 10월~2022년 2월

*협조: IRI 한국사무소, 비욘드더바운더리, NKDB(북한인권정보센터)

5
인종과 종교 차별

제8장

인도의 힌두민족주의와 무슬림탄압

오하석

제9장

중국의 인권 침해 행위에 대한 제 2선 국가들의 대응 전략

- 영국의 남중국해 헤징전략을 중심으로

박성윤

제8장

인도의 힌두민족주의와 무슬림탄압

오하석 (한국외국어대학교)

모디 정권의 등장과 인도의 민주주의

2008년 세계금융 위기와 테러리즘 같은 안보 위협으로 여러 민주주의 국가들은 포퓰리즘에 의한 민주주의의 위기를 겪었다. 베네수엘라, 태국, 터키, 헝가리, 폴란드 등에 이르기까지 전 세계 민주주의가 쇠퇴하고 있다는 인식이 높아졌다. 자유민주주의의 전형인 미국에서도 2016년에 반이민, 백인 우월주의를 앞세운 트럼프가 당선되면서 민주주의에 대한 위기의식은 세계 공통의 인식이 되었다.

한편 인도는 안정된 민주주의라는 그동안의 평가를 뒤집으며, 2014년 모디 총리의 집권 이후 인도의 민주주의 지수는 지속해서 하락했다. 2020년 프리덤 하우스 조사에 따르면 인도의 자유국가 순위는 동티모르, 세네갈과 함께 83위로 하락했으며, 인도의 자유 지수는 2019년보다 4점 더 하락해 100점 만점에 71점에 그쳤다. 이러한 배경은 '인도인민당(Bharatiya Janata Party)'이 1980

년대 후반부터 꾸준히 추구해온 종교 공동체주의에 입각한 힌두 민족주의가 2014년 모디 정권 이후 급격하게 추진되었기 때문이다.

하지만 민주주의의 구성 요소인 선거제도, 정당제도 차원에서 보면 인도는 큰 문제가 없는 모습을 보여준다. 그동안 영국의 식민지였던 국가들은 영국의 입헌주의적 전통을 물려받음으로써 자유주의적 민주주의 형태로 나아가는 모습을 보여주고도 했다(Zakaria 1997). 인도도 마찬가지로 민주국가의 기본요소인 "헌법, 보충적인 의회 법규, 선거관리위원회의 규칙"에 근거해 민주주의의 제도를 지속해서 유지되어 왔다(Singh · Saxena 2009, 66). 따라서, 모디 정부의 행보에도 불구하고 인도의 민주주의 제도는 여전히 강력하게 남아 있다고 평가된다.[1]

모디 정권이 문제가 된 것은 민족적, 종교적인 이유로 자행되는 폭력 때문이다. 모디는 힌두 민족주의라는 이념적 배경하에 무슬림들의 자유를 침해했으며, 이들의 시민적 기본 권리를 위협하는 모습을 보였다. 이는 시민적 자유와 법에 의한 지배라고 하는 헌정적 자유주의를 침해하는 것이며, 인도는 민주주의 체제 자체의 위기라기보다는 개인의 자유가 훼손된 "비자유주의적 민주주의(Zakaria 1997)"의 형태로 자유주의의 위기가 나타나고 있는 것으로 보인다.

그렇다면 왜 모디 정권은 무슬림에 대한 폭력을 법적 제도적으로 정당화하고 있을까? 그리고 왜 인도 국민은 무슬림에 대한 탄압을 정당화하는 모디 정권에 지지를 보여주고 있을까? 세계 각지에서 무슬림 난민에 대한 차별과 억압이 사회적으로 혹은 정치적으로 문제가 되는 만큼, 정권 자체에서 무슬림을 이등시민으로 간주하는 것은 민주주의 가치 전반에 대한 부정이다. 또한, 특

---

1 Akhilesh Pillalamarri. 2021. "Why India's Democracy is Not Dying" https://thediplomat.com/2021/06/why-indias-democracy-is-not-dying/ (검색일: 2022.03.17)

정 민족에 대한 차별이 정권 차원에서 정당화되는 것은 홀로코스트와 같은 민족적 학살을 상기시킨다. 히틀러의 나치즘은 아리안 인종주의, 게르만 민족주의를 바탕으로 반유대주의 전략을 펼쳤고 이는 곧 홀로코스트로 이어졌다. 모디 정권이 앞으로도 정권을 유지하고 반무슬림 정책이 인도의 힌두 민족들의 폭력적 동기를 자극한다면 이는 홀로코스트에 준하는 인권 전반에 대한 폭력이 벌어질 수 있다. 이러한 점에서 본 장은 모디 정권과 그의 정당인 인도인민당이 어떻게 성장하게 되었는지, 그리고 왜 인도의 힌두 민족들은 무슬림에 대한 탄압을 정당화하는 인도인민당을 지지하게 되었는지 살펴보고자 한다.

모디 정권의 힌두민족주의와 이슬람 혐오주의

1980년 창당한 인도인민당은 첫 총선인 1984년만 하더라도 하원 543석 가운데 2석만을 차지한 군소정당에 불과했다. 하지만 인도인민당은 자신의 세력을 확대하여 1991년 총선에서는 제2정당으로 도약했고 1996년 161석으로 정권 창출을 하게 된다. 이후 2004년 총선에서 인도국민회의(Indian National Congress)에게 다시금 정권을 내주었지만 2014년 모디를 중심으로 하여 인도인민당은 정권을 재창출하여 2022년 현재까지 집권 여당으로 자리 잡았다.

이들이 단기간에 인도의 주요 정당으로 자리 잡을 수 있었던 배경에는 힌두 민족주의가 있다. 이들은 극단적인 힌두 민족주의인 '힌두뜨바(Hindutva)'를 이념적 배경으로 삼으로써 정치 세력화하는 데 성공했다. 이 성공의 배경에는 13억 명에 달하는 인도 인구 중 80%인 힌두교 신자와 여러 힌두교 종교단체들의 지원이 있었다(서울경제 19/10/6). 역사적으로 힌두민족주의는 16세기부터 19세기 인도 이슬람 왕조인 무굴제국에 의한 힌두 탄압 정책에 의해 자극받았으며, 오늘날에는 이슬람 국가인 파키스탄과의 갈등 속에서 촉발되었다. 특히 2014년 모디 정권이 출범한 이후 인도에 사는 무슬림에 대한 각종 제재가 시행되면서 인간 안보 전반에 대한 탄압을 정당화하고 있다. 따라서 본 장에서는 현대 인도의 힌두 민족주의와 이슬람 혐오주의의 기원을 살펴본 뒤, 현재 모디 정권이 무슬림에게 시행하고 있는 각종 탄압정책의 사례에 대해 살펴보고자 한다.

인도와 파키스탄의 분리

인도는 다양한 민족과 종교, 언어에도 불구하고 하나의 영토 안에 사는 영토민족주의 국가이며 다양한 문화의 공존은 인도 정치에 주된 영향을 끼쳤다. 이러한 배경은 힌두민족주의와 무슬림 민족주의 사이의 종파적 갈등을 야기했다(Lerner 2011, 120).

인도의 근현대적 민족주의는 영국으로부터 독립운동을 진행하면서 발전하기 시작했다. 영국 정부가 추진한 분열과 통치 정책, 그리고 이에 대항한 힌두교도와 이슬람교도들의 갈등이 인도 내의 민족주의를 자극하는 원인이 되었다. 18세기부터 영국의 동인도 회사의 통치가 시작되면서 인도 전역에 사회경제적 변화가 일어났다. 이러한 변화는 인도의 기업가들과 상인, 인텔리 계층의 성장으로 이어졌으며, 이들을 중심으로 급격히 성장한 인도의 자본력과 인도 지식인 계층 사이의 정치의식이 고양됨에 따라 민족주의의 토양이 만들어졌다(Desai 2005). 그 배경에는 영국의 식민지 정책이 영향을 끼쳤다. 1905

년 영국은 통치의 효율성과 인도 민족의 분열을 목적으로 오리사(Orissa)주와 비하르(Bihar)주를 힌두교도가 많은 서벵골 지역에 포함했고, 이슬람교도가 많은 아삼(Assam)주를 동벵골 지역에 포함했다. 이러한 벵골 분할령은 인도의 급진적 민족주의 정서를 자극하였다. 벵골 지역의 다수를 차지하고 있던 힌두교도들은 벵골의 특정 지역이 무슬림의 자치구가 된 것에 불만을 품었으며, 이슬람교도들은 이러한 분할에 환영하고 힌두교도들의 반대를 자신들의 자치구에 대한 지나친 간섭으로 간주했다(Hardy 1972, 151). 결국, 인도 국민회의 힌두교도들은 스와라지(Swaraji, 자치운동)와 스와데시(Swadeshi, 국산품 장려운동)를 결의하여 영국에 대응하였고, 힌두교도들과 무슬림과의 갈등이 격화되었다. 벵골 지역의 정치적 불안은 심화하였으며, 힌두교와 이슬람 사이의 유혈사태가 발생하기도 했다.

벵골 분할에 따른 인도 사회 내부의 갈등은 추후 1947년 인도와 파키스탄의 분할로 이어지면서 무슬림과 힌두 민족 사이의 지속적인 갈등의 토대를 남겼다. 영국은 인도의 이슬람교도들과 힌두교도들의 이질적인 문화를 남겨두고 이들의 독자적인 정치적 정체성을 구축하도록 장려했다.[2] 대영제국으로부터 독립한 후, 인도 아대륙에는 양국론이 큰 영향을 미쳤다. 인도에서 양국론이란 이슬람교도와 힌두교도는 그들만의 관습, 종교, 전통 그리고 언어를 가진 두 개의 분리된 국가를 세워야 한다는 종교적 민족주의의 이념이다(Talbot 1999, 254).

1930년대 발생한 인도 경기 침체와 제2차 세계대전의 결과로 영국은 더는 인도를 식민지배할 형편이 되지 못했으며, 인도 내에서 민족주의자와 제국주

2 UCLA "British India"
https://southasia.ucla.edu/history-politics/british-india/ (검색일 2022.05.10.)

의적 세력들의 정치적 이해관계가 첨예화되었다(Singh · Saxena 2009, 39). 이러한 정치적 혼란기에서 파키스탄으로 분리되기 전인 20세기 초반 당시 인도에서 무슬림들은 이등 시민으로 살아왔다. 1913년부터 1947년까지 '전인도무슬림연맹(All-Indian Muslim League)'의 지도자이자 추후 파키스탄의 제1대 총독이 되는 무하마드 알리 진나는 양국론을 토대로 무슬림의 민족주의를 각성시켜 파키스탄을 건국하고자 했다. 1937년 인도 지방선거 결과 인도국민회의가 압도적 승리하여 펀자브와 신드주를 제외한 8개 주에서 집권했다. 하지만 전인도무슬림연맹은 어느 지방에서도 정부를 구성하지 못했고, 이로 인해 무슬림들은 힌두교에 의한 지배를 경계하며 두려워했다(Talbot · Singh 2009. 33). 이러한 갈등과 두려움은 대영제국이 해체되면서 표면으로 드러났다. 영국의 영향력이 축소되고 인도가 탈식민화되면서 무슬림연맹은 대약진을 하기 시작했다. 1940년 전인도무슬림연맹은 분리된 조국을 요구하는 파키스탄 결의안(Pakistan Resolutuon)을 통과시키며 이슬람 독립국인 파키스탄을 요구하였다. 1945년 인도 총선과 1946년 인도 지방 선거로 무슬림연맹은 인도와의 독립을 요구할 수 있을 정도의 정치세력을 확보했으며, 1946년 8월 16일에 알리 진나는 "직접 행동의 날(Direct Action Day)"을 선포하여 파키스탄 독립국을 평화적으로 요구하였다. 하지만 이 선포 이후 무슬림과 힌두교도들 사이의 폭력 사태가 발생하여 약 3일간 둘 다 약 4,000명이 사망하는 등 갈등은 극한으로 치달았다(Talbot · Singh 2009. 69). 결국, 1947년에 인도와 파키스탄 두 개의 새로운 독립 영토를 분할하는 인도독립법이 영국, 인도국민회의와 무슬림 연맹 등으로부터 합의를 보면서 인도와 파키스탄은 분리되었다. 인도의 분열은 다수의 힌두교 민족주의 사회집단과 정치인들을 격분시켰으며, 인도와 파키스탄의 갈등 그리고 인도 내의 힌두교도들을 중심으로 이슬람에 대한 반감을 갖게 되었다. 이는 이후 등장하게 되는 인도인민당의 민족주의적 배경이 되었다.

인도인민당과 힌두민족주의

인도와 파키스탄 사이의 갈등은 1947년 제1차 인도 파키스탄 전쟁, 1965년 카슈미르 지방의 영유권을 둘러싼 제2차 인도 파키스탄 전쟁, 그리고 동파키스탄의 독립을 위해 발생한 제3차 인도-파키스탄 전쟁을 야기했다. 이러한 갈등은 인도와 파키스탄의 핵 군축으로 이어졌고, 인도 내 힌두 민족들이 이슬람에 대한 혐오감과 공포증을 느끼도록 만들었다. 이러한 외부적 위협과 더불어 1990년대 이후 인도 경제가 성장하면서 '문화민족주의(cultural nationalism)'를 표방하는 정치세력들이 인도 내에서 지지를 받았다(정채성 2013, 41). 이들이 주장하는 문화민족주의는 힌두(Hindu)와 힌두이즘(Hinduism)에 기반한 민족주의이며 1990년대 힌두 극우파의 폭력적인 민족운동을 지지했던 '쌍그 빠리바르(Sangh Parivar)'와는 다른 형태의 부드러운 문화민족주의 운동이다(정채성 2013, 42). 하지만 이 운동 역시 인도의 문명을 힌두 문명으로 교체하는 것을 지향한다는 점에서 극단적인 형태이든 부드러운 형태이든 '힌두 민족국가' 설립이라는 공통된 목적을 향해 나아갔다.

1980년에 창당한 인도인민당은 힌두민족주의적 입장을 반영하는 우파 정당으로 부드러운 민족운동으로써 문화민족주의와 쌍그 빠리바르의 급진적인 운동 모두를 수용하여 힌두교 중심의 '종족-종교적 민족주의(ethno-religious nationalism)'를 지향한다(김경학 2011, 258). 이 목적을 위해 인도인민당은 힌두뜨바 이념을 토대로 인도 지역 공동체의 힌두화를 꾀한다. 힌두뜨바는 인도인민당의 뿌리와 함께한다. 힌두 급진운동의 뿌리이자 쌍그 빠리바르의 중심인 '국가자원봉사단(Rashtriya Swayamsevak Sangh)은 인도를 힌두 민족국가로 만드는 것에 그 목적을 두었으며, 이를 위해 인도의 작은 마을을 중심으로 풀뿌리 조직인 샤카(shaka) 조직망을 구축하여 대중의 일상생활 속에서, 밑으로부터 힌두 문화 혁명을 꾀했다(정채성 2013, 43). 이후 샤카 조직망은 성공적으로 확대되었다. 1939년에 500개의 샤카와 4만 명에 불과한 단원 규모가 점차 증가하여 2004년에는 82,000여개의 샤카와 600만 명의 단원에 이르렀다. 샤카가 퍼뜨리고자 했던 것이 앞서 언급했듯 힌두뜨바, 즉 '힌두성(Hinduness)'이다(정채성 2013, 44). 힌두뜨바 이데올로기는 인도 내의 힌두인과 비힌두인을 구분하였으며, 힌두 문화를 공유하고 같은 땅(Rashtra), 같은 인종(Jati), 같은 문명(Sanskrit)을 공유하는 사람만을 힌두인으로 인정하였고, 이들이 주인이 되는 인도를 만들고자 했다(정채성 2013, 52). 힌두뜨바 이데올로기를 토대로 국가자원봉사단은 1951년 인도인민당의 전신인 '인도인민당(Bharatiya Jana Sangh, BJS)'을 창당했으며(김경학 2011, 359) 국가자원봉사단의 2대 총수이자 우빠디야야(Deendayal Upadhyaya)가 이 정당의 기본강령을 제시함으로써 BJS의 이념적 토대를 마련했다(정채성 2013, 46). 그리고 1964년에는 '세계힌두협의회'(Vishwa Hindu Parishad, VHP)를 만들어 힌두 종파의 중앙 권력화를 실현했다(김경학 2011. 359).

오늘날의 힌두뜨바 이데올로기는 인도인민당(BJP)의 정책에 반영되었으며 이는 곧 무슬림과의 갈등을 야기했다. 1992년 인도의 아요디아에 위치한 이슬람 사원(mosque)을 힌두교도들이 파괴하는 일이 벌어졌고, 이 과정에서 수천 명의 무슬림 희생자가 발생하였다. 그리고 2002년 구자라트(Gujarat)주 고드라(Godhra)에서 힌두교도들이 열차에서 불에 타 죽자 이 사건의 방화 배후로 무슬림이 지목되었고 이는 구자라트 대학살로 이어졌다. 이 대학살 동안 2,000여 명의 이슬람교도가 살해되었고, 수천 곳의 이슬람 성지가 파괴되었다. 이 사건은 힌두 민족주의자들이 무슬림들에게 자신들의 힘을 과시한 대표적인 무슬림 인권 탄압 사례이다(김경학 2011, 360). 인도인민당은 무슬림들을 인도 내부의 적으로 돌림으로써 힌두 민족들의 정치적 힘을 결집하였고, 정치적 지지기반을 확충했다(김경학 2011, 360). 1998년 총선에서 인도인민당은 군소 지역 정당과 연합해 '민족민주동맹(National Democratic Alliance)' 정부를 구상할 수 있었으며 무슬림과의 대립 구도를 공고화하여 2004년까지 집권할 수 있었다.

모디 총리의 집권과 무슬림에 대한 인권탄압 정책

2004년 5월 이뤄진 제14차 인도총선 결과 인도인민당 주도의 민족민주동맹은 189석을 차지해 219석을 차지한 인도국민회의에 미치지 못했다. 인도국민회의는 사회주의당(the Samajwadi Party)과 대중사회당(the Bahujan Samai Party) 등과 연립하여 새로운 중앙정부를 구성하였고, 인도인민당은 소수집단으로 전락했다. 백좌흠(2006)은 인도인민당의 패배를 아래와 같은 이유로 제시한다. 첫째, 인도의 유권자들은 민족민주동맹 정부 하에서 성장하고 발전한 인도가 힌두뜨바 정치의 승인으로 이어질 수 없었다. 그리고 외국 출신인 소니아 간디(Sonia Gandhi)가 인도국민회의의 당대표로 총선 승리를 이끌었다. 이런 인도의 정치환경을 통해 살펴볼 수 있듯이 외국 출신을 거부하는 국수주의적이고 개인적인 문제에 흠결을 잡는 인도인민당식의 선거 캠페인이 대중들에게 호소력 있게 다가가지 못했다. 마지막으로 인도인민당은 신자유주의 경제 체제에서 밀려난 사회적 약자들의 삶의 조건을 개선해 주지 못했다.

하지만 2014년 인도인민당은 다시금 정권을 재탈환하며 더욱더 강압적이고 탄압적인 반 무슬림 정책을 펼치면서 힌두 민족주의를 제고시키고 있다. 이러한 인도인민당의 부활에는 지금의 인도 총리인 모디 총리의 공이 있다. 1971년부터 국가자원봉사단에서 활동한 모디 총리는 1998년 당시 인도인민당의 지도자인 아드바니에 의해서 발탁된 뒤, 2001년 10월에 있었던 구자라트 지방선거에서 당 대표로 출마해 2014년까지 구자라트(Gujarat)주의 주총리로 근무하였다. 모디가 펼친 경제정책은 구자라트주의 경제성장을 이끌면서 인도 유권자들은 모디를 인도의 개발 성공 신화로 간주하였다. 구자라트는 모디 집권 이래로 1인당 전력소모량은 2004-05년부터 2013-14년까지 41%가 증가[3]했으며, 2000년부터 2012년까지 3,000개에 달하는 농촌 도로 사업을 완료했다. 그리고 모디 총리는 구자라트에 주요 기업들이 공장을 세울 수 있도록 유인 요인을 끌어들였으며, 그 결과 2000년에서 2010년 사이 구자라트의 '국가 주 총생산(Gross state domestic product)'은 인도 전체의 성장률이 7.7%인데 반해 9.8%로 더 높은 성장률을 보였다. 1인당 주 성장률 또한 같은 기간 동안 구자라트는 8.0%로 인도 전역(5.7%)보다 높은 성장률을 기록했다(Ghatak · Roy 2014a. 13).

이러한 괄목할만한 경제성장이 모디 총리의 공에 있는지는 논란의 여지도 있지만(Ghatak · Roy 2014b), 모디의 집권 시기 가장 큰 문제가 되었던 것은 구자라트주 총리로 역임하면서 계속된 무슬림에 대한 탄압 및 배제 정책이었다. 앞서 언급한 2002년 구자라트 폭동 당시 모디는 이 폭동의 원인을 이슬람교

---

3 Reserve Bank of India: State-wise Availability of Power
https://www.rbi.org.in/scripts/PublicationsView.aspx?id=17721 (검색일: 2022.05.19.)

도들에 의해 조직된 계획적인 폭동이라고 선언했으며 주 정부의 공권력은 침묵으로 일관했다(김경학 2011, 361). 우파 힌두교 단체와 힌두교 교구(The Vishwa Hindu Parishad)는 경찰과 연계되어 무슬림들이 범죄를 당하더라도 제대로 된 법적 도움을 받지 못하도록 만들었다. 구자라트에서 사는 무슬림들은 조건부의 시민권을 보장받는 이등 시민으로 살게 되었다(Hossain 2019).

2014년 인도 총선 당시 모디는 인도인민당에서 총리 후보로 지명되고 인도국민회의 정권 시절의 부패 스캔들을 비판하고 구자라타의 높은 경제 성장률을 보여준 자신의 경제 성과를 부각했다(Jaffrelot 2015). 그 덕분에 인도인민당은 전체 543석 가운데 282석을 확보하여 30년 만에 단독정부를 구성할 수 있었다. 하지만 그가 집권한 뒤 7년 동안 인도의 민주주의는 인간이 보편적 인권을 후퇴하는 방향을 나아갔다. 모디 밑에서 인도인민당과 국가자원봉사단 사이의 연결고리는 더욱 강력해졌으며 국가자원봉사단에서 활동 중인 인물 다수가 정부 요직에 앉았다.[4] 모디는 인도 시민들, 그중에서도 무슬림들의 자유를 억압하고 소 도축과 섭취를 금지하여 도축장을 운영하는 다수의 무슬림들의 경제력을 박탈했다. 이를 통해 모디는 인도를 러시아식 '관리된 민주주의'로 만들고자 하고 있다(아산정책연구원 2020, 69).

Repucci(2020)는 인도 민주주의 지수를 하락시킨 사례로 아래의 3가지를 제시하였다. 첫 번째는 무슬림 인구가 68.31%를 차지하는 잠무와 카슈미르(Jammu and Kashmir)주의 특별 지위를 취소한 것이다. 인도 · 파키스탄 · 중국의

4 Delhi and Praagrai. "Narendra Modi and the struggle for india's soul" 『The Economist』 https://www.economist.com/briefing/2019/03/02/narendra-modi-and-the-struggle-for-indias-soul (검색일 2022.05.19.)

분쟁대상인 잠무와 카슈미르주는 인도 헌법 370조에 따라서 특별주의 지위를 부여받아 인도의 다른 주들과 비교해서 행정 자치도가 상당히 높은 주였다. 이로 인해 다른 주 출신의 인도 시민들이 이 지역의 토지와 재산을 함부로 살 수 없었다. 하지만 인도 모디 총리는 이슬람 무장 조직 등에 의한 테러 위협이 급증했다는 이유에서 2019년에 '잠무·카슈미르 재편성법(Jammu and Kashmir Reorganisation Act)'을 대통령령으로 발표했다. 이를 통해 이 지역의 특별 자치권을 박탈했으며, 중앙정부가 임명한 인물들로 잠무와 카슈미르주의 정부 기관을 대체했다. 또한, 인터넷과 전화 서비스를 차단해 인도 시민으로서 무슬림들의 기본권을 침해했다. 카슈미르를 놓고 인도와 파키스탄 사이의 갈등이 심화하고, 카슈미르 내의 주 정부와 무장단체 간의 갈등도 격화되면서 그 피해로 2021년 10월 13명의 민간인이 목숨을 잃고, 2021년 첫 6개월 동안 카슈미르 내에서 47건의 총격전이 발생하였다.

인도 민주주의 하락 요인으로 제시된 두 번째 이유는 아삼(Assam)주에서 새롭게 시민등록부를 발행한 사건이다. 이로 인해 지금까지 약 4백만 명에 가까운 주민들이 시민권을 부여받지 못했다. 아삼주에서 사는 이들 중 상당수가 식민지 시대 아삼주로 이주했던 벵골인이다. 벵골인은 벵골어를 사용하는 방글라데시 출신의 사람들이며 무슬림이 많았다. 2021년 기준 아삼주는 인도에서 두 번째로 무슬림이 많은 지역이며, 아삼주 전체의 40%를 차지한다.[5] 이러한 정책은 결국 무슬림들의 시민으로서의 권리를 침해하고자 하는 목적에서

5 Delhi. "Can BJP survive the demographic disadvantage in Assam?" 『INDIA TODAY』 https://www.indiatoday.in/india-today-insight/story/can-bjp-survive-the-demographic-disadvantage-in-assam-1784851-2021-03-29 (검색일: 2022.05.19)

시행된 것이라고 할 수 있다. 하지만 아삼주 벵골인 중에서 힌두교도가 2011년 기준 약 20% 정도 차지하였기 때문에 인도인민당은 힌두교도들의 지지 세력을 결집하기 위해서라도 힌두 벵골인들이 시민권을 부여받을 수 있도록 조치가 필요했다.

위의 목적을 해결하기 위해 취한 조치는 인도의 민주주의가 약화된 요인이 되었다. 2019년 12월 상원에서 통과된 '새로운 시민권법 개정안(The Citizenship Amendment Law)'이다. 이 법안은 주변 이슬람 국가인 파키스탄, 아프가니스탄, 방글라데시에서 이주해온 비무슬림들에게 시민권을 부여한 법안이었고, 무슬림들을 의도적으로 배제하였다. 이 법안은 성인들의 참정권을 침해했을 뿐만 아니라, 출생시민권(Jus soli)을 제한한 것이었다.

<표 1> Democracy index of India

Democracy Index		Year					
	2014	2015	2016	2017	2018	2019	2020
인도	7.92	7.74	7.81	7.23	7.23	6.90	6.61
2020년 사항별 점수	민주주의 평가	선거절차와 다원주의	정부 기능	정치 참여	정치 문화	시민 자유	전체 점수
인도	결손 민주주의	8.67	7.14	6.67	5.00	5.59	6.61

출처: Economist Intelligence Unit

인도인민당은 역사적으로 소외된 인도 무슬림들을 체계적이고 철저하게 배제했으며 시위대를 향한 폭력으로 이 법안을 강행했다(Mahmudabad 2020, 9).

이러한 정책을 시행함으로써 인도의 민주주의 지수는 지속해서 하락하였다. <표 1>에서 볼 수 있듯이 인도는 '결손민주주의'로 평가받으며, 2021년에 프리덤하우스는 지금까지 자유로운 국가로 평가했던 인도를 정치적 권리와 시민적 자유 점수를 총계하여 100점 만점 중 67점으로 부분적으로 자유로운 국가로 규정했다.

왜 인도의 힌두 민족은 모디를 지지하는가?

Morning Consult는 모디의 지지율이 최근 2년간 60%이하로 떨어지지 않았으며, 반대율은 20~30%대로 지지율과 큰 격차가 있다고 보고했다. 인도에서 코로나 신규 확진자가 폭발적으로 급증하여 하루 신규확진자가 100만 명 이상 나왔던 2021년 4월을 살펴보아도 지지율을 67%였다. 즉 코로나 방역에 대한 미흡한 대책은 모디 총리에 대한 비난으로 이어지지 않는 것을 확인할 수 있다. 특히 코로나 팬데믹 시기 인도의 경제성장률은 2020년 기준으로 -8%를 기록했다는 점에서 모디 총리의 지지율은 위기 상황에서도 견고하다는 점을 확인할 수 있다.

그렇다면 왜 인도 국민은 모디 총리를 지지하고 있는가? 모디의 인권 탄압 정책에도 불구하고 인도 국민 대다수가 모디 총리를 지지하는 이유는 무엇인가? 본 장에서는 갈등 주체의 변화, 경제 문제, 그리고 코로나 사례를 중심으로 인도 국민이 모디 총리를 왜 지지하는지에 대한 이유를 서술하고자 한다.

인도국민회의의 쇠퇴와 인도인민당의 독주

1947년 영국으로부터 독립한 이후 영국의 연방제적 전통을 물려받은 인도는 인도국민회의에 의한 '일당우위정당체계'를 유지했다(고경희 2003. 14). 하지만 1964년 인도 초대 총리이자 인도국민회의의 지도자인 네루가 사망하면서 당내 파벌 경쟁이 심화하였고, 다양한 국민적 요구를 수용하는 데 어려움을 겪었다. 인도국민회의 우위의 일당우위체제는 한계에 직면했다.

특히 1980-90년대 발생한 부패 스캔들은 인도국민회의에 대한 국민의 실망감을 증대시켰다. 그리고 인도국민회의가 내세운 민주주의 · 탈종교주의 · 포괄주의 이념 노선이 퇴색되기 시작했다. 파키스탄 분리 이후 인도 내 소수 무슬림들을 보호하는 정책들이 오히려 인도에 다수를 차지하는 힌두들의 반감을 샀고, 힌두교도들에 의한 무슬림 폭력이 자행되었다(고경희 2003, 145). 특히 1986년 제정된 "무슬림 여성법"은 인도국민회의가 표방했던 탈종교주의 이념이 약화하는 계기가 되었고, 힌두 근본주의 세력이 부상하게 된 계기가 되었다(고경희 2003). 그리고 국가 경제의 회생을 위해 라오 수상은 사회주의 경제정책을 포기하고 시장경제로 전환하였는데 이는 빈곤층으로부터 지지이탈을 야기하였다(고경희 2003, 147).

인도국민회의의 지지율이 하락하면서 인도의 다양한 종교, 언어. 민족, 카스트 간에 발생한 사회균열이 드러났고 이들의 이익을 반영하는 군소 정당들의 연방의회 진출이 두드러지게 되었다. 인도인민당은 1984년 총선 당시 인도국민회의와 같이 포괄정당이라고 선전하여 선거운동을 벌였지만, 참패하였고 이후부터는 힌두 지상주의를 당의 강령으로 삼았다(고경희 2003. 161). 특히 1992년 아요디아 사태를 계기로 인도인민당은 인도 정당들이 힌두들의 감정을 저버리고 있다고 선전함으로써 힌두주의 색채를 더욱 뚜렷이 하고, 힌두사원인 람사원 재건을 정당 공약을 세우면서 유권자 동원에 성공했다. 그러나 1996년 총선에서 제1당이 된 인도인민당은 타 정당과의 연립정권을 수립할 필요가 있었기 때문에 힌두뜨바 이념 노선을 보류하고 온건 노선을 취해야 할 필요가 있었다(고경희 2003, 164-165).

하지만 2014년 총선에서 다시 집권 여당이 된 인도인민당은 다시금 급진적인 힌두민족주의를 표방하고 있다. 왜냐하면, 이를 막을 수 있는 적절한 정치적 견제력이 작동하지 못했고, 인도인민당은 다른 정당과 타협을 할 필요도 없었기 때문이다. 인도국민회의가 사상 최악의 성적을 받아 19.3%의 지지로 단 44석만을 획득했다. 이에 반해 인도인민당은 282석으로 압도적인 제1당이 되었으며 인도 의회에서 1당의 독주를 막을 수 있는 야당은 존재하지 않게 되었다. 이러한 문제가 발생한 원인은 높은 인플레이션, 일자리 부족, 경제침체 등과 같은 인도국민회의의 경제정책 실패와 함께, 석탄부정할당 스캔들, 헬기뇌물 사건 등과 같은 부패 스캔들이 연이어 발생해 인도 시민들이 인도국민회의에 막대한 배신감을 느꼈기 때문이다. 국제투명성기구에 따르면 인도의 부패 지수는 2010년부터 꾸준히 증가했으며 178개국 중 2010년 87위에서 2011년부터 2013년까지 95위를 기록하였다.[6] 그리고 인도국민회의의 리더십 부재이다. 인도국민회의에서 총리로 내세울 만한 인물은 네루-간디 가문의 후계자인 라훌 간디뿐이지만, 그는 정치적 경험과 카리스마가 없다고 평

6 Transparency International.
https://www.transparency.org/en/cpi/2021?gclid=CjwKCAjws8yUBhA1EiwAi_tpERfWW5xg8NLCpojNVaoErIQ8skcMTGFCP-HYyJZHFxrlroTszBqAMxoC_-gQAvD_BwE (검색일: 2022.05.30.)

가된다.[7] 경제와 기존 정권에 대한 실망감에서 인도인민당은 압도적인 다수당이 되었고, 모디 총리는 부패 근절을 위해서 해외 계좌에 저장된 블랙머니들을 환수할 수 있도록 2015년에 새로운 조세부과법(Imposition of Tax Act)을 실행하여 인도국민회의와는 차별화된 정책을 펼쳤다.

2019년 총선에서 인도인민당 주도의 민족민주연합은 353석을 차지해 압도적인 과반을 차지했고, 인도국민회의는 52석만을 확보해 야당 대표직을 차지하는데 필요한 10% 의석을 확보하지 못했다. 두 차례에 걸친 인도인민당의 압도적인 승리로 인해 모디 총리는 반자유주의적 정책을 펼칠 수 있었다. 2014년 총리로 선출된 후 친 모디 성향의 대법원장인 디팍 미즈라(Dipak Misra)의 사건배당과 법원 행정에 대한 문제를 대법관들이 공개 비판하기도 했으며,[8] 2016년 인도 자와할랄 네루 대학의 학생회 회장인 쿠마르(Kanhaiya Kumar)가 힌두 민족주의 단체를 비판하자, 뉴델리 경찰은 그를 폭동선동죄로 검거했고, 법원은 대학 광장에서 시위할 수 없도록 폐쇄하기도 했다(아산정책연구원 2020, 72).

7 Sanghvi, Vir. 2020. "Rahul Gandhi's Leadership Exposed Again As Disastrous" https://www.ndtv.com/opinion/what-exactly-will-it-take-for-rahul-gandhi-to-allow-a-new-leader-2326505 (검색일 2021.11.27.)

8 Menon, Malini. 2018. "Four judges criticize India's top court in rare public spat" https://www.reuters.com/article/us-india-supremecourt-idUSKBN1F10LT(검색일: 2021.11.22.)

<그림 1> 연간 인도 언론인 살인 건수

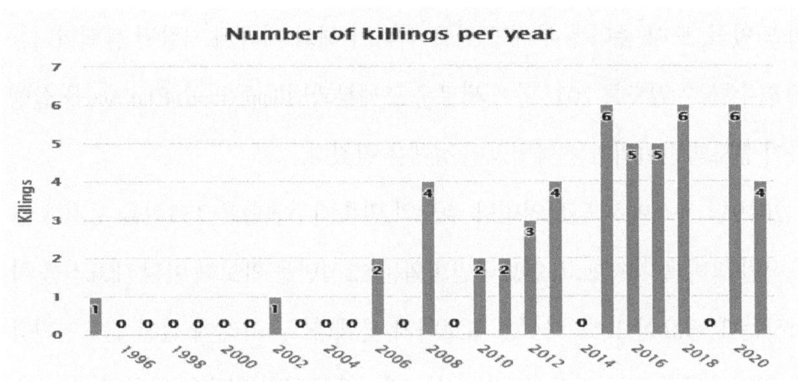

출처: UNESCO, "observatory pf killed journalists - India"https://en.unesco.org/themes/safety-journalists/observatory/country/223728 (2022.05.22.)

특히 언론에 대한 탄압이 극심했는데, 국경 없는 기자회가 발표하는 세계언론자유지수에 따르면 인도는 2019년에 180개의 국가 중 140위를 기록했으며, 미얀마(138), 팔레스타인(137)보다 낮은 순위를 기록했다. <그림 2>에서 확인할 수 있듯 2014년부터 2021년까지 32명의 언론인이 살해당했다. 언론 탄압은 주로 중도좌파 언론지와 반정부 언론지를 대상으로 이뤄졌다. 특히 코로나 판데믹 기간 동안 언론에 보도지침을 내려 정부 정책을 선전하고 반국가적 게시글을 올린 기자를 상대로 반테러리즘법으로 처벌하기도 했다(아산정책연구원 2020, 78).

카스트 갈등의 약화와 경제성장에 대한 기대

레이파르트(Liphart 2016)는 자신이 다른 36개 국가 중에서 인도가 가장 저개발 된 국가라고 말한다. 비록 1950~1980년대 3.5%에 불과했던 경제성장률이

1980~2015년 6.3%로 크게 증가하고 1인당 GDP도 1.0%에서 4.5%로 상승했지만, 이와 별개로 빈곤선 이하의 인구는 여전히 큰 비중을 차지하고 있다. 특히 인도의 계급적-경제적 불평등의 뿌리가 된 카스트제도는 1947년 인도 헌법 제정 이후로 공식적으로 폐지되었지만, 인도 사회에는 여전히 이 제도로 인한 불평등 문제가 만연해 있다. 이러한 카스트와 힌두-무슬림 간의 소득 격차 문제는 <표 2>에서 확인할 수 있다. 무슬림은 대체로 힌두보다 저소득층이 많으며, 중간계층 또한 가장 낮은 모습을 보여준다. 그리고 과거 브라만 계급이 포진해 있는 상위카스트에서 고소득층이 많이 이들이 불균형적으로 큰 대표성을 가지고 있다는 것을 확인할 수 있다. 상류층은 하층 카스트들로부터 분리를, 하층 계급은 평등을 요구하면서 사회적 갈등이 발생했다. 인도의 정당들은 카스트 계급 간의 갈등을 다루기 위한 정책을 펼쳤으며 이는 자연스럽게 각 정당의 지지세력들의 차이로 드러났다.

<표 2> 소득 그룹에 따른 사회-종교적 범주들의 분포(소득범주, %)

힌두(상위 카스트)		
저 8.9	중 73.9	고 17.2
힌두(지정카스트 / 지정부족)		
저 28.6	중 65.1	고 6.3
힌두(기타 후진계급)		
저 25.9	중 72.6	고 1.5
무슬림		
저 30.8	중 65.0	고 4.2

출처: Sachar Committee estimate from National Sample Survey Organisation 2004-05, 61st Round, Schedule 10 as reported in the Frontline, 29 Deceomber 2006, p.121 (Singh·Saxena 2009, 52)에서 재인용

이러한 불균형적 대표성을 해결하고자 했던 인도국민회의의 신할당정책'(New Reservation Policy 1990)은 이미 헌법상 폐지된 카스트에 근거해 소수자들에게 혜택을 제공한 정책이었다. 이로 인해 상위 카스트 엘리트와 부유한 농민은 이 정책에 반대했다(Singh · Saxena 2009, 54).

인도국민회의가 카스트 갈등을 적절해 해소해주지 못한 반면, 인도인민당은 힌두민족주의를 기반으로 힌두 민족의 발전주의 이데올로기를 펼쳤다. 2013년 인도 경제는 사상 최대의 경상수지 적자를 기록하였고, 7%에 육박하는 높은 물가상승률 등 경기 불안을 겪었다. 또한, 앞서 언급했듯이 인도국민회의를 중심으로 하는 정부 관료들의 대규모 부정부패 스캔들로 인도국민회의에 대한 지지도가 급감하였다(Rukmini 2019, 37). 이에 대한 반대급부로 구자라트 주 총리 시절 경제 성장을 전폭적으로 이끌었던 모디 총리에 대한 기대로 인도 국민들은 모디를 전폭 지지하였다. 정부개입을 최소화하고 시장의 자율성을 추구한 모디의 경제정책인 이른바 모디노믹스는 구자라트 지역에서 큰 성과를 보여주었다. 모디는 글로벌 투자매력도 확대를 통해 산업발전과 일자리를 창출하였고, 세부 목표로 산업 인프라를 개선하고 기술 및 인적 역량을 강화하였다. 이를 통해 모디는 투자자별 맞춤형 산업단지를 개발했고, 83개의 산업 클러스터와 182개의 산업부지를 확보하는 등 경제 성장을 위한 기반 시설과 제도를 마련하는데 박차를 가하였다(최윤정 2014, 5). 이러한 경험을 바탕으로 2014년 총리 후보로 나선 모디는 인도를 세계에서 가장 큰 국가로 만들며, 200개의 스마트 시티 건설, 중간 계층의 소득 증가, 여성에 대한 교육 활성화 등을 공약하면서 그동안 인도국민회의에 배제된 사회집단인 신중산층을 대변한다고 주장했다(Jaffrelot 2014).

모디는 2019년까지 인도의 평균 경제성장률을 약 7.3%으로 끌어올렸으며, 소비자물가도 평균 4%로 유지하였다(한형민 외 2019, 8). 한편 2017년 70%에 육박하던 지지도가 2018년 말 50% 아래로 떨어져 정권교체 가능성이 있었지만, 모디 정부는 중·상층 경제적 약자를 위한 할당제, 농민 임금 지원 제도, 소득세 공제 한도를 상향 조정함으로써 대중들의 지지를 반등시키고자 하였다. 또한, 2019년 총선에서 모디 총리는 '제조업 클러스터 구축, 4차 산업장려를 통한 일자리 창출' 등 구체적인 경제정책 공약을 제시하여 인도 청년들의 공감을 이끌어냈다(한형민 외 2019, 2).

인도는 평균연령 겨우 29세로 중국이 38세 미국이 39세, 일본이 48세인 것과 비교했을 때 상당히 젊은 층이 많은 국가이다. 젊은 층들의 현재 관심사는 인도가 꾸준히 성장하여 자신들의 구직활동 전망을 밝게 만드는 것이다. 모디는 젊은 층의 지지를 얻기 위해서 젊은 층의 문화를 적극적으로 활용하여 친근한 이미지로 다가가고자 했다(Sinha 2021, 327). 그는 스마트폰과 비디오 게임, 인터넷 문화와 소셜 미디어에 친근한 이미지를 심어줌으로써 젊은 층의 흥미를 유발했고, 청년의 아이콘으로 거듭나고자 했다(Sinha 2021, 328).

2014년 총선 캠페인의 기초를 형성했던 구자라트 모델은 인도의 새로운 발전주의 패러다임의 사례로 재조명되었으며, 인도가 실용적으로 융합된 자유주의 및 개발주의에 기초한 강국이 될 것이라는 기대감을 낳았다(Chatterjee 2022). 이러한 기대감을 제공해준 인도인민당과 달리 인도국민회의는 오직 모디 1기 정부의 '성장의 인도'만을 비판하면서 선심 정책을 펼쳤지만 뚜렷한 국가 비전을 제공해주지 않았다(김찬완 2019, 12). 이러한 한계로 인해 인도국민회의는 인도인민당의 대안이 될 수 없었으며, 모디는 강력한 경제력을 바탕으로 한 힌두 민족을 위한 인도를 그려냄으로써 유권자들로부터 더 많은 지지를 얻을 수 있었다. 그 결과 인도에서는 힌두 카스트에 구별없이 인도인민당을 지지하게 되면서 힌두 내 갈등이 봉합되기 시작했으며(정채성 2012; 정채성 2014; Baviskar et al. 2011; Rukmini 2019), 갈등의 양상이 힌두-무슬림간의 민족적 갈등으로 전환하였다. 그리고 두 정권은 집권 기간동안 경제 성장률을 높이고 실업률을 감소하는 등 실질적인 성과를 도출함으로써 지지율을 높일 수 있었다.

코로나 판데믹과 희생자로서 무슬림

모디 정권은 지지율의 위협을 받을 때 희생양으로 무슬림을 이용하는 모습을 보여주었다. 2019년 총선 당시 지지율을 위협받던 모디총리는 2019년 인도-파키스탄 국경분쟁을 통해 이슬람에 대한 힌두 민족들의 불안감을 자극하여 지지를 획득했다(Hintson · Vaishnav 2021). 코로나 팬데믹 동안 모디는 코로나 대확산의 주범을 무슬림들에게 전가함으로써 높은 지지율을 유지할 수 있었다. 인도는 2020년 3월 확진자가 급증하면서 모디 총리는 대규모 봉쇄 조치를 명령했고, 그 결과 인도의 일용노동자와 이주노동자들의 이동권과 생존권을 위협하였다. 하지만 6월 이후 확진자 수가 하루당 1만 명으로 증가하였고 10월에 들어서는 신규 확진자가 꾸준히 증가해 하루 약 9만 명의 확진자가 발생하였다. 한편 이후 확진자 수가 감소하면서 2021년 1월부터 아스트라제네카 백신을 통해 코로나 백신 접종을 시작한 이후 코로나 팬데믹의 끝자락에 다다랐다고 공표했다. 특히 2021년 2월까지만 하더라도 확진자 수가 하루 1만 1,000여 명으로 줄었고, 사망자 수 또한 100명 미만으로 감소했다. 이러한 긍정적인 전망은 판데믹에 의한 공포를 잠식시켜줄 것으로 기대되었다. 하지만

4월 중순 코로나 확진자가 10만 명을 넘어서더니 5월에 이르러 40만 명에 달했으며, 사망자 수는 일일 4,000명에 달하면서 인도 전반에 극심한 인명피해를 초래했다. 2020년부터 2021년까지 인도 내에서 코로나가 갑작스럽게 발병하면서 인도 국민은 불안에 떨었으며, 인도의 공중보건 체계는 이에 대응하지 못해 방영 물품을 제대로 공급하지 못했다. 그리고 인도 정부의 봉쇄정책으로 인도 국민의 불만이 고조되자 인도 정부는 다른 '희생양'으로 무슬림을 지목했다(김경학 2020, 3; Amarasingam et al. 2022).

2019년 중반부터 2020년 초반까지 인도 사회에서 무슬림들은 새로운 시민법개정안에 대한 집단적인 반대 운동을 펼쳤다. 또한, 이슬람 선교조직인 따블리기 자마이뜨(Tablighi Jamaat, 아래 '따블리기')는 인도 정부의 전국적 봉쇄령이 내려진 3월 22일 일주일 전에 종교집회를 열었다. 하지만 코로나 확산과정이 개정안 반대 운동과 따블리기 종교 집회 이후와 맞아떨어지면서 코로나 확산세가 높아졌다. 특히 인도 정부는 이 따블리기 종교 집회를 원인으로 지목하였다(김경학 2020, 4). 언론과 정부가 앞장서서 인도 무슬림에 대한 책임론을 거론하였는데, SNS를 통해서 무슬림에 대한 악의적인 책임론을 유포하여 무슬림에 대한 폭력과 증오심을 유발하도록 만들었고 코로나바이러스는 무슬림이 국가를 상대로 '코로나 지하드'를 전개한다는 허위 정보가 퍼졌다(김경학 2020, 15). 또한, 인도의 보건부장관 보좌관인 라브 아가르왈(Lav Agarwal)은 코로나 확산의 책임을 전적으로 따블리기 집회에 돌림으로써 방역 당국의 책임을 회피하였다(김경학 2020, 20). 그 결과 Monash Business School의 조사 결과에 따르면 인도 북부에 있는 우타르프라데시주의 인도 국민 중 66%가 코로나 확산의 책임이 무슬림에 있다고 생각했다.[9] 즉 인도 국민은 코로나 확산을 방역 당국의 미흡한 대처에 책임을 묻지 않으며 무슬림에 대한 혐오로 대응하는 경향을 보여준다. <그림 2>과 <그림 3>은 코로나 판데믹 이후 묘사된 무슬림에 대한 혐오 사례이다. 인도인들은 SNS에서 #CoronaJihad와 같은 해시태그를 통해 코로나 바이러스는 무슬림에 의한 생물테러라는 이미지를 퍼뜨렸다. 무슬림들이 인도인의 목숨을 위협하고 있다는 자극적인 내용을 유포하면서 무슬림 소수에 대한 두려움을 조장하였다(김경학 2020; Nabeel · Raaashed 2020).

<그림 2> SNS에서 코로나 자하드 묘사

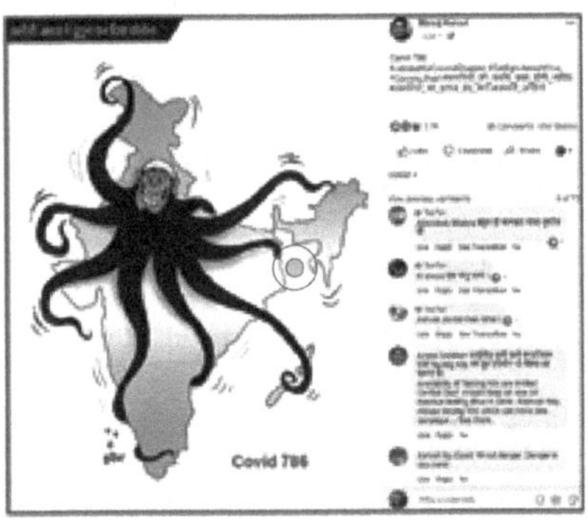

<그림 3> 코로나가 무슬림에 의해 퍼졌다는 SNS 게시물

출처: CORONAJIHAD. https://www.equalitylabs.org/coronajihad (검색일: 2022.05.25).

인도의 민주주의 그리고 인간 안보

인도인민당의 뿌리는 힌두 민족주의였으며, 이들의 우선적인 정치적 목표

---

9 Monash University. "Pandemic Stigma: Foreigners, doctors wrongly targeted for COVID-19 spread in India", https://www.monash.edu/news/articles/pandemic-stigma-foreigners,-doctors-wrongly-targeted-for-covid-19-spread-in-india

는 인도의 힌두화이다. 이들의 목적은 인도-파키스탄 사이의 무력 갈등에서부터 뿌리내리기 시작했으며, 세계 각지에서 발생하는 무슬림에 대한 혐오, 그리고 경제성장에 대한 기성 정당의 불만족스러운 대안이 겹치면서 인도인민당은 급격한 성장을 도모할 수 있었다.

모디는 코로나 팬데믹이 터지기 전부터 인도인민당의 당 기조 하에 인도의 힌두화에 힘을 써왔다. 잠무와 카슈미르주의 자치 보장헌법을 폐기하고 시민명부 및 새로운 시민권법개정안을 통해서 무슬림의 인간으로서의 권리를 빼앗았다. 이러한 정책들에 대한 인도 국민은 반대하지 않았으며 오히려 모디가 구자라트주 총리 시절 보여주었던 발전주의적 전망에 지지를 보여주었고 힌두 계급 사이의 갈등이 힌두와 무슬림 사이의 갈등으로 전환되어 인도 내의 무슬림들을 혐오하기에 이르렀다. 또한, 코로나 팬데믹을 거치면서 모디의 이 팬데믹을 무슬림을 정당하게 탄압할 수 있는 수단으로 사용하였다. 따블리기 집회와 바이러스 확산은 무슬림에 대한 힌두 민족의 공포를 강력하게 심어줄 수 있는 계기가 되었고, 코로나를 코로나 지하드, 무슬림 바이러스라고 프레임 지음으로써 이러한 편견은 더욱 확신으로 변해갔다.

앞으로도 인도인민당은 힌두 민족주의 세력을 결집하여 힌두뜨바 이데올로기를 통한 인도의 힌두화 작업에 박차를 가할 것이다. 인도 내의 무슬림을 이등시민으로 전락시키면서 코로나의 책임을 전가하였고 이를 계기로 무슬림의 종교 활동 또한 탄압할 여지가 크다. 또한, 인도의 힌두 민족들은 SNS에 퍼진 각종 가짜뉴스와 코로나에 대한 공포로 인해 코로나에 대한 책임을 방역당국이 아닌 무슬림으로 돌림으로써 이들에 대한 폭력을 정당화하고 있다. 이러한 계기로 모디 정권이 집권한 이후 무슬림에 대한 인간 안보는 보호받지 못하고 있으며 모디 정권은 무슬림에 대한 민족적 감정을 고양함으로써 자신의 정권을 유지하여 민주주의적 가치를 훼손시킬 여지가 있다. 현재 전 세계적으로 무슬림에 대한 차별이 만연하다는 점에서 일국적 차원에서 벌어지는 혐오는 과거 유대인 학살을 자행한 나치즘의 씨앗을 낳을 것이다.

참고문헌

국내문헌

고경희. 2003.『현대 인도의 정당정치』. 경기: 인간사랑

김경학. 2002. "인도의 경제위기와 정치적 민주주의의 발전."『민주주의와 인권』 2권 2호. 117-147.

______ . 2011. "인도 부족민의 우익 힌두 민족주의와의 만남".『민주주의와 인권』. 11권 2호. 351-387.

______ . 2020. "감염병과 '이슬람 포비아': 인도 힌두 민족주의 세력의 COVID-19 의 정치화."『남아시아연구』. 26권 3호, 1-34.

김찬완, 2019, "인도 정치의 대전환: 2019년 총선을 중심으로",『남아시아 연구』 25권 2호

아산정책연구원, 2020 "민주주의 위기, 국제질서 혼란".『ASAN REPORT』.

백좌흠. 2006. "2004년 총선 이후 인도정치에서 좌익정당들의 부상."『인도연구』 11권 2호, 173-205.

정채성. 2013. "'힌두성(Hindutva)'의 개념 규정과 문화민족주의 간의 상관관계 연구: 1980년대 이후 인도 사회의 변화를 중심으로."『인도연구』 18권 1호, 39-82.

최윤정. 2014, "인도 총선 결과와 향후 경제정책 방향",『지역경제 포커스』, 제8권 제

26호.

한형민, 김정곤, 송영철, 김도연. 2019. “인도 모디 2기 정부 출범의 의의와 경제정책 방향”, 『오늘의 세계경제』 제 19권 제 15호.

홍병문. 2019. “[만파식적] 힌두 민족주의” 『서울경제』 (10월 6일).

Lijphart, Arend 저 · 김석동 역. 2016. 『민주주의의 유형』. 서울: 성균관대학교 출판부

Singh. M. P. and R Saxena 저 · 신소진 역. 2009. 『인도정치학 현대의 이슈와 관심사』. 서울: 오름

해외문헌

Amarasingam, Amarnath, Sanober Umar, and Shweta Desai. 2022. “Fight, Die, and If Required Kill: Hindu Nationalism, Misinformation, and Islamophobia in India.” Religions 13(5): 1-33.

Chatterjee, Elizabeth, “New Developmentalism and its Discontents: State Activism in Modi’s Gujarat and India.” Development and Change. 53(1): 58-83

Desai, A.R. 2005. Social Background of Indian Nationalism. India: Taj Press

Ghatak, Maitreesh. and Sanchari Roy, 2014a. “Did Gujarat’s Growth rate accelerate under Modi?” Economic and Political Weekly. 49: 12-15.

______. 2014b. “Did Gujarat switch to a higher growth trajectory relative to India under Modi? A rejoinder.” Economic and Political Weekly. 49: 79-81.

Hardy, Peter. 1972 The Muslims of British India. Cambridge: Cambridge University Press

Hintson, Jamie, and Milan Vaishnav. 2021. “Who Rallies Around the Flag? Nationalist Parties, National Security, and the 2019 Indian Election.” American Journal of Political Science

Hossain, MA. 2019. In search of Citizens in Citizennagar: The politics of contingent citizenship among the survivors of 2002 Gujarat riots in India. Oxford: University of Oxford

Jaffrelot, Christophe. 2015. "The Modi-centric BJP 2014 election campaign: new techniques and old tactics." Contemporary South Asia. 23(2): 151-166

Lerner, Hanna. 2011. Making Constitutions in Deeply Divided Societies, Cambridge: Cambridge University Press

Mahmudabad, Ali Khan. 2020. "Indian Muslims and the Anti-CAA Protests; From Marginalization Towards Exclusion". South Asia Multidisciplinary Academic Journal. 24: 30-47.

Nabeel, F. and M. Raashed, 2020, "The Hindutva Aspect of COVID-19 Outbreak in India", Centre for Strategic and Contemporary Research, 11: 1-8.

Rukmini, S. 2019. "The BJP's Electoral Arithmetic", In The BJP in Power: Indian Democracy and Religious Nationalism. edited by Vaishnav, Milan. 37-50. Washington, DC: Carnegie Endowment for International Peace

Repucci, Sarah. 2020. "A Leaderless Struggle for Democracy." https://freedomhouse.org/report/freedom-world/2020/leaderless-struggle-democracy

Sinha, Subir, 2021, "'Strong Leaders', Authoritarian Populism and Indian Developmentalism: The Modi Moment in historical Context", Geoforum, 134: 320-333.

Talbot, Ian. 1999. "Pakistan's Emergence." Winks, Robin. eds. The Oxford History of the British Empire: Volume V: Historiography.

_____ and Gurharpal Singh, 2009, The Partition of India. Cambridge: Cambridge

University Press.

Zakaria, Fareed. 1997. "The Rise of Illiberal Democracy." Foreign Affairs. 76.

인터넷 자료

Akhilesh Pillalamarri. 2021. "Why India's Democracy is Not Dying"
https://thediplomat.com/2021/06/why-indias-democracy-is-not-dying/

CORONAJIHAD. https://www.equalitylabs.org/coronajihad

Delhi. "Can BJP survive the demographic disadvantage in Assam?" 『INDIA TODAY』
https://www.indiatoday.in/india-today-insight/story/can-bjp-survive-the-demographic-disadvantage-in-assam-1784851-2021-03-29

Delhi and Praagrai. "Narendra Modi and the struggle for india's soul" 『The Economist』
https://www.economist.com/briefing/2019/03/02/narendra-modi-and-the-struggle-for-indias-soul

Menon, Malini. 2018. "Four judges criticize India's top court in rare public spat"
https://www.reuters.com/article/us-india-supremecourt-idUSKBN1F10LT

Monash University. "Pandemic Stigma: Foreigners, doctors wrongly targeted for COVID-19 spread in India"
https://www.monash.edu/news/articles/pandemic-stigma-foreigners,-doctors-wrongly-targeted-for-covid-19-spread-in-india

Reserve Bank of India: State-wise Availability of Power
https://www.rbi.org.in/scripts/PublicationsView.aspx?id=17721

Sanghvi, Vir. 2020. "Rahul Gandhi's Leadership Exposed Again As Disastrous" https://www.ndtv.com/opinion/what-exactly-will-it-take-for-rahul-gandhi-to-allow-a-new-leader-2326505

Transparency International.
https://www.transparency.org/en/cpi/2021?gclid=CjwKCAjws8yUBhA1EiwAi_tpERfWW5xg8NLCpojNVaoErIQ8skcMTGFCP-HYyJZHFxrlroTszBqAMxoC_-gQAvD_BwE

ULA "British India"
https://southasia.ucla.edu/history-politics/british-india/

제9장

중국의 인권침해 행위에 대한 제 2선 국가들의 대응전략 - 영국의 남중국해 헤징전략을 중심으로[10]

박성윤 (한국외국어대학교)

서론

2010년 이후 중국은 국제정치무대에서의 영향력을 넓히기 위해 경제적 성장을 바탕으로 군사력을 확장하는 행보를 보이고 있다. 중국은 경제적, 군사적 능력 확장을 바탕으로 기존의 국제정치질서가 추구하는 자유와 인권 가치관에 정면으로 대치하는 모습을 보이고 있으며, 이로인해 국제사회는 부상하는 중국에 대해 큰 우려를 낳고 있다. 이에 미국을 비롯한 아시아 지역 국가들은 중국의 부상에 대응하기 위한 저마다의 전략을 추진 중에 있다.

이러한 상황에서 최근 아시아 국가들을 넘어 다른 지역 국가들 역시 중국에 대한 대응을 적극적으로 추진하는 움직임을 보여주고 있다. 그리고 최근

10 '본 논문은 국제지역연구 25-4호에 게재된 논문을 발췌하여 수정 및 보완한 논문임'

영국을 비롯한 유럽국가들이 대중국 전략을 추진하는데 있어 가장 적극적인 모습을 보여주고 있기도 하다. 그렇다면 최근 유럽국가들이 적극적으로 대중국 경제전략을 추진하게 된 요인은 무엇이며, 영국을 비롯한 유럽의 2선 국가들이 중국의 부상에 대해 갖는 인식과 그에따른 대응을 무엇인가? 본 연구는 2010년을 전후한 남중국해에서의 중국의 강압적 · 일방적 군사행위 강화, 홍콩에 대한 중국의 비민주적 조치, 신장위구르 지역에서의 광범위한 인권탄압 등 중국의 행위들은 중국에 대한 유럽의 위협인식이 강화되는 계기가 되었으며, 이러한 인식을 바탕으로 유럽 국가들은 중국견제 전략의 일환으로서 인도-태평양(인태) 지역 국가들과의 안보 · 전략적 관계를 강화하고 있음을 주장한다. 즉, 영국의 대중국 전략은 기존의 영국 및 유럽국가들의 대중국 전략이던 헤징전략의 틀 안에서 유지되고 있지만, 그 틀 안에서 중국에 대한 균형전략의 요인들로 확대 · 강화되는 모습을 보여주는 것이다.

본 연구는 2010년대 이후 남중국해와 홍콩 및 신장 문제와 관련한 중국의 공세적 행위에 대한 2선 국가의 인식을 분석하고, 그러한 인식을 바탕으로 인태지역을 중심으로 유럽의 2선국가들이 추진해온 대중국 견제전략을 살펴보고자 한다. 지금까지 중국의 부상과 공세적 행위를 직 · 간접적으로 마주해온 인태지역 국가들의 대응을 분석한 연구들은 다수 존재한다(Anwar 2020; He and Li 2021; Medcalf 2014; Pan 2014; Thakur and Sharma 2018; Tow 2019; Wilson 2018). 다만, 기존 연구들은 대부분 중국의 부상과 현상타파 행위를 독립변수로 두고 미국, 호주, 일본, 인도, 아세안 등 인태지역 주요 국가들이 추진하는 대중견제 전략에 대한 분석을 시도하고 있다. 그에 반해 최근 인태 지역에 방점을 두고 적극적인 대중견제 전략을 추진하고 있는 유럽의 2선국가에 대한 연구는 매우 적다고 할 수 있다. 2010년 이후 확대되기 시작한 영국의 인태 지역으로의 진출을 바탕으로 영국의 인태지역에서의 대중견제 전략을 다룬 연구들(Hemmings and Rogers 2019a; Patalano 2019)이 존재하지만, 중국의 현상타파 행위로 인한 영국의 대중 위협인식이 확대된 기점을 전후로 영국의 대중 정책 및 인태 지역 국가들과의 군사 · 안보 협력 강화 현상을 분석한 연구는 체계적으로 이루어지지 않았다. 따라서 본 연구는 기존의 연구들이 크게 다루지 않았던 영국의 대중견제전략이 어떻게 추진되고 있는지 살펴보고자 한다. 2010년대 이후 중국의 부상으로 인한 영국의 위협인식 변화를 살펴보고, 이러한 인식 아래 특히 인태지역 주요 국가들 – 인도, 일본, 호주 – 과의 안보 · 전략적 관계 강화 노력을 분석하고자 한다.

본 연구는 다음과 같이 진행된다. 2장에서는 현실주의적 관점에서 약소국 혹은 2선 국가들이 강대국의 위협에 어떻게 대응하는지 논의하고 영국의 대중견제 전략 사례에 대한 적용을 검토한다. 3장에서는 영국의 적극적인 대중 균형전략 추진의 주요 요인이라 할 수 있는 중국의 공세적, 현상타파 행위와 그에 대한 영국의 인식을 분석한다. 여기서는 특히 1) 인태 지역에서의 중국의 일방적 군사행위, 2) 홍콩 및 신장 위구르에서의 중국의 반인권 비민주주의적 행보를 다루며 이에 대한 영국의 인식을 살펴본다. 4장에서는 인태지역에서 중국을 견제하기 위해 확대되고 있는 영국과 일본, 인도, 호주 등 인태지역 주요국가들과의 군사 · 안보 협력이 점차 확대, 강화되는 상황을 분석한다, 이를 통해 2010년 이후 중국의 부상에 대한 영국의 견제 및 균형전략이 과거보다 적극적으로 추진되고 있으며, 결국 영국의 대중국 헤징전략이라는 큰 틀 안에서 균형전략의 요소가 크게 증가하고 있음을 밝힌다. 마지막으로 5장 결론을 통해 연구를 끝맺는다.

위협적 국가의 등장과 약소국들의 대응

강력한 국가 혹은 위협적인 국가의 등장을 경험한 다른 국가들(약소국)은 어떻게 행동하는가? 대다수의 신현실주의 학자들에 따르면 국제체제는 무정부상태(anarchy)이며, 국가들은 다른 국가들의 의도를 알지 못하는 불확실한 상황에 놓여져 있을 뿐만 아니라 언제든 다른 국가들에게 공격받을 수 있다는 우려를 가지고 있다(Mearsheimer, 2001; Waltz, 1979). 따라서 무정부상태 아래 놓인 국가들은 각자의 안전과 생존 확보를 위해 '자력구제(self-help)'를 해야 하는데 그중 대표적으로 제시되는 것이 '균형 전략(balancing)'이다. 즉, 국가들은 강력한 국가나 위협적인 국가가 등장할 경우 이들로부터 언제든 공격받을 수 있다는 우려 속에서 강력한 국가와의 힘의 균형상태를 유지해야 하는 바, 강력하거나 위협적인 국가를 직접 견제하고 힘의 균형을 유지하기 위한 수단이 균형전략인 것이다(Waltz, 1979). 신현실주의자들은 특히 위협적인 국가에 대한 균형전략으로 두 가지 방안을 제시하는데, 첫 번째는 약소국들이 무기 개발이나 군 현대화 등을 통해 스스로의 군사력을 강화시키는데 초점을 맞춘 '내적균형(internal balancing)'이며(Waltz, 1979: 168), 두 번째는 같은 처지에 있는 다른 국가들과 군사적 동맹(alliance)이나 연합(coalition)을 형성하여 위협에 공동 대응하는 '외적균형(external balancing)'이다(Walt, 1987: 18). 즉, 약소국을 비롯한 일단의 국가들은 강력하고 위협적인 국가의 부상에 직면하여 스스로의 힘을 강화시키거나 다른 국가들과의 동맹 및 연합 형성을 통해 강대국과의 힘의 균형을 유지하는 한편, 그 국가에 대한 견제를 통해 안보를 확보하는 것이 균형전략의 내용이라고 할 수 있다.

반면 약소국들은 생존을 위해 균형전략이 아닌 '편승전략(bandwagoning)'을 선택할 수 있다. 강력한 적에 대응해 약소국들이 서로 힘을 모으는 균형과는 달리 편승이란 위협의 원천(source of threat)이라 할 수 있는 강력한 국가 측에 합류(편승)하는 것을 의미한다(Walt, 1987: 17). 다른 약소국들이 아닌 강력하고 위협적인 국가와 외교적, 군사적, 경제적 관계를 맺는다든지 이 국가로부터의 다양한 요구 수용 등이 편승전략의 여러 방안이라 할 수 있는데, 이를 통해 자신에게 위해를 가할 수 있는 강력한 국가 편에 서게 되면 그 국가로부터는 공격을 받지 않을 것이란 기대를 가지고 편승하게 되는 것이다. 혹은 약소국들 중에서도 현상타파 성향을 가진 국가들도 존재하는 바, 이들은 강력히 부상하는 현상타파 국가에 합류하게 되면 향후 이 국가의 주도로 기존 패권국을 제압하고 새로운 국제질서가 형성될 경우 많은 이득을 얻을 수 있으리라는 기대 아래 부상하는 현상타파 국가에 편승하기도 한다(Schweller, 1994). 결국 약소국들은 스스로의 안보 확립이나 이득 확보를 위해 부상하는 강력한 국가 혹은 위협적인 국가에 편승하는 선택을 하기도 한다(Schweller, 1994).

하지만 기존 신현실주의 학자들이 제시한 '균형'과 '편승'만을 선택하는 것은 약소국의 입장에서는 상당한 위험요인으로 작용할 수 있다. 위협적인 국가에 대응해 순수한 균형전략만을 취할 경우 약소국들이 협력하더라도 공통의 위협국가를 성공적으로 견제하지 못할 가능성도 존재한다. 공통의 위협국가에 대항해 약소국들이 동맹관계를 형성했다고 하더라도 평소 책임분담문제

(burden sharing)가 존재하고 위기상황 발생시에도 약소국들이 상호 원조 등과 같은 약속에 대한 이행문제(commitment problem)가 발생할 수 있기 때문에 동맹에 의존한 순수 균형전략은 실패할 가능성을 배제할 수 없다(Mearsheimer, 2001: 157). 또한 약소국들은 균형전략 실패시 향후 위협국으로부터의 처벌을 받을 수 있다는 문제점도 존재한다. 반대로 순수한 편승전략만을 추진할 경우를 볼 때 약소국은 언제라도 자신들이 편승한 강대국으로부터 공격받지 않으리라는 보장이 없으며, 편승으로 인해 그 강대국과 자신들 간의 힘의 격차만 벌어질 수밖에 없다(Mearshimer, 2001: 162; Walt, 1987: 29). 결국, 강력한 국가나 위협적인 국가에 대응하는 과정에서 약소국이 순수한 균형, 혹은 순수한 편승 전략만 선택하기에는 전략적으로 부담스러울 수밖에 없으며 많은 위험요소를 떠안아야 하는 수밖에 없다.

결국 순수 균형과 순수 편승전략으로 인한 부담과 위험을 완화하고 전략적으로도 보다 유연한 대응을 위해 약소국들은 위협적인 국가에 대응한 균형과 편승을 적절히 혼합하는 '헤징(hedging)' 전략을 추구하게 된다. 학자들에 따르면 일반적으로 헤징은 균형과 편승의 요소들이 혼합된 형태의 전략으로 정의된다. 즉, 불확실성이 높은 국제정치무대에서 국가들은 불확실성과 그로 인한 위험을 상쇄하기 위해 강력한 국가를 대상으로 다양하고 복합적인 전략을 동시에 구상하는 것이다(Kuik, 2008). 강력하거나 위협적인 국가와 마주할 경우 약소국들은 한편으로 그 국가와 경제적, 외교적인 관계를 맺는 동시에 또 다른 한편으로는 그 국가에 대한 대비책으로써 다른 약소국들이나 믿을 수 있는 강력한 나라와 안보관계를 맺는 것이 헤징 전략의 핵심이라 할 수 있다(Kuik, 2008; Medeiros, 2005). 실제로 일단의 학자들은 최근 여러 동남아시아 국가들이 중국이라는 강대국의 부상에 직면하여 중국과는 경제적 관계를 확립하는 동시에 중국으로부터의 혹시 모를 위협에 대비하여 미국과 안보관계를 강화하는 형태로 헤징전략을 추진하고 있음을 주장하고 있다(Goh, 2005; Kuik, 2008; Roy, 2005). 이를 통해 약소국들은 불확실성이 큰 국제정치체제 속에서도 중국과 미국이라는 두 강대국 사이에서 경제적 이익과 안보 확립이라는 두 가지 목표를 동시에 추구할 수 있는 발판을 마련해놓고 있는 것이다.

그런데, 헤징전략은 획일적이고 단일한 전략이 아니며, 순수 균형과 순수 편승이라는 양 극단 사이에서 여러 종류의 전략들이 다양한 수준으로 혼합되어 있는 것이다(Hornung, 2014: 99). 일반적으로 헤징전략은 순수균형과 순수편승이라는 양 극단의 사이에 위치한 모든 회색지대를 포함하고 있는데, 한 국가의 헤징전략은 균형과 편승 중 어떤 요소들이 더 많은가에 따라 그 성격도 달라질 수 있는 것이다. 즉, 어떤 국가(A)의 헤징전략에는 균형전략의 요소가 편승전략의 요소보다 우세할 수 있으며, 반대로 또 다른 국가(B)의 헤징전략은 편승전략을 보다 중심으로 하여 추진될 수 있는 것이다. 이럴 경우 A의 헤징전략은 <그림 1> 화살표 중 '순수균형'에 보다 가까운 지점에 위치하게 되고, B의 헤징전략은 '순수편승' 쪽에 더 가깝게 위치하게 된다. 균형과 편승 중 어떤 전략요소가 더 우세한지에 따라 약소국들의 헤징전략도 더 균형 지향적(balancing-oriented)일 수도 있고 편승 지향적(bandwagoning-oriented)일 수도 있다.[11]

11 Kuik(2008)은 순수균형과 순수편승 사이에 위치한 헤징전략 아래 다섯 종류의 하부전략들을 제시하는데, 1) 간접 균형(indirect balancing), 2) 우세 거부(dominance-denial), 3) 경제적 실용전략(economic-pragmatism), 4) 구속 및 관여(binding-engagement), 5) 제한적 편승(limited bandwagoning) 등이 그것이다. 여기서 3)경제적 실용전략이 균형과 편승 사이의 가장 중립적인 위치에 놓여 있으며, 1)로 갈수록 균형전략적 요소가 강하고 5)로 갈수록 편승전략적 요소가 강하다.

<그림 1> 균형-편승 전략과 헤징전략

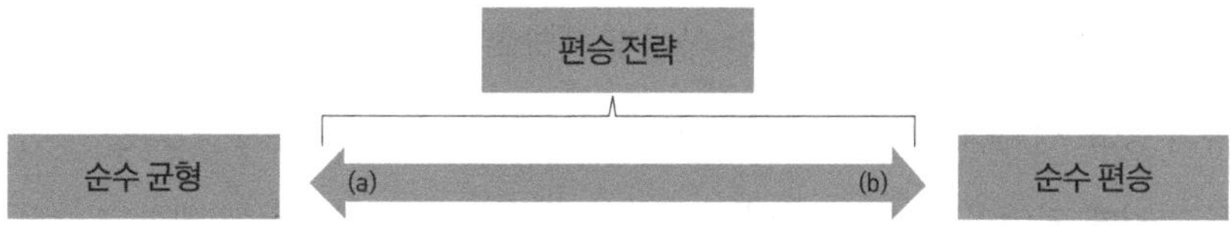

출처 : 김소연, 권재범, 박성윤. 2021. 중국의 현상타파적 행위와 인도-태평양 지역에서의 영국의 대중국 전략: 영국과 인도-태평양 지역 국가 간 전략적 협력관계를 중심으로. 국제지역연구, 25(4) : 35-65

한편, 특정한 강대국(B)의 위협에 대응한 한 국가(A)의 헤징전략 역시 고정된 것이 아니라 B에 대한 A의 위협인식 수준이나 A와 B 사이의 힘의 균형상태 변화 등을 바탕으로 변화한다. 즉, 시간의 흐름에 따라 B에 대한 A의 위협인식이 강화되거나 힘의 균형상태가 B 쪽으로 유리한 방향으로 조성될 경우 A는 B에 균형 전략을 보다 적극적으로 추진하게 된다. 즉, B에 대한 A의 헤징전략이 추진되는 가운데에서도 균형 요소가 우세에 서게 되고 B에 대한 헤징전략 역시 보다 순수균형 쪽으로 이동하게 된다(<그림 1>의 화살표 a 방향으로 이동). 그리고 그 반대의 경우가 조성될 경우 B에 대한 A의 헤징은 보다 편승 요소가 강조되고 순수편승 쪽으로 이동한다(<그림 1>의 화살표 b 방향으로 이동).

이러한 논의는 2010년대 이후 중국이라는 강력한 국가의 부상에 직면한 영국이 인태 지역으로의 개입을 확대하는 현상을 설명하는데 있어서도 적용될 수 있다. 특히 2010년대 이후 중국은 군사적, 외교적으로 보다 공세적인 모습을 보여주고 있을 뿐만 아니라 경제적으로도 자국의 이익을 침해한다고 인식되는 국가에 대한 보복을 단행한 바 있다. 이러한 중국의 일방적이고 공세적인 모습들이 지속됨에 따라 영국 역시 중국에 대한 위협인식을 가지게 된다. 무엇보다도 2010년대 이후 남중국해에서 보여준 중국의 공세적 행위들은 국제

법에 바탕을 둔 국제질서 확립을 강력히 지지해온 영국에게 있어 현상타파적인 모습으로 인식되고 있을 뿐만 아니라 해양교통로 안전을 저해함으로써 영국의 중요 경제적, 안보적 이익을 침해하는 요인으로 작용할 수 있다는 우려를 가지게 되었다. 또한 2010년대 중반 이후 홍콩 민주화 운동에 대한 중국정부의 대응이나 신장 자치구를 중심으로 제기되고 있는 중국의 소수민족 정책 역시 민주주의와 인권을 강조해온 영국의 입장과는 양립할 수 없는 행위로 인식될 수밖에 없다. 영국의 관점에서 보았을 때 중국은 영국의 생존에 직접적인 위협은 되지 못하더라도 영국이 그간 추구해온 핵심 가치들에 대한 심각한 도전을 가하고 있으며, 영국이 지지해온 현재의 국제질서에 대한 변경을 시도하는 존재로 인식하게 된 것이다. 또한 중국의 일방적인 해군 활동이 해양교통로를 위협함으로써 영국의 경제적 번영에도 타격을 줄 수 있다는 우려 역시 커지고 있다. 이러한 중국에 대한 우려와 위협인식이 강화됨에 따라 영국은 보다 적극적으로 중국을 견제할 필요성을 깨닫게 되었으며, 그 일환으로 영국은 아시아 주요 국가들과의 안보 및 전략적 협력관계 강화를 적극적으로 추진하게 된다. 그리고 이러한 상황이 지속됨에 따라 대중국 견제요소들이 강화되고, 결국 영국의 대중국 헤징전략 역시 균형 쪽으로 이동하는 모습을 보여준다.

중국의 위협 행위와 영국의 인식

2010년대 이후 아시아 지역 국가들과의 안보·전략적 관계 강화를 추진 중인 영국의 행위에는 중국에 대한 영국의 우려와 위협인식이 중요한 요인 중 하나로 작용한다고 볼 수 있다. 특히 중국은 남중국해 분쟁에 대해 2010년대 들어 눈에 띄는 공세적 · 일방적 태도를 취하며 국제법에 기반한 국제질서에 도전을 가하고 있으며, 홍콩 및 신장위구르 지역에 대한 정책 역시 민주주의와 인권이라는 가치를 강조해온 영국의 입장에 반하는 것으로 인식되고 있다. 국내외 이슈에 대해 중국이 점차적으로 일방적이고 강압적인 태도를 취함에 따라 영국의 중국에 대한 우려와 위협인식 역시 높아지고 있는 상황이다.

남중국해에서의 중국의 공세적 행위 확대와 영국의 인식

2000년대까지만 하더라도 중국은 남중국해 문제를 해결하는데 있어 주로 아세안과 같은 다자기구의 틀 안에서 분쟁국가들과의 외교적 해법을 모색하는 모습들을 보여주었다(권재범 2020, 12). 특히 중국은 2002년 아세안과 '남중국해 분쟁당사국 행동선언(the Declaration on the Conduct of Parties in the South China Sea)'에 서명하는 한편 다른 분쟁국들과 남중국해 지역에서의 공동 자원탐사 등을 실시하면서 협력을 추진하기도 했다(Simon 2014, 239; Thayer 2011, 78).

하지만 이러한 중국의 접근법은 2000년대 말로 들어서며 변하게 된다. 이 지역에 대한 관할권을 보다 강화하기 위해 중국은 분쟁지역을 대상으로 보다 적극적이고 공세적인 군사활동을 전개하기 시작한 것이다. 2000년대 말부터 남중국해에서의 중국해군의 훈련 및 정찰행위는 규모나 빈도면에서 크게 늘어나기 시작했고, 최신전함 및 잠수함들이 투입되기 시작했다(Fravel 2011). 일례로 중국해군은 2014년 세 척의 최신전함들로 구성된 수상함 전투전대(Surface

Action Group)를 파견하여 21일에 걸쳐 남중국해 전역에서의 훈련을 실시한 바 있고, 2017년과 2018년에는 중국 최초의 항공모함인 랴오닝함을 포함한 대규모 훈련을 실시하여 이 지역에서의 군사적 활동을 적극적으로 전개하고 있다 (Fook and Hop 2018, 3; US-China Economic and Security Review Commission 2014, 4).

또한 중국은 2010년대 중반 이후 남중국해 분쟁지역에 산재해 있는 암초 및 환초 지대를 매입하여 적극적으로 인공섬을 건설해오고 있으며, 그곳에 레이더 기지, 활주로, 군수보급시설 등과 같은 다양한 군사시설을 설치함으로써 남중국해에서의 군사화를 촉진하는 상황이다. 이는 다른 분쟁국가들과 국제사회의 지속적인 반대 속에 이루어진 중국의 일방적인 행위였으며, 이러한 행위는 인공섬 및 군사시설 건설을 통해 남중국해의 보다 넓은 지역에서 중국 해군 및 공군이 더욱 신속하고 지속적인 군사활동을 전개할 수 있는 발판이 마련된 것으로 평가받는다(Townshend and Medcalf 2016).

영국에게 있어 남중국해 지역을 포함한 서태평양은 자국의 안보와 경제적 이익에도 중요한 곳으로 인식된다. 영국 국방부(Ministry of Defence, MoD)는 2010년대 자국의 해양안보 확립이라는 목적 아래 몇 가지 주요 사안들을 제시했는데, 그중 하나가 영국의 무역 및 에너지 수송로 안전 확보였다. 특히 영국 국민들을 보호하고 자국의 경제안보(economic security) 강화를 위해서는 해양 영역에서의 안보가 무엇보다도 중요하며, 그중 사활적인 이익이 걸린 지역 중 하나로 인도양과 남중국해를 잇는 교통로를 꼽았다(UK MoD 2014, 18). 실제로 남중국해 지역은 영국과 지리적으로 멀리 떨어져 있음에도 불구하고 영국 해상 무역량의 12%가 남중국해를 경유하는데, 이는 규모면에서 약 970억 파운드(2018년 기준)로 2010년 후반 영국-인도 간 연간 교역량이 약 160억 파운드임을 감안하면 굉장히 높은 비중을 차지한다고 볼 수 있다(Hemmings and Rogers 2019b, 15). 이 해양교역로에서 안보적 불안이 조성될 경우 영국의 아시아 전략과 경제적 번영, 그리고 에너지 안보에 큰 타격을 주게 된다. 영국의 입장에서 보았을 때 남중국해 지역의 안정과 항행의 자유 보장은 자국의 이익에도 깊은 관련이 있다고 할 수 있으며, 안정을 해칠 수 있는 어떠한 행위들도 영국의 안보 불안으로 이어질 수밖에 없다.

실제로 영국은 2010년대 중반, 남중국해를 중심으로 중국의 공세적 행위가 강화됨에 따라 중국에 대한 우려 인식을 드러내기 시작했다. 이러한 중국에 대한 인식변화는 특히 당시 영국 행정부와 의회 전반에 걸쳐 나타났는데, 일례로 2016년 일본에서 열린 G7 정상회담에서 영국의 데이비드 캐머런 (David Cameron) 총리는 남중국해 영토문제에서의 중국의 공세적 행위와 관련한 국제상설중재재판소의 판결을 중국이 준수해야 한다고 경고하며 중국에 대해 과거보다 강경한 태도를 취하기도 했다(『The Guardian』, 2016/05/25). 필립 해먼드 (Philip Hammond) 영국 외무부장관 역시 2016년 베트남 방문 당시 남중국해의 안정이 영국의 번영과 안보에 중요함을 강조하고 분쟁당사국들의 공세적 행위 자제를 강력히 주문하기도 했다(Lunn and Lang, 2016: 29). 또한 2016년 영국 의회에 제출된 한 연구 보고서에 따르면, 중국의 남중국해 행위에 관련한 영국 정부의 입장을 묻는 질의응답에서 우려를 표명하기도 했다. 특히 휴고 스와이어 (Hugo Swire) 당시 영국 하원의원이자 외교부 부장관(Minister of State for the Foreign and Commonwealth Office)은 서면 답변을 통해 "남중국해에서의 대규모의 인공섬 건설 등과 같이 지역 질서를 저해하고 갈등을 악화시킬 수 있는 모든 일방적 행위에 대해 우려를 가지고 있음"을 밝히기도 했다(Lunn and Lang, 2016: 29).

브렉시트 이후 아시아 지역과의 경제적 협력의 중요성이 더해지면서 남중국해 상황 역시 영국에게 한층 더 깊은 우려를 가져다 주었다. 최근 영국정부에서 발간한 '글로벌 브리튼 전략 보고서(Global Britain in a Competitive Age)'에서는 영국 및 인도-태평양 지역의 안정과 번영을 위해 이 지역으로의 개입 확대를 시사하는 동시에 국제무대에서 중국의 강압적 행위들에 대한 우려를 명시하기도 했다(UK Government, 2021). 특히 중국에 대한 우려를 자제했던 과거와는 달리 해당 보고서에서는 중국의 군현대화 및 강압행위들이 영국의 국익에도 위험요소로 작용할 것이라고 지적하고 있다(UK Government, 2021: 29). 과거 영국 정부가 다른 나라들의 영토분쟁에 관해 전통적으로 중립의 위치를 자처해왔던 것을 고려하면 공식석상 및 문서에서의 이러한 언급들은 영국이 현재 남중국해에서의 중국의 일방적 행위, 그리고 그로 인한 지역 해양안보 악화 등에 대해 상당한 우려를 가지게 되었음을 보여준다.

영국은 지속적으로 '법에 기반한(rule-based)' 국제 체제의 유지를 지지해 왔으며 해양안보 문제를 포함한 모든 국제적 문제에 관해서도 국제법과 국제규범의 준수를 강조해온 바 있다(UK MoD 2014). 그리고 2014년 영국 국방부 보고서를 통해 해양 교통로의 안보 불안, 그리고 그로 인한 영국의 이익 침해 등을 막기 위해 지역 동맹국과의 협력관계 강화, 그 지역에서의 독자적 및 합동 해군 활동 확대 등을 중심으로 적극적인 대응을 할 것이라고 명시하기도 했다(UK MoD 2014, 33). 결국 중국의 일방적이고 강압적인 활동이 확대됨에 따라 영국은 지금까지 지지해왔던 '법에 기반한' 국제 체제가 위협받는다는 인식을 가질 수밖에 없다. 또한 남중국해를 중심으로 서태평양 지역에서의 해양 안보가 불안정해지고 있다는 우려 속에서, 결국 영국은 자국의 이익보호와 경제안보 확립을 위해 적극적인 대응에 나설 수밖에 없는 상황이다.

홍콩과 신장 문제, 그리고 영국의 인식

홍콩은 1997년 중영공동선언을 통해 일국양제를 시행하는 조건으로 중국으로 반환되었다. 홍콩은 중국의 헌법에 영향을 받지 않고, 홍콩 기본법이 적용되며 행정장관이 홍콩의 정부수반의 역할을 맡는다. 그러나 중국은 계속해서 홍콩에 개입을 시도하고 있으며 홍콩이 민주화 열풍이 강해짐에 따라 중국의 강경한 대응의 정도도 더욱 심해지고 있다.

홍콩에서는 2003년과 2005년에 각각 국가보안법 반대 및 홍콩 기본법 개정을 통한 행정장관 직선제와 보통선거 요구 시위가 벌어졌다. 국제사회도 홍콩의 민주화를 지지하였으나 중국 정부는 기본법 개정을 거부하였고 홍콩의 민주화에 대한 반대를 표명하였다(『이데일리』, 2005/12/06). 이후 2009년 중국은 홍콩의 기본법을 개정하기 위해서는 중국 전국인민대표대회(이하 '전인대')의 사전 승인을 받아야 한다며 반분열국가법을 개정하였다(『아주경제』, 2019/11/26).

2014년 8월에 전인대 상무위원회가 홍콩의 행정장관 직선제를 거부하였다. 이에 동년도 9월 학생시위가 발발하였고, 홍콩 경찰은 최루탄을 발사하며 강경진압을 시도하였다. 이로 인해 시위가 격화되었고 3개월간 학생과 경찰의 대치 끝에 시위는 해산되었다. 중국 정부는 국제사회를 인식하여 직접적인 개입을 시도하진 않았으나 전인대의 결정을 고수하였고 여론의 확산을 방지하기 위해 인터넷과 SNS상에서 홍콩의 우산혁명을 검열하며 외신의 보도를 차단하는 등의 언론통제를 실시하였다(『뉴스1』, 2014/10/01; 『서울경제』, 2014/10/01). 2019년 3월 홍콩의 입법회가 범죄인 인도법 제정을 시도하자 홍콩의 시민들은 범죄인 인도법의 철회를 요구하며 대규모 시위를 실시하였다. 동년도 6월 홍콩의 행정장관은 송환법을 무기한 연기한다 표명하였으나 시위대는 철회를 요구하였고 7월, 송환법을 공식 철회하였다. 그러나 시위는 직선제를 향한 요구로 격화되었다. 중국 정부는 이전의 홍콩의 민주화 운동에서의 대응과는 달리 직접적으로 개입하기 시작하였다. 2019년 11월에 중국 공산당이 홍콩에 대해 전면 통제권을 행사할 것임을 선언하였다(『연합뉴스』, 2019/11/01). 이후 시진핑 주석은 홍콩 행정부의 시위 강경 진압을 요구하는 등 강력한 개입의사를 보였다.

홍콩의 민주화 시위에 대한 중국정부의 지속적인 강경한 대응 등은 중국에 대한 영국의 인식을 악화시키는 중요 요인으로 작용하고 있다. 2016년 초 홍콩에서는 중국 체제를 비판한 서적 제작자들이 실종되는 사건이 발생하면서 영국은 이를 중국 정부에 의한 강제적 조치였음을 의심하며 중국 정부에 실종자에 대한 조사를 요구하기도 했다(The Guardia 2016a). 이와 함께 2017년 영국 의회에 제출된 영국 외교부의 보고서(Six-monthly Report on Hong Kong)에서도 홍콩의 독립을 지지하는 정당인 홍콩민족당(Hong Kong National Party)의 활동 금지, 선거 입후보자에 대한 정치적 검증(political screening) 등과 같은 홍콩에 대한 중국 정부의 조치들이 홍콩의 자치권을 심각히 훼손할 수 있음을 지적했고, 결국 홍콩의 정치적 자유와 시민들의 권리가 약화될 수 있다는 우려를 보고서 전반에 걸쳐 표명하고 있다(UK Foreign & Commonwealth Office 2017).

신장 위구르 지역은 중국으로부터 분리독립을 지속적으로 요구하고 있는 2009년에는 우루무치 지역에서 한족과의 무력분쟁으로 인해 200여명의 사상자가 발생하기도 했다. 그러나 중국 정부의 신장 위구르 자치구의 분리독립운동에 대한 탄압은 이를 기점으로 더욱 더 심화되기 시작했다. 중국 정부는 우루무치 사태에 대한 강력한 언론통제를 실시하였다(『국제엠네스티』, 2011/11/04). 2018년 영국의 BBC뉴스는 중국의 신장 위구르 자치구에서 위구르인들을 대상으로 광범위한 인권탄압이 자행되고 있는 수용소를 폭로했다(『BBC』, 2018/10/24). 중국 정부는 이를 부인해 왔으나 2020년 위구르인이나 소수민족들을 대상으로하는 재교육 캠프가 있음을 공식적으로 시인했다(『뉴스1』, 2020/09/18). 이후 국제사회가 신장 위구르 지역의 재교육 캠프에서 자행되고 있는 위구르족 문화 말살정책과 고문, 강제노동 등과 같은 인권탄압 행위를 보도 했으나, 중국은 이러한 사실을 부인하며, 해외 언론에 대한 통제를 실시했다(『한겨레』, 2019/07/05). 이 여파로 2021년 2월 중국정부는 영국의 BBC 방송의 중국과 홍콩 내 송출을 전면 금지했다(『JTBC』, 2021/02/13). 2021년 3월에는 신장 지역에서의 강제 노동에 의해 생산된 목화에 대해 글로벌 의류기업들이 사용 중단을 선언하였고, 영국과 미국 등 서구권 국가들은 중국의 신장 지역에서의 인권유린 사태에 대해 제재를 선언하였고 이에 대하여 중국정부는 이를 부정하고 있다.

신장 위구르족에 대한 중국 정부의 탄압행위 역시 영국의 깊은 우려를 자아내고 있다. 2019년 영국 외교부의 보고서에서는 신장지역 내 위구르족과 기타 무슬림 소수민족들에 대한 중국정부의 탄압에 대한 영국정부의 심각한 우려를 나타내고 있으며, 이외에도 기독교와 불교, 이슬람교, 파룬궁(法轮功)

신자들에 대한 중국정부의 박해 역시 종교적 자유와 인권을 침해하는 심각한 문제로 지적한 바 있다(UK Foreign & Commonwealth Office 2017). 그리고 영국은 2019년 유엔 인권위원회를 통해 미국, 일본 등 23개국과 함께 신장 지역에 대한 중국의 광범위한 소수민족 정책을 비판하는 성명서를 내고 중국의 인권 침해 행위 중지와 인권 존중을 위한 국제적 의무 수행을 요구하기도 했다(UK Foreign & Commonwealth Office 2017). 또한 도미닉 랍 외교부장관은 2021년 초 영국 의회에 출석하여 위구르족 등 무슬림 소수민족에 대한 중국 정부의 체계적인 억압이 신장 지역에서 이루어지고 있음을 보고하며 중국에 대한 비판을 이어갔다(UK Foreign, Commonwealth & Development Office 2021a).[12]

이와 같이 중국의 행위들은 영국의 대중인식 악화 및 위협인식 강화로 이어지고 있다. 영국은 지금까지 국제무대에서 '올바른 가치' 확립을 위해 노력해 왔으며, 이는 영국 외교정책의 가장 중요한 목적 중 하나로 자리잡아 왔다. '올바른 가치'에는 민주주의의 확립과 인권 보호 등이 포함되어 있는데 민주주의와 인권 보호라는 목표는 단순히 규범적 측면에서 뿐만 아니라 영국의 국가 이익과 안보 측면에서도 중요한 부분이라고 할 수 있다(UK Foreign & Commonwealth Office 2020). 그리고 인권이 보호되지 않은 지역으로부터 난민들이 발생하고 테러리즘과 같은 비전통적인 안보 위협이 증대되는 상황 속에서 이러한 위협요소들을 줄이기 위해 인권의 확립 역시 굉장히 중요한 목표로 지목되고 있다. 그런데 '글로벌 브리튼 보고서'에서는 중국의 권위주의적 정치

12 도미닉 랍 장관은 의회 출석 당시 신장에서는 위구르족 언어와 문화에 대한 체제 차원에서의 차별, 광범위한 강제노동, 위구르족 여성에 대한 강제 불임시술, 부모로부터 어린이들의 분리 조치, DNA 채취 등 민족 구성원 전체에 대한 감시 등과 같은 행위들이 진행되고 있다는 증거들이 존재한다고 밝혔다.

체제와 인권 등을 둘러싼 서로 다른 관점들이 영국 및 영국의 동맹국들에게 심각한 도전이 되고 있음을 명시하며 최근 중국에 대한 영국의 우려와 위협인식을 나타난 것이다(UK Governmnet 2021, 62).

2010년대 후반 들어 중국의 홍콩 민주화 운동과 신장 위구르 자치족에 대한 대응이 강화됨에 따라 영국의 대중국 우려 역시 한층 더 높아지고 있으며, 중국에 대한 비판 수위 높이는 모습을 보여줌과 동시에 적극적인 조치를 취하고 있다. 특히 홍콩 문제와 관련해 2019년 이후 홍콩에 대한 새로운 국가보안법(national security law) 통과 등과 같이 홍콩에 대한 중국의 대응 수위가 강화되고 범위가 확대됨에 따라 홍콩을 중심으로 민주주의 체제에 대한 영국의 우려는 한층 더 높아졌다. 보리스 존슨 영국 총리는 이러한 중국에 대한 심각한 우려를 표명한 바 있으며, 비슷한 시기 도미닉 랍(Dominic Raab) 영국 외교부 장관 역시 중국의 새로운 국가보안법이 통과되자 "중국은 홍콩과 관련된 국제적 의무를 무시했으며, 이는 매우 걱정스러운 조치"였다고 밝히며 중국을 강하게 비판하기도 했다(『BBC』, 2020/06/30). 또한 가장 최근인 2021년 초 도미닉 랍 장관이 홍콩 선거 시스템에 대한 중국의 개입을 영국-중국 간 협의의 위반임을 다시 한번 상기시키며 "영국은 홍콩 시민들의 편에 설 것이며 중국은 홍콩과 관련한 영국-중국 간에 맺어진 법적 의무를 지키고 홍콩에서의 근본적 권리와 자유를 존중해야 한다"고 목소리를 높인 바 있다(『The Guardian』, 2021/03/13). 그리고 이러한 우려를 바탕으로 영국은 홍콩 시민들에 대한 영국 시민권 부여, 영국-홍콩 간 송환법 중단 등과 같은 유례없이 강경한 대응을 예고하기도 했다.

영국은 최근 '글로벌 브리튼 전략 보고서'에서 영국 정부의 최우선 의무로써 국민의 보호, 국토 안전 확립, 그리고 민주주의 수호를 꼽은 바 있다(UK Governmnet 2021, 4). 결국, 2010년대 중반 이후 홍콩에 대한 중국의 대응은 이러한 영국의 의무에 대한 심각한 위반행위로 비추어 졌으며, 홍콩의 민주화 운동 및 반중국 시위에 대한 중국의 광범위한 조치가 취해짐에 따라 영국은 중국에 대한 한층 더 높은 우려를 가지게 되었다. 중국의 강경한 대응과 일련의 사건들은 영국이 지금까지 중시해온 시민들의 권리와 정치적 자유를 훼손시키는 중대한 사건들로 인식되었다. 홍콩을 둘러싼 지금까지의 중국의 행위들은 국제무대에서 민주주의 질서 확립을 위해 노력해온 영국의 노력에 심각한 도전요인으로 작용하고 있음을 영국이 깨닫게 해준 계기가 된 것이다.

영국은 현재 국제체제의 안정을 위해서는 법에 기반을 둔 질서 확립과 함께 민주주의, 인권 등과 같이 근본적으로 중요한 가치가 확립되어야 함을 강조해 왔으며, 실제로도 영국의 대외정책은 이러한 가치 수호가 중요한 동력으로 작용해왔다. 영국은 미국과 함께 전후 형성된 자유민주주의적 국제질서 확립에 많은 노력을 해온 대표적인 현상유지 국가 중 하나라고 할 수 있다. 그런데 남중국해와 홍콩, 신장 지역을 중심으로 전개된 최근 중국의 강압적인 행위들은 영국이 지금껏 추구해온 국제질서의 원칙에 반하는 모습을 보여주었을 뿐만 아니라 영국이 중시해온 가치에 대한 도전, 영국의 이익을 침해하는 행위로 비춰지게 되었다. 실제 2021년 영국 국방백서를 통해 영국은 중국에 대한 위협인식과 대응 필요성, 인태지역의 중요성을 주요 골자로 하며 중국의 현상타파 행위를 '체계적 도전(systemic challenge)'이라 지칭하고 있으며, 영국의 새로운 외교 중심축인 인태지역에서의 중국의 현상타파 행위를 영국 국익에 대한 위협으로 간주하고 있다(UK Government, 2021, 22). 결국 중국에 대한 우려와 위협인식을 바탕으로 영국은 자국과 동맹국들의 안보 및 이익 보호를 위해 보다 단호하고 확고한 대응의 필요성을 인식하게 된다(UK Government 2021, 63).

영국의 인도-태평양 국가들과의 군사 · 안보 협력 강화

2010년 이후 증가하기 시작한 중국의 공세적 행위들은 영국으로 하여금 우려를 표명하고, 대중 위협인식이 강화되는 계기가 되었다. 이러한 인식에 따라 영국의 인태 지역으로의 개입 확대 및 해당 지역 국가들과의 군사 · 안보 협력 강화에 적극적인 입장을 취하고 있다. 이러한 인식을 바탕으로 영국은 인도, 아세안 및 아세안 회원국, 일본, 호주 등 영국과 같이 뜻을 같이하는(like-minded)국가 및 연합체를 중심으로 군사 · 안보 협력을 강화하여 중국을 견제하고자 한다.

영국-인도

최근 영국은 부상하는 중국의 위협에 대응하기 위해 인도와의 해양 파트너십을 비롯한 군사 · 안보 협력 강화를 통해 중국에 대한 균형전략을 취하고자 하는 모습을 보이고 있다. 인도는 중국의 부상을 균형 잡을 수 있는 대표적인 나라 중 하나로 꼽히며, 그 점에서 미국을 위시한 국가들은 인도와의 협력을 증진하고자 해왔다(김태현 2013). 영국 또한 중국에 대한 견제에 있어 인도를 중요 국가로 인식하며 2010년대 이후 인도와의 군사 · 전략 관계 발전을 강화해왔다. 특히 영국은 인도와의 군사안보 이니셔티브 신설 및 확대, 양자 간 군사 합의 및 군수 보급 협정, 합동군사훈련 증가 등을 통해 중국의 부상을 견제하고자 한다.

우선 영국은 2010년대 이후 인도와의 다양한 군사·안보 협력 이니셔티브를 추진·강화하고 있다. 영국과 인도는 2015년 11월 12일 '국방 및 국제 안보 파트너십(DISP: Defense and International Security Partnership)'을 맺음으로써 양국 간 안보 협력의 기틀을 강화했다. 이를 통해 양국은 정상회담을 정기적으로 실시하고, 매년 국방장관 간, 합동·통합 참모총장 간 전략적 대화를 실시할 것을 합의하였다. 또한 양국은 인도양에서의 해군 협력을 강화하고, 2017년 인도에서 계획된 해군, 육군, 공군 훈련을 시작으로 격년으로 군사 훈련 프로그램을 강화할 것을 합의하였다(India Ministry of External Affairs 2015). 더불어 영국은 DISP를 기반으로 국방협의그룹회의(DCG: Defence Consultative Group Meeting)를 추진하며 양자 간 국방 파트너십 강화를 모색하고 있다. 이러한 기틀 위에서 2016년 양국 간 후속 공동 성명, 2017년 영국-인도 전략적 대화 개최, 2017년 영국-인도 간 군 기밀 협력을 위한 회담이 이루어졌다(UK MoD 2017). 그리고 2018년 18차 DCG에서는 국방 기술 및 제조 능력 교류, 방위 및 보안 산업협력 및 상호지원이 합의되었고, 2019년 영-인 국방 및 보안 장비 회담에서는 상호 방위 및 보안 역량 강화를 위한 협력 양해각서가 체결되었다(UK MoD, 2019).

이와 함께 2021년 영국과 인도는 양국 관계를 '포괄적인 전략적 관계(Comprehensive Strategic Partnership)' 단계로 격상하며 군사·안보 분야에서의 협력 강화를 위한 기틀을 한층 더 확대해 나갔다. 특히 양국은 '2030로드맵' 발표를 통해 기존 영국이 대화파트너로 참여하고 있던 환인도양협회(Indian Ocean Rim Association)에서의 영국의 참여 확대와 함께 해양안보를 위한 영국-인도 협력 강화를 추진하였고, 양국 간 협력을 통해 새로운 국방 기술 및 역량 개발 지원에 대한 내용을 제시하기도 했다(UK Foreign, Commonwealth & Development Office, 2021b; UK MoD, 2021). 이후 영국과 인도 총리는 영-인도 방위 파트너십에 대한 비전을 설정하고 해양 및 산업 협력에 초점을 맞춘 국방 협력 강화를 발표하였다. 양국은 인태 지역의 번영과 안정을 위해 협력하고, 해양 정보 공유, 구르가온 인도 정보 융합 센터에 영국 초대, 합동 삼자 훈련 등에 동의하였다. 더불어 영국의 인도 전투기 Mark 2 개발 지원과 영국 항공모함 전단(Carrier Strike Group 2021)의 인도양 항해를 합의하기도 했다(British High Commission New Delhi, 2021).

한편, 2010년대 이후 양국 간의 합동훈련 역시 한층 확대되었다. 영국와 인도는 해군, 육군, 공군 합동훈련을 실시해왔는데, 2010년대 이후에는 해양안보 및 민주적 가치 수호를 목적으로 한 양측의 합동훈련이 증가했다. 2004년부터 실시되어 온 양국 간 해군 합동훈련(Exercise Konkan)은 2015년 DISP 파트너십 이후 인도양에서의 영-인 간 해군 협력 강화를 위해 규모, 훈련의 정교성면에서 더욱 강화되었다. 2018년 영국의 최신예 구축함(HMS Dragon)이 인도양에서 인도 해군과 합동 훈련을 실시하기도 했다(British High Commission New Delhi, 2018). 또한 영국-인도 간 육군 합동훈련(Exercise Ajeya Warrior)이 2013년부터 최초 실시된 후 격년으로 실시되고 있으며, 2017년 훈련에서는 민주적 가치를 수호하기 위해 양국이 군사 협력하고 있음을 알리는 등 본격적으로 양국의 합동군사훈련이 지닌 의의가 민주주의 가치 존중임이 드러나기 시작하였다(UK army MoD, 2017). 그리고 영국-인도 간 공군 합동훈련(Exercise Indradhanush) 역시 2010년 이후 세 차례 실시되며 양국 공군 간의 공조능력 강화 노력이 적극적으로 추진되고 있다.

이러한 영국과 인도 간의 안보협력 강화의 바탕에는 중국에 대한 영국 및 인도의 공통된 우려가 중요한 요인으로 자리잡고 있다고 볼 수 있다. 인도 역시 인도양 지역에서의 중국 해군활동 강화, 히말라야 지역 영토분쟁 등으로 인해 중국에 대한 위협인식이 한층 강화되고 있는 상황이다. 2018년 4월 영-인도 정상회담에서 양국 정상은 "영국과 인도는 세계에서 가장 오래되고 가장 큰 민주주의 국가로서 공유된 가치, 관습법 및 제도를 기반으로 하는 전략적 파트너십을 강화하고자 한다 <…> 무력이나 강압을 통해 국제체제를 약화시키려는 일방적인 행동에 강력하게 반대하며, 공동의 글로벌 과제를 해결하기 위해 양국은 긴밀히 협력할 것"을 천명하기도 했다(India Ministry of External Affairs, 2018). 즉, 영국과 인도는 기존의 국제질서 및 민주주의 수호를 공통의 중요 가치로 두고, 기존 국제 질서에 반하는 행위(중국의 위협)에 공동 대응하기 위해 협력할 것을 밝힌 것이다. 결국 2010년대 이후 급증한 양국 간 군사·전략 관계 협력 및 합동훈련 확대실시는 중국에 대한 위협인식을 공유하는 인도를 중요 파트너로 인식하며 인태지역 안보에 보다 깊게 관여함으로써 중국에 대한 우려에 보다 적극적으로 공동 대응하기 위한 영국의 견제전략의 일환이라 볼 수 있다.

영국-호주

호주는 영연방 소속 국가로서 영국과 가치를 공유하는 국가이며 오랜 기간 양자 안보 관계를 구축해왔다(UK MoD, 2015: 54, 57). 특히 호주는 영국과 함께 동남아시아 집단안보협정인 5개국 방위협력(FPDA: Five Powers Defence Arranagement)의 회원국으로서 외교적으로나 군사훈련 측면에서 적극적 역할을 수행해 왔다(Huxley, 2011). 또한 호주와 영국은 상호 정보동맹인 파이브 아이즈(Five eyes)의 구성국으로서 정보교류를 통한 안보협력을 지속해나가고 있다. 중국의 부상이 가시화되기 시작한 2000년대 말 이후 호주 역시 국방백서를 통해 중국의 부상에 대한 우려를 표명하고 있으며(Australian Department of Defence, 2016) 이러한 공통된 위협인식을 토대로 양국은 군사·전략 관계를 확대하는 행보를 보이고 있다.

먼저 2010년대 이후 영국과 호주는 군사안보 이니셔티브 및 군사 합의를 도출하며 협력을 위한 틀을 마련하고 있다. 호주와 영국은 2011년부터 매년 호주-영국 장관급 회담(Australia-UK ministerial dialogue)을 개최하기 시작하였다. 이 회담을 통해 양국은 군사·전략 관계를 확대해 나가고 있는 바, 2013년 양국은 국방안보협력조약(Defence and Security Cooperation Treaty)을 체결해 양국 간의 사이버 안보 협력 및 국방과 군사작전에 관한 정보의 교류, 인적자원 교류, 기술 및 장비 지원에 대한 합의를 도출했다.(UK Government 2013).

한편 양국 간의 군수 보급 협정 또한 활발하게 진행되어 2017년 방위산업 파트너십을 체결하였으며 2018년 국방장관 회담을 통해 호주-영국 간의 전략적 파트너십을 구축하여 인태지역의 번영, 평화, 개방 및 법치주의의 촉진을 위한 FPDA 및 파이브 아이즈와의 협력을 확대해 나갈 것임을 밝혔다(Australian Department of Defence, 2017; Australian Minister for Foreign Affairs, 2018).

한편, 영국과 호주는 지속적인 다자간 군사훈련을 실시해 나가며 영국의 해상 네트워크 강화를 꾀하고 있다(조은정, 2021: 86). 양국은 2004년부터 FPDA 회원국 간의 합동군사훈련에 참가하고 FPDA 5개국 참모총장회의를 개최하고 있는데, 중국의 부상과 그에 따른 인태지역 안보환경의 급변에 맞추어 기존의 훈련 프로그램을 변화시키고 있다(Thayer, 2012:67). 이에 따라 남중국해에서 군사훈련이 실시되고 있으며, 2018년 FPDA 합동군사훈련에서는 영국의 최신 프리깃함(HMS Argyll)이 파견되었다(UK Royal Navy, 2018). 영국-호주의 군사 · 전략 관계는 2020년 이후 파이브아이즈 회원국과 중국 간의 마찰로 인해 더욱 깊은 관계로 발전하고 있으며, 2019년에는 호주와 미국 간의 양자 훈련(Exercise Talisman Sabre)에 영국이 참가하기 시작하면서 중국을 견제하기 위해 양국 간의 군사적 교류가 더욱 활발해지고 있다 (UK Royal Navy, 2021).

2020년 이후 호주와 중국의 무역분쟁이 발발하고 중국에 대한 호주의 위협인식이 더욱 더 심화됨에 따라 영국은 호주와의 군사 · 전략 관계를 더욱 더 확고히 하려는 움직임을 보이고 있다. 영국 하원 외교위원장 톰 투겐다트(Tom Tugendhat)는 호주 언론과의 인터뷰에서 "영국과 호주는 민주주의를 위해 서로 발을 맞춰야 한다"고 주장하며 중국에 대한 공통의 위협인식을 공유하고 있음을 밝혔다(The Sydney Morning Herald, 2020/11/26). 그리고 이러한 공통의 위협인식을 바탕으로 영국과 호주는 양자 및 다자 수준에서의 지속적 군사 · 전략 관계를 확대해 나가며 중국에 대한 대응을 추구하고 있다.

영국-일본

일본은 아베 정부이후 미일동맹+α를 시도하고 있으며 이러한 시도 속에서 준동맹국인 영국과의 안보 네트워크를 확장시켜 나가고 있다(이기태, 2019). 영국 또한 일본을 인태지역에호주, 뉴질랜드와 함께 가치를 공유하는 동맹국가로 인지하고 있으며, 아시아에서 가장 가까운 안보 파트너로 규명하고 있다(UK MoD 2015, 57). 영국과 일본은 중국의 부상이 가시화된 2009년 이후 대중국 위협인식을 함께 공유하기 시작하였으며, 이를 토대로 군사안보 이니셔티브의 확대, 양자 간 군사 합의 및 군수 보급 협정의 발효, 합동군사훈련 실시를 통해 대중국 견제 의도를 명확하게 표명하고 있다.

먼저 2010년대 이후 영국과 일본은 군사협력 강화를 위한 기틀을 마련하고 있으며, 이는 군사안보 이니셔티브 및 양자 간 군사 합의가 도출을 통해 나타나고 있다. 영국과 일본은 2012년 정상회담을 통해 '전략적 파트너십(Leading Strategic Partnership for Global Prosperity and Security)'을 체결하고 양국 간 외무부 장관급 전략적 대화를 시작하였다(Ministry of Foreign Affairs of Japan, 2012). 이 전략적 파트너십을 토대로 영국과 일본은 방위협력각서를 체결하였으며, 양국 간 방위장비품의 공동 개발 및 생산에 합의하였다. 또한 2013년 정상회담에서는 양국 간 정보보호협정(Information Security Agreement)의 체결에 합의하는 한편 방위 장비품 협력을 위한 공동연구를 수행하는 문제에 대해서도 합의했다(Ministry of Foreign Affairs of Japan, 2013). 뿐만 아니라 2014년 영국과 일본은 안보분야 협력강화를 위한 고위급 회의인 2+2회의의 설치에 합의하며 양국 간 협력의 제도화를 위한 노력을 적극 추진하고 있다.

이러한 상황 속에서 두 국가는 2017년 상호군수지원협정(Acquisition and Cross-Servicing Agreement)을 체결하여 양국 군대 간의 협력을 한층 더 강화하였으며(防衛省·自衛隊, 2020: 360), 2017년에는 영일안전보장공동선언을 발표하여 양국 간 안전보장 협력에 관한 상호간의 구체적 조치를 수반하는 행동계획을 수립하였다. 2017년에 개최된 3차 영국-일본 2+2 회의에서는 일본 육상자위대와 영국 육군 간 공동훈련, 영국 해군 함정의 인도 태평양 지역 동 및 공동훈련 실시, 공대공 미사일 공동 연구 등과 같은 국방협력을 위한 다양한 안건이 논의되었다(防衛省·自衛隊, 2020: 360).

한편 영국-일본 간 합동 군사훈련의 확대 실시 역시 2010년 이후 두 국가 간의 협력 강화를 보여준다. 영국 육군과 일본 육상자위대는 2018년과 2019년, 두 차례에 걸쳐 육군 합동 기동훈련(Exercise Vigilant Isles)을 개최하며 양국 육군 간의 공조능력, 상호 정보운용 및 공유 능력 등을 강화시켰다(『産経新聞』, 2018/10/02). 또한 2020년 영국은 자국의 퀸 엘리자베스 항공모함을 포함한 항공모함 전대를 일본 근해에 장기 파견, 2021년 일본과의 해상 안보 협력을 강화하기 위한 조치로 군함 두 척의 인태지역 상시 배치 등을 일본과 합의하며 양국 해군 간의 협력을 한층 확대해 나가는 한편 중국 견제를 위한 일본과의 공조체제를 확립해 나갔다(『조선일보』, 2021/07/21; 『중앙일보』, 2020/12/06).

한편, 영국과 일본 양자 군사 훈련 뿐만아니라 다자간의 훈련 또한 확대되었는데, 2017년 영국과 일본은 괌에서 미군, 프랑스군과 함께 합동 군사훈련을 실시하며 중국의 해양진출에 대한 견제 노력을 보여주었다(『연합뉴스』, 2017/04/30). 또한 기존 미국-호주 간의 합동훈련(Exercise Talisman Sabre)에 영국과 함께 일본도 참가하게 되면서 다자협력의 틀 속에서 대중국 견제를 위한 군사적, 전략적 관계를 확대해 나가고 있다.

특히 일본은 영국이 인태지역에 더 많은 개입을 할 것을 요하고 있는데, 영국-일본 21세기 그룹[13]의 2011년 제 28회차 합동회의 보고서에서는 "영국이 동아시아 문제에서 일본의 파트너로서 더 높은 수준의 개입이 필요함"을 명시하고 있다(Ministry of Foreign Affairs of Japan, 2011). 이러한 공통의 위협인식을 바탕으로 영국과 일본은 군사 · 전략적 관계를 확대해 나가고 있으며, 양국은

13 1984년 영일 각국의 총리 합의로 85년부터 출범한 '21세기 위원회'는 양국의 정부, 민간차원의 인사들이 참석하여 영일관계의 정치적, 사회적, 경제적 협력을 위한 제언을 만들어 각국의 총리에게 보고하고 있다.

같은 가치를 공유하는 국가로서 중국의 위협에 대한 더욱 적극적인 대응을 시도하고 있다.

요컨대 영국의 인태 지역 국가들 및 연합체와의 군사·안보 관계 증진은 중국에 대한 위협인식 증가가 주된 요인으로 작용하였다 볼 수 있다. 2010년 이후 중국 부상에 대한 영국의 위협 인식과 자국 안보 및 이익 수호를 위한 영국의 선택은 자국과 가치를 공유하는 동맹국들과의 군사·안보 협력 강화였다. 영국의 인태 지역에서의 군사·안보 협력 강화를 위한 노력은 인태지역 주요 국가들과의 군사안보 이니셔티브 신설 및 확대, 양자 간 군사 합의 체결, 합동 군사훈련 확대 실시 등으로 가시화되고 있다. 이는 중국에 대한 위협인식 속에서 영국이 인태 지역에서 자국의 안보 및 이익 수호를 위해 중국을 견제할 수 있는 발판을 마련해나가고 있음을 의미한다.

결론

본 연구는 2010년대 이후 중국의 부상과 공세적이고 현상타파 행위들, 그로 인한 영국의 대중 위협인식, 그리고 대중 위협인식을 바탕으로 영국이 인태 지역에서 추진 중인 대중국 견제전략을 분석하였다. 인태 지역에서 중국의 공세적 행위들이 증가함에 따라 영국의 대중국 견제전략은 새로운 국면을 맞이하였다. 2010년대 들어 가시화되기 시작한 중국의 공세적·일방적 행위로 국제사회는 중국이 법에 기반한 국제질서에 도전한다는 우려를 표명해왔다, 특히 남중국해에서의 중국의 공세적 행위 확대, 홍콩 민주화 운동 및 신장 지역에서의 중국의 정책 등은 영국의 대중국 우려가 강화되는 계기였다. 영국은 국가 차원에서 민주주의와 인권이라는 가치를 중요시 여기며, 법에 기반한 국제 체제의 유지를 지지해 온 바, 중국의 공세적이고 강압적 행위들은 영국에게 있어 현상타파적인 모습으로 인식되고, 기존의 국제질서에 대한 도전으로 받아들여졌다. 중국의 부상과 공세적 행위들은 영국 국익 및 안보에 직접적인 위협은 아니었으나, 영국이 핵심 가치로 상정하고 있는 인권, 민주주의, 국제질서 유지 등에 도전하는 것이었으며, 브렉시트 이후 인태 지역과의 경제적 협력을 통해 자국 이익을 증대하고자는 영국의 이익에 반하는 위협 행위로 인식하게 된 것이다. 이러한 영국의 대중국 인식은 최근 영국정부에서 발간한 '글로벌 브리튼 전략 보고서'에서 명확하게 나타난다. 국민의 보호, 국토 안전 확립, 그리고 민주주의 수호를 자국의 최우선 의무로 상정하고, 대외정책의 중심축을 인태 지역으로 설정, 국제무대에서 중국의 강압적 행위들을 견제하고 해당 지역의 안정과 번영을 위해 이 지역으로의 개입 확대를 시사하고 있는 것이다(UK Government, 2021).

실제로 영국은 인태 지역에서 중국을 견제하기 위해 2010년 이후부터 꾸준히 군사·안보 협력 확대를 추진해왔다. 민주주의, 인권 수호 및 법에 기반한 국제 체제의 유지 등 영국이 중시하는 가치를 공유하는 인태 지역의 주요 국가들과 양자/다자적 측면에서의 군사안보 이니셔티브 신설 및 확대, 양자간 군사 합의 및 군수 보급 협정, 합동군사훈련을 실시해왔다. 인태 지역과의 군사·안보 협력에 관련된 정상회담 양해각서 등에는 양자, 다자 협력을 통해 민주주의 가치 수호 및 공동의 글로벌 문제 해결을 지향하고 있음이 드러나 있으며, 단순한 군사·안보 협력의 차원을 넘어 중국의 부상과 그로 인한 위협에 대응하기 위한 전략인 것이다.

요컨대, 2010년대 들어 중국의 공세적 행위로 인해 중국에 대한 영국의 우려 및 위협인식이 강화되었고, 이는 대중국 전략을 추진하는데 있어 견제요소이 강화되는 현상으로 나타났다. 현재 영국은 여전히 중국과도 경제적 협력관계를 구축하고 있는 등 영국의 대중 전략은 헤징전략으로 규정될 수 있으나 2010년대 이후로는 중국에 대한 견제 및 균형전략의 요소들이 크게 증가한 것을 알 수 있다.

본 연구는 인도 태평양 지역에서의 중국의 부상과 그에 따른 인간안보에 대한 위협적이고 공세적인 행위라는 주요 변수를 통해 미국, 일본, 호주 등과 같은 역내외 강대국의 대중 견제전략을 분석한 기존의 연구들에서 나아가 상대적으로 주목하지 않았던 영국의 인도-태평양 지역에서의 대중 견제전략을 분석하였다는 데 그 의의가 있다. 다만 본 연구는 영국의 관점과 입장을 중심으로 분석하였기에 중국의 공세적 행위를 현상타파 행위로 규정하고, 인태 지역에서의 군사·안보 협력 관계를 다루었다는 한계를 지니고 있다. 즉, 중국의 공세적 행위들에 대해 인태 지역 각 국이 어떠한 인식을 갖고 있으며, 중국과의 관계는 어떠한지를 구체적으로 다루고 있지는 않다. 이러한 문제를 후속 연구에서 다룬다면 인태 지역 국가들이 영국의 대중국 헤징전략에 적극 협력하거나 혹은 미진한 동력을 이해하는 데 있어 도움이 될 것이라 기대된다. 따라서 향후 인태 지역 국가들 각각이 중국과의 관계에 있어 어떠한 입장을 취하고 있는지에 대한 보다 미시적인 차원의 연구를 통해 최근 영국의 대중국 견제전략의 전망에 대해 분석할 필요가 있을 것이다.

참고문헌

국제앰네스티. 2011. '중국: 점점 더 노골적으로 위구르인 탄압해' 2011년 11월 4일 https://amnesty.or.kr/1764/ (검색일 : 2022/03/07)

권재범. 2020. "베트남과 아시아-태평양지역 국가 간 전략적 파트너십 확대 연구: 중국의 부상에 대한 베트남의 대응 측면을 중심으로." 『한국동북아논총』 25(3): 5-29.

김태현. 2013. "중국의 부상과 인도." 『전략연구』 20(59): 133-165.

뉴스1. 2014. "시진핑, 홍콩 시위 확산에도 '일국양제' 입장 고수 재확인" 『뉴스1』 10월 1일 10월 1일https://news.naver.com/main/read.nhn?mode=LSD&mid=sec&sid1=104&oid=421&aid=0001039575 (검색일: 2022/03/05)

뉴스1. 2020. '中 신장 직업교육 수용소에 130만명 가두고 있다 시인' 『뉴스1』 10월 1일 09월 18일https://www.news1.kr/articles/?4062697 (검색일 : 2022/03/09)

서울경제. 2014. "중국, 홍콩 시위 상황 외신 보도 차단" 『서울경제』 10월 1일, https://news.naver.com/main/read.nhn?mode=LSD&mid=sec&sid1=104&oid=011&aid=0002578867 (검색일: 2021/08/01).

아주경제. 2019. "우산과 가면," 『아주경제』 11월 26일. https://www.ajunews.com/view/20191126130203814 (검색일: 2021/08/01).

연합뉴스. 2017. "美日英佛 4개국, 내달 3~22일 태평양서 첫 합동훈련…北 · 中견제" 『연합뉴스』 4월 30일. https://www.yna.co.kr/view/AKR20170430025600073 (검

색일: 2021/08/01).

연합뉴스. 2019. 중국 "홍콩에 전면 통제권 행사…일국양제 도전 용납 안 해"' 2019년 11월 1일https://news.naver.com/main/read.nhn?mode=LS2D&mid=shm&sid1=104&sid2=231&oid=001&aid=0011183868 (검색일 : 2022/03/09)

이기태. 2019. "아베 정부의 대영국 · 대프랑스 안보 협력 - 인도태평양 지역의 안보네트워크 확대 -" 『정치 · 정보연구』 22(3): 243-270.

이데일리. 2005. '美 "홍콩 민주화 일정 명시해야"…중국 압박' 2005년 12월 6일 https://www.edaily.co.kr/news/read?newsId=02138566576795896&mediaCodeNo=257 (검색일 : 2022/03/03)

조선일보. 2021. "英, 아시아에 군함 2척 상시 배치… 일본과 연합해 중국 견제" 『조선일보』 7월 21일. https://www.chosun.com/international/international_general/2021/07/21/TZM66F5TWZG4LACJGBSZIVZG6A/ (검색일: 2021/08/01).

조은정. 2020. "영국의 포스트 브렉시트 외교 · 안보 전략구상과 시사점" 『국가안보전략연구원』 2020(16).

중앙일보. 2020. "영국 최강 항모 '퀸 엘리자베스', 일본서 중국 견제 동참한다" 『중앙일보』 12월 6일. https://news.joins.com/article/23938460 (검색일: 2021/08/01).

한겨레. 2019. '중, 신장위구르 어린이들 가족과 격리…"문화적 인종말살 정책" 2019년 07월 05일 https://www.hani.co.kr/arti/international/china/900651.html#csidx5139a0cc7fd29f1991a6fe9bd5bc7d0 (검색일 : 2022/03/20)

Anwar, Dewi Fortuna. 2020. "Indonesia and the ASEAN Outlook on the Indo-Pacific." International Affairs 96(1): 111-129.

Australian Department of Defence, 2016. "2016 Defence White Paper." https://www.defence.gov.au/WhitePaper/ (검색일: 2021/07/26)

Australian Department of Defence, 2017. "New level of Australia-United Kingdom Defence Industry Partnership." https://www.minister.defence.gov.au/minister/christopher-pyne/media-releases/new-level-australia-united-kingdom-defence-industry (검색일: 2021/07/26).

Australia Minister for Foreign Affairs, 2018. "The UK and Australia: a dynamic partnership for the 21st Century." https://www.foreignminister.gov.au/minister/julie-bishop/media-release/uk-and-australia-dynamic-partnership-21st-century (검색일: 2021/07/26).

BBC. 2018. "China's hidden camps What's happened to the vanished Uighurs of Xinjiang?" October 24. https://www.bbc.co.uk/news/resources/idt-sh/China_hidden_camps (검색일: 2021/08/01).

BBC. 2020. "Hong Kong: UK says new security law is 'deeply troubling'." June 30. https://www.bbc.com/news/uk-53235361 (검색일: 2021/07/30).

BBC. 2020. "How strong are Britain and China's economic ties?" July 22. https://www.bbc.com/news/business-53468925 (검색일: 2021/07/30).

British High Commission New Delhi, 2018. "UK-India bilateral Naval Exercise helps keep Indian Ocean safe for maritime trade," November 30. https://www.gov.uk/government/news/uk-india-bilateral-naval-exercise-helps-keep-indian-ocean-safe-for-maritime-trade (검색일: 2021/06/25).

British High Commission New Delhi, 2021. "UK and India Prime Ministers announce Enhanced Defence Cooperation," May 4. https://www.gov.uk/government/news/uk-and-india-prime-ministers-announce-enhanced-defence-cooperation (검색일: 2021/06/22).

Fook, Lye Liang, and Ha Hoang Hop. 2018. "Vietnam's Responses to China's

Maritime Assertiveness in the South China Sea" ISEAS Perspective 50: 1-10.

Fravel, M. Taylor. 2011. "China's Strategy in the South China Sea." Contemporary Southeast Asia 33(3): 292-319.

Goh, Evelyn. 2005. Meeting the China Challenge: The US in Southeast Asian Regional Security Strategies. Washington, D.C.: East-West Center.

He, Kai, and Mingjiang Li. 2018. "Understanding the Dynamics of the Indo-Pacific: US-China Strategic Competition, Regional Actors, and Beyond." International Affairs 96(1): 1-7.

Hemmings, John, and James Rogers. 2019a "Global Britain and Global Japan: a new alliance in the Indo-Pacific?" Asian Pacific Bulletin 452.

Hemmings, Jackson, and James Rogers. 2019b. The South China Sea: Why It Matters to "Global Britain". London, UK: The Henry Jackson Society.

Hornung, Jeffrey W. 2014. "Japan's Growing Hard Hedge against China," Asian Security 10(2): 97-122.

Huxley, Tim. 2011. "The Future of the FPDA in an Evolving Regional Strategic Environment." Storey, I., Emmers, R. and Singh, D. (ed.), The Five Power Defence Arrangements at Forty. Singapore: ISEAS Publishing: 118-122.

India Ministry of External Affairs, 2015. "Defence and International Security Partnership." https://mea.gov.in/outoging-visit-detail.htm?26020/Defence+and+International+Security+Partnership (검색일: 2021/08/02).

India Ministry of External Affairs, 2018. "UK-India Joint Statement during the visit of Prime Minister to UK." https://www.mea.gov.in/bilateral-documents.htm?dtl/29829/UKIndia+Joint+Statement+during+the+visit+of+Prime+Minister+to+UK+April+18+2018 (2021/07/30).

JTBC. 2021. '중국 이어 홍콩서도 금지된 BBC…언론 자유 훼손 비판도' 2021년 2월 13일 https://news.jtbc.joins.com/article/article.aspx?news_id=NB11992177 (검색일 : 2022/03/18)

Kuik, Cheng-Chwee. 2008. "The Essence of Hedging: Malaysia and Singapore's Response to a Rising China," Contemporary Southeast Asia 30(2): 159-185.

Lunn, Jon and Arabella Lang. 2016. The South China Sea Dispute: July 2016 Update. UK: House of Commons Library.

Mearsheimer, John J. 2001, The Tragedy of Great Power Politics. New York, NY: WW Norton & Company.

Medcalf, Rory. 2014. "In defence of the Indo-Pacific: Australia's new strategic map." Australian Journal of International Affairs 68(4): 470-483.

Medeiros, Evan. 2005. "Strategic Hedging and the Future of Asia-Pacific Stability." Washington Quarterly 29(1): 145-167.

Pan, Chengxin. 2014. "The 'Indo-Pacific'and geopolitical anxieties about China's rise in the Asian regional order." Australian Journal of International Affairs 68(4): 453-469.

Patalano, Alessio. 2019. "UK Defence from the 'Far East' to the 'Indo-Pacific, "Policy Exchange. https://policyexchange.org.uk/publication/uk-defence-from-the-far-east-to-the-indo-pacific/ (검색일: 2021/07/06)

Roy, Denny. 2005. "Southeast Asia and China: balancing or bandwagoning?" Contemporary Southeast Asia 27(2): 305-322.

Schweller, Randall. 1994. "Bandwagoning for Profit: Bringing the Revisionist State Back In." International Security 19(1): 72-107.

Simon, Sheldon W. 2014. "ASEAN and Southeast Asia." David Shambaugh and

Michael Yahuda (ed.), International Relations of Asia. Lanham, MD: Roman & Littlefield): 225-254.

Sydney Morning Herald. 2020. "'Not here to be bullied': UK weighs in on China hitlist." November 26. https://www.smh.com.au/world/asia/not-here-to-be-bullied-uk-weighs-in-on-china-hitlist-20201126-p56i8y.html (검색일: 2021/08/03).

Thakur, Ramesh, and Ashok Sharma. 2018. "India in Australia's Strategic Framing in the Indo-Pacific." Strategic Analysis 42(2): 69-83.

Thayer, Carlyle A. 2011. "Chinese Assertiveness in the South China Sea and Southeast Asian Responses." Journal of Current Southeast Asian Affairs 30(2): 77-104.

Thayer, Carlyle A. 2012. "The Five Power Defendence Arrangements at Forty (1971-2011)." Singh, D. and Thambipillai, P. (ed.), Southeast Asian Affairs 2012. Singapore: ISEAS Publishing: 61-72.

The Guardian. 2016. "David Cameron: China must abide by ruling on South China Sea." May 25. https://www.theguardian.com/world/2016/may/25/david-cameron-china-ruling-south-china-sea-the-hague-philippines (검색일: 2021/07/28).

The Guardian. 2021. "Hong Kong: UK accuses China of breaching joint declaration." March 13. https://www.theguardian.com/politics/2021/mar/13/hong-kong-uk-accuses-china-of-breaching-joint-declaration (검색일: 2021/07/30).

Townshend, Ashley and Rory Medcalf. 2016. Shifting Waters: China's New Passive Assertiveness in Asian Maritime Security. Sydney: Lowy Institute.

Tow, William T. 2019. "Minilateral security's relevance to US strategy in the Indo-Pacific: challenges and prospects." The Pacific Review 32(2): 232-244.

UK army MoD. 2017. "British and Indian troops share experiences on Ex Ajeya

Warrior." https://www.army.mod.uk/news-and-events/news/2017/12/british-and-indian-troops-share-experiences-on-ex-ajeya-warrior/ (검색일: 2021/07/10).

UK Foreign & Commonwealth Office. 2017. "Six-monthly report on Hong Kong: July to December 2016." https://www.gov.uk/government/publications/six-monthly-report-on-hong-kong-july-to-december-2016 (검색일: 2021/07/23).

UK Foreign & Commonwealth Office. 2020. "Human Rights and Democracy Report 2019." https://www.gov.uk/government/publications/human-rights-and-democracy-report-2019 (검색일: 2021/07/26).

UK Foreign, Commonwealth & Development Office. 2021a. "Treatment of Uyghur Muslims in Xinjiang: Foreign Secretary's statement, 22 March 2021," 22 March 2021, https://www.gov.uk/government/speeches/xinjiang-foreign-secretary-statement-to-house-of-commons-22-march-2021 (검색일: 2021/07/23).

UK Foreign, Commonwealth & Development Office. 2021b. "2030 Roadmap for India-UK future relations 2021." https://www.gov.uk/government/publications/india-uk-virtual-summit-may-2021-roadmap-2030-for-a-comprehensive-strategic-partnership/2030-roadmap-for-india-uk-future-relations (검색일: 2021/07/23).

UK MoD. 2014. "The UK National Strategy for Maritime Security." https://www.gov.uk/government/publications/national-strategy-for-maritime-security (검색일: 2021/07/22).

UK MoD. 2015. "National Security Strategy and Strategic Defence and Security Review 2015." https://www.gov.uk/government/publications/national-security-strategy-and-strategic-defence-and-security-review-2015 (검색일: 2021/07/22).

UK MoD. 2017. "Joint statement: India-UK Defence Partnership." https://www.

gov.uk/government/news/joint-statement-india-uk-defence-partnership (검색일: 2021/08/02).

UK MoD. 2019. "UK and India strengthen defence ties with new agreement." https://www.gov.uk/government/news/uk-and-india-strengthen-defence-ties-with-new-agreement/ (검색일: 2021/07/02).

UK MoD. 2021. "2030 Roadmap for India-UK future relations." https://www.gov.uk/government/publications/india-uk-virtual-summit-may-2021-roadmap-2030-for-a-comprehensive-strategic-partnership/2030-roadmap-for-india-uk-future-relations (검색일: 2021/06/23).

UK Government. 2013. "New treaty to formalise defence co-operation with Australia." https://www.gov.uk/government/news/new-treaty-to-formalise-defence-co-operation-with-australia (검색일: 2021/07/26).

UK Government. 2021. "Global Britain in a Competitive Age: the Integrated Review of Security, Defence, Development and Foreign Policy." 21, https://assets.publishing.service.gov.uk/government/uploads/system/uploads/attachment_data/file/975077/Global_Britain_in_a_Competitive_Age-_the_Integrated_Review_of_Security__Defence__Development_and_Foreign_Policy.pdf (검색일: 2021/07/10)

UK Royal Navy. 2018. "HMS Argyll shows firepower on exercise Bersama Lima." https://www.royalnavy.mod.uk/news-and-latest-activity/news/2018/october/18/181018-argyll-firepower-ex-bersama-lima (검색일: 2021/08/01).

UK Royal Navy. 2021. "Royal Marines head on training raids in Australia." https://www.royalnavy.mod.uk/news-and-latest-activity/news/2021/july/09/210709-royal-marines-in-australia (검색일: 2021/07/30).

US-China Economic and Security Review Commission. 2014. "China's Navy Extends Its Combat Reach to the Indian Ocean." https://www.uscc.gov/research/chinas-navyextends-its-combat-reach-indian-ocean (검색일: 2021/07/22).

Walt, Stephen. 1987. Origins of Alliances. Ithaca, NY: Cornell University Press.

Waltz, Kenneth N. 1979. Theory of International Politics. New York, NY: McGraw-Hill.

Wilson, Jeffrey D. 2018. "Rescaling to the Indo-Pacific: From economic to security-driven regionalism in Asia." East Asia 35(2): 177-196.

Ministry of Foreign Affairs of Japan. 2011. "UK-Japan 21st Century Group 28th Annual Meeting." https://www.mofa.go.jp/region/europe/uk/joint1204.html (검색일: 2021/06/22).

Ministry of Foreign Affairs of Japan. 2012. "JOINT STATEMENT BY THE PRIME MINISTERS OF THE UK AND JAPAN:A Leading Strategic Partnership for Global Prosperity and Security 10 April 2012." https://www.mofa.go.jp/region/europe/uk/joint1204.html (검색일: 2021/06/22).

Ministry of Foreign Affairs of Japan. 2013. "Japan-U.K. Summit Meeting (Overview)", 17 June 2013, https://www.mofa.go.jp/region/page6e_000091.html (검색일: 2021/07/30)

産経新聞. 2018. "日英、安全保障で連携加速 陸自と英陸軍が初の実動訓練." October 2. https://www.sankei.com/article/20181002-FXU52YNNDBL3PGYGQNCZUXKYRY/ (검색일: 2021/08/01).

防衛省·自衛隊. 2020. "令和2年版防衛白書" https://www.mod.go.jp/j/publication/wp/wp_2020.html (검색일: 2021/06/21)

저자 소개

이상환

미시간주립대학교(Michigan State University)에서 정치학박사 학위를 취득하였으며 현재 한국외국어대학교 정치외교학과 교수로 재직 중이다. 한국국제정치학회장(2020)을 비롯해 한국외국어대학교 정치행정언론대학원장, 학생처장, 연구산학협력단장 등을 역임했다. 주요 저서로는 「국제관계개론」(서울: 박영사,2022), 「국제정치경제: 시각과 쟁점」(서울: 박영사, 2021), "Trilateral Trade and Taking a Side Between the U.S. and China" Korean Journal of Defense Analysis 49-1 (2020) 등 다수가 있다.

권재범

전북대학교 정치외교학과 조교수로 재직 중이다. 2019년 미국 University of Nebraska-Lincoln에서 정치학 박사를 취득하였고 한국외국어대학교 대학원 정치외교학과 BK21 4단계 연구팀 계약교수(2020-2022)로 근무하였다. 주요 논문들은 Asian Perspective, Pacific Focus, Japanese Journal of Political Science, Korean Journal of Defense Analysis 등 SSCI저널을 포함한 여러 국내외 저널에 출간된 바 있다.

이준용

한국외국어대학교 서양어대학 노어과 학사를 졸업하고 동 대학 일반대학원 정치외교학과 석사과정 수료하였다. 주요 논문으로 "러시아의 '중대 국면'과 푸틴 체제의 대응: 2020년 러시아 헌법개정의 배경과 의미"가 있다.

문준호

한국외국어대학교 정치외교학과 석사 수료하였다. 주요 논문으로 "미국의 화웨이 제재와 약탈적 패권 -미일 반도체 마찰 사례와의 비교를 중심으로"(2021)가 있다.

박정희

충남대학교 평화안보대학원 국제학 석사를 마치고 현재 한국외국어대학교 정치외교학과 박사과정 중이다.

정다빈

한국외국어대학교 정치외교학과에서 박사과정을 수료하였고, 연구 분야는 한국정치, 정치과정이다. 주로 선거와 여성과 청년 및 세대 등 정치적 소수자에 대한 대표성을 연구하고 있다. 주요 논문으로는 "누가 청년 정치인을 지지하는가?"(2020), "한국 정치의 성별 격차 완화를 위한 제도적 방안 모색"(2020), "청년세대의 의회 진출 확대를 위한 정치제도적 과제"(2019)등이 있다.

조영준

한국외국어대학교 정치외교학과 석사수료하였다. 주요 논문으로 "중견국 외교에 대한 소고: 믹타(MIKTA) 회원국의 국제기구 가입 현황을 중심으로"(2021)가 있다.

송샘

한국외국어대에서 정치학 박사과정을 수료하였다. 청년단체 상상공작소를 설립하여 미국 공화주의연구소(IRI)와 통일과 북한이탈주민 프로젝트를 진행하였다. 주요 논문으로 "보훈의 의미에 관한 국민인식 연구: 공헌 유형별 보훈인식을 중심으로(2021), 보훈을 통한 공공외교 연구: 아프리카 사례를 중심으로"(2021)가 있다. 저서로는 「다문화시대, 찾아가는 시민학교」(2018), 「평등은 미래진행형: 더 나은 내일을 위한 철학」(2020) 등이 있다.

오하석

한국외국어대학교 정치외교학과를 졸업하고 현재 동대학원 정치외교학과 석사과정 중이다. 주요 논문으로 "계급투표와 민족투표: 2014년 인도 총선에서 기타후진계급의 투표행태를 중심으로(2022)", "극우 포퓰리즘 정당 '독일을 위한 대안당'의 성장과 한계 -이슈정당 논의를 중심으로(2022)"가 있다.

박성윤

현재 한국외국어대학교 정치외교학과 석사과정 재학중이다. 주요 논문으로 "중국의 현상타파적 행위와 인도-태평양 지역에서의 영국의 대중국 전략: 영국과 인도-태평양 지역 국가 간 전략적 협력관계를 중심으로"(2021)이 있다.

글로벌 민주주의와 인간안보

초판 인쇄	2022년 6월 24일
초판 발행	2022년 6월 30일
지은이	한국외대 글로벌 민주주의와 인간안보 연구팀
발행인	고윤성 **Director, University Knowledge Press**
편집장	신선호 **Executive Knowledge Contents Creator**
도서편집	장혜정 **Contents Creator**
	노재은 **Contents Creator**
디자인	한 지 **Designer**
	김대욱 **Designer**
인사행정	이근영 **Managing Creator**
재무관리	조아라 **Managing Creator**
	정예찬 **Managing Creator**
사전·앱북	장지혜 **Contents Creator**
캐릭터	정정은 **Contents Creator**
발행처	한국외국어대학교 지식출판콘텐츠원
	02450 서울특별시 동대문구 이문로 107
	전화 02)2173-2493-7
	FAX 02)2173-3363
	홈페이지 http://press.hufs.ac.kr
	전자우편 press@hufs.ac.kr
	출판등록 제6-6호(1969. 4. 30)
인쇄·제본	(주)트윈벨미디어 02)2088-1810

ISBN 979-11-5901-906-7 [93330]　　　　정가 24,000원

* 잘못된 책은 교환하여 드립니다.

HUINE 은 한국외국어대학교출판부의 어학도서, 사회과학도서, 지역학도서 Sub Brand이다. 한국외대의 영문명인 HUFS, 현명한 국제전문가 양성(International+Intelligent)의 의미를 담고 있으며, 휴인(携引)의 뜻인 '이끌다, 끌고 나가다'라는 의미처럼 출판계를 이끄는 리더로서, 혁신의 이미지를 담고 있다.